国家社科基金重点项目资助成果

农民工随迁子女融合教育研究

Nongmingong Suiqian Zinv Ronghe Jiaoyu Yanjiu

黄兆信　万荣根　著

中国社会科学出版社

图书在版编目（CIP）数据

农民工随迁子女融合教育研究/黄兆信，万荣根著.—北京：中国社会科学出版社，2014.12

ISBN 978－7－5161－5347－5

Ⅰ.①农…　Ⅱ.①黄…　②万…　Ⅲ.①流动人口—教育—研究—中国　Ⅳ.①G52

中国版本图书馆 CIP 数据核字(2014)第 308029 号

出 版 人　赵剑英
责任编辑　王　曦
责任校对　周晓东
责任印制　戴　宽

出　　版　中国社会科学出版社
社　　址　北京鼓楼西大街甲 158 号（邮编　100720）
网　　址　http：//www.csspw.cn
　　　　　　中文域名：中国社科网　　010－64070619
发 行 部　010－84083635
门 市 部　010－84029450
经　　销　新华书店及其他书店

印　　刷　北京君升印刷有限公司
装　　订　廊坊市广阳区广增装订厂
版　　次　2014 年 12 月第 1 版
印　　次　2014 年 12 月第 1 次印刷

开　　本　710×1000　1/16
印　　张　18.25
插　　页　2
字　　数　309 千字
定　　价　58.00 元

序

《国家中长期教育改革和发展规划纲要（2010—2020）》规定："坚持以输入地政府管理为主、以全日制公办中小学为主，确保进城务工人员随迁子女接受义务教育，研究制定进城务工人员随迁子女接受义务教育后在当地参加升学考试的办法。"各地贯彻落实这个规定，进城务工人员随迁子女上学问题基本得到解决。

目前，"入学难"问题得到缓解后，面临的新问题是如何使这些农民子女融入城市生活。随着我国城镇化的到来，这是未来相当长时期内我们需要研究和解决的问题。随迁子女将来就是城镇的公民，因此，他们的发展，关系到将来市民的整体素质、城镇人才资源存量，从而影响到城镇经济的发展、和谐社会的建设。但是，目前进城务工人员随迁子女虽然能够接受义务教育，但有些城市还不能使进城务工人员随迁子女全部进入公办学校，有些农民工子女学校校舍破旧、设备落后、教育质量堪忧；有些公办学校老师缺乏对农民工子女特点的了解，缺乏应有的照顾，因而进城务工人员随迁子女与城市居民子女存在一定的隔阂。解决这个问题，首先是输入地政府要促进教育的均衡发展，使进城务工随迁子女能够进入公办学校，享受与城市居民子女同等的教育；其次是学校要开展融合教育，帮助随迁子女尽快融入城市生活。特别要教育城市儿童，不要歧视农村儿童；帮助农村儿童自尊、自信、自立、自强。

黄兆信教授的团队开展关于"农民工随迁子女融合教育的理论与实践研究"这个课题，具有十分重要的现实意义。其成果《农民工随迁子女融合教育研究》一书就是从"社会融合"的角度提出了对农民工随迁子女融合教育的新想法，值得我们去深入思考和借鉴。

该书界定了融合教育的概念，认为融合教育是一个城乡学生群体之间真诚接纳、相互欣赏、相互促进、共同成长的过程，是一个城乡文化之间双向、积极互动、"求同存异"、"和而不同"的过程。这种提法是对"融合”理论的重大突破，改变了当前诸多研究者仅关注单向融入城市主流的主张，赋予了融合教育新的内涵。同时，该课题运用了社会学的研究方法，以调查、访谈为主，从心理融合、文化融合、身份融合三个大的方面对上海、武汉、杭州、南昌、福州、温州六地的1400名在公立学校就读的农民工随迁子女进行调查，并对杭州、上海、温州等地区的一些教师进行了深入的访谈，发现了一些深层次的现实性矛盾和疑难，同时提出了建设性的意见与建议，为我们留下了弥足珍贵的基础性研究资料。该书最大的特色就是把对农民工随迁子女的关注放在中国社会文化的大背景下，凝聚全社会关注农民工随迁子女的“融合教育”。该书最后一章提出开发融合教育的校本课程，并对校本课程开发的内容、原则、方法等做了详细的阐述，有事实、有理论、有观点、可操作，可供各地借鉴。希望以该书的问世为契机，让大家重视进城务工子女的融入教育。

2014年10月10日

目 录

第一章　绪论

第一节　问题的提出

一　研究背景

自20世纪80年代末以来，随着改革开放进程的加快和社会的快速发展，大量的农村剩余劳动力"洗脚上岸"、"进城打工"，形成了一股强大的"民工潮"。在农民工人数规模不断增大的同时，其流动迁移模式也发生了明显的变化，即由最初的"单身进城"逐步转变成"举家迁徙"，出现"家庭化"的流动趋势，直至2013年"家庭化迁移成为人口流动迁移的主体模式"。①

"家庭化"迁移给城市带来了或诞生了大量的农民工"随迁子女"，同时也给城市带来了农民工随迁子女的教育问题。在20世纪80年代，城市并没有为农民工随迁子女的教育做好准备，也找不到教育政策依据，因为《义务教育法》（1986年）规定了"适龄儿童、少年在户籍所在地学校就近入学"原则，城市往往以非本地"户籍"为由拒绝为农民工随迁子女提供义务教育服务，也往往认为没有"义务"提供服务，当然这并不是城市的过错而是有"说不出的苦衷"，所以这一阶段农民工随迁子女的教育问题主要表现为"城市入学难"问题，这一问题广为学界、媒体、政府、热心人士的关注并一度成为热门话题。为了解决"城市入学难"问题，90年代以来，国家出台了一系列的有关农民工子女教育政策。据统计，国家先后颁布了10部有关农民工子女教育的政策，并形成了目前

---

① 《2013年中国流动人口发展报告》，http://www.nhfpc.gov.cn/ldrks/s7847/201309/12e8cf0459de42c981c59e827b87a27c.shtml。

“以流入地政府管理为主，以城市公立学校接收为主”政策框架，“两为主”政策的出台在一定程度上打破了原有的义务教育管理体制造成的“制度区隔”，为农民工随迁子女在城市接受义务教育提供了强有力的政策支持，保障了农民工随迁子女的教育权利。尤其是随着“两为主”（以流入地政府为主和公办学校为主）等政策的相继出台后，许多城市纷纷跟进，提出农民工随迁子女教育的“同城待遇”政策，让“流动的花朵，共享一片蓝天”口号，农民工随迁子女“入学难”的问题已经得到较大的缓解，“上学难”问题得到缓解后，许多研究把眼光集中在农民工随迁子女进城学习后，实际情况如何？他们会遇到什么问题。即“进得来”问题的缓解，研究者又进一步思考随之而来的“留得住”、“发展好”等新问题。

在当前阶段，农民工随迁子女教育问题集中表现为农民工随迁子女城市融入困难，社会融合问题日益凸显。《中国流动人口发展报告 2013》指出：“据国家统计局统计，2012 年全国流动人口为 2. 36 亿人”，在流动人口中“新生代流动人口已成为流动人口主体，总量达 1. 18 亿人”，而“在有意愿落户城市的新生代流动人口中，超过七成希望落户大城市”，新生代“流动人口到城市来不仅仅是为了打工挣钱，他们在城市谋求发展，更希望融入这个城市”。“由于区域、城乡之间公共服务政策制度存在差异，流动人口特别是来自农村的流动人口还没有真正融入所居住的城市”，因而“流动人口的社会融合值得关注”。作为流动人口的主体之一的农民工随迁子女与其父辈一样同样面临着被城市接纳、融入城市的问题。随着农民工随迁子女在城市求学的进展，解决这个问题的需求越来越迫切。解决城市里的农民工随迁子女教育问题，如果仅仅停留在“两为主”层面，那只是架构了政府基本的公共服务框架。如果规模日趋庞大的农民工随迁子女不能够顺利融入社会，可能引发强烈的反社会情绪和失范行为倾向，进而危及和谐社会主义的构建。2005 年的法国巴黎骚乱则警示着人们，处于社会最底层的外来第二代、第三代移民，由于长期的屈辱、歧视、挫折和失败，与主流社会的鸿沟越来越宽，其追求待遇平等、融入主流社会的诉求长期被忽视后，难免陷入绝望，易产生对主流社会不满之情，因一些小事就很可能引爆大动乱。① 因此，农民工随迁子女的社

① 雷颐：《法国底层青年骚乱之鉴》，《人民论坛》2010 年第 7 期。

会融合问题不容忽视。毫无疑问，农民工随迁子女入学城市，不会仅仅有“学习成绩好，以便上个好学校，将来找个好工作”的诉求，对他们来说更重要的追求还有体格健壮、心理健康、人格健全、视野开阔、快乐成长等，这些在他们成长中更有意义和价值，能为他们的终身发展奠定基础，即使他们不能继续升学，也有利于他们步入社会后走向成功、获得幸福。农民工子女进城后，城市的教育资源、生活环境一般来说比乡村的教育资源要丰富、良好一些，但由于二元户籍制度制造的“区隔”，使得随迁农民工子女在城市生活中面临着社会融合问题。从目前来看，农民工随迁子女的社会融合问题逐渐成为学界研究的话题，本书主要从教育的视角来思考农民工随迁子女的社会融合问题，其主要包括四个大问题：为什么要进行融合教育？什么是融合教育？影响融合教育的因素有哪些？如何开展融合教育？

二　研究意义

（一）理论意义

融合教育是当前进城农民工子女教育问题研究中的一个新问题。目前，一些城市的公办学校已经行动起来，开始接纳农民工随迁子女入学，免收借读费，并发放专项资金进行补贴。在国家取消了借读费或户籍的限制后，这些进入公立学校的农民工随迁子女面临着如何适应城市文化、如何融入城市的问题，城市文化环境对他们今后的发展和社会适应的影响如何，学校如何引导他们融入和他们自己怎样适应这样的环境等问题值得研究。

本书梳理了有关社会融合理论，建构流动人口子女的社会融合度量化指标体系，探讨流动儿童的社会融合路径，在此基础上探讨教育在流动儿童社会融合过程中起什么作用？有哪些教育因素给流动人口子女的社会融合带来了怎样的影响？如何从教育的视角来促进农民工随迁子女适应城市、融入城市社会，主要回答什么是融合教育？为什么要进行融合教育？融合教育的目标、内容是什么？如何开展融合教育等问题？毫无疑问，从教育视角研究流动人口子女社会融合问题，可以改变目前在教育方面对流动人口子女社会融合问题的研究过于宏大、抽象的现象，在一定程度上可以拓展对这一问题研究的视阈，深化、夯实对流动人口子女社会融合研究，为学校引导流动人口子女融入城市社会的实践提供一定的理论参考和新思路。客观而言，国内的融合教育理论目前还处于不成熟阶段，理论和实践方面的研究还不够深入，如理论基础研究方面还存在着融合教育的内涵挖掘得不够深入，融合教育模式缺少提炼，融合教育的实施策略未形成体系等方面的问题。在实践探索方面，许多城市学校在进城农民工子女融合教育方面做了各种尝试。比如实施分层教学、进行心理健康教育、组织社会实践活动等，获得了丰富的经验，也收到一定的成效。但是总体而言，这类的教育活动存在着低效、片面等方面的不足。如果将融合教育活动从课程化、校本化视角进行研究，将有利于克服以上缺陷，真正把融合教育的理念落到实处，也有助于加深对融合教育理论的理解，深化融合教育理论的研究层面，从而真正保证农民工随迁子女教育过程中的平等，实现教育公平和社会和谐。有助于团结、友爱、互助、包容的社会氛围的营造，从而为和谐社会的构建奠定坚实的基础。

（二）实际应用价值

1. 促进农民工随迁子女的社会融合

对农民工随迁子女而言，如何在城市里获取平等的市民身份、如何缓解变迁带来的心理压力、如何适应陌生的城市文化等成为他们融入城市生活所必须面对的问题。许多调查研究共同显示，农民工随迁子女在城市生活中，尤其是在学校教育中面临诸多的融合困境。学校教育是儿童社会化的主要途径，对农民工随迁子女而言，更应该是帮助他们实现社会融合的主要途径。针对农民工随迁子女社会融合的困难，一些学者提出“融合教育”的对策，并有许多学校开展了一系列“融合教育”活动。融合教育旨在落实教育公平理念，通过构建“身份融合，心理融合，文化融合”三位一体的教育框架，实现农民工随迁子女与城市社会的有效融合。因此，通过调查了解农民工随迁子女的社会融合状况，探究融合教育实施策略，有助于通过科学的教育手段循序渐进、有效促进农民工随迁子女个体全面发展，有利于他们适应、融入城市社会，健康成长。

2. 满足学生发展需求和形成学校办学特色

众所周知，农民工随迁子女这个群体虽然有家庭经济条件不优越、流动性强等共同特点，但每个学校的农民工随迁子女群体存在较大差异，他们的学习兴趣、思维能力、行为习惯、思想品德等参差不齐，因而他们的发展需求无论在主观方面还是在客观方面都是多样的、有差异的，这种差异虽然给学校教育带来了不少难题，但却是一种难得的、天然的教育资源，如果学校能够调查、研究他们的需求，并且想方设法尽可能满足他们的需求，那么融合教育的内容必然是校本化的，如果学校以课程的形式把这些内容串联起来，学校融合教育也必然具有特色，呈现出独特的魅力。

特色课程的构建是实现学校办学特色的重要载体。目前国家课程和地方课程更多的是考虑学生统一的、共同的基本素质要求，在课程设计上很难照顾到学校学生的差异性和多样性，使学校的办学特色难以体现。校本课程开发，与学校的特点和具体条件相结合，走的正是一条基于学校现实的特色化道路。农民工随迁子女与城市本地学生存在着差异性需求，如教材适应不良、学习跟不上教学进度等，公办学校应该进行相应的课程改革，从学校面临的实际问题中寻找校本课程的生长点，进而开发出相应的校本课程。虽然校本课程开发的原意不是为了促进融合教育，但是校本课程开发却是实施融合教育的一个重要途径。因此，研究融合教育校本课程开发问题，不仅有助于融合教育理念得以落实，也可以使学校的各种课程资源得到充分开发和利用，满足学生发展需求并形成各自的办学特色。

三　研究的主要内容

（一）融合教育的理论探讨

我们根据国外的同化论即同化教育、多元主义教育理论来分析什么是融合教育，融合教育的特点有哪些，如何建构融合教育目标，融合教育的目标到底是什么，如何建构融合教育内容，融合教育的实施原则有哪些。这些理论探讨主要目的是对融合教育进行细致的分析、深入的探讨，以澄清目前人们对融合教育的认识，尤其是澄清人们把融合教育理解为单向地向农民工随迁子女灌输城市主流文化的不妥理解，也为一线教师的实践提供必要的理论参考。

（二）农民工随迁子女融入城市现状调查研究

对农民工随迁子女融入城市的现状进行调查研究，其目的在于发现目前融合教育应解决的问题。我们将围绕农民工随迁子女如何适应城市文化、如何融入城市的问题，根据社会融合、社会排斥的研究思路，考虑到农民工随迁子女的特点，把农民工随迁子女的社会融合的结构指标操作化为心理融合、身份融合和文化融合，并对这三个融合方面的指标进行细化分解，编制出信度、效度高的问卷和量表，通过对温州、杭州、武汉、上海、福州、南昌等城市进行较为全面的问卷调查和实地调研，获得数据并进行统计分析，考察他们在心理、身份、文化融合方面存在的困境，从而发现他们真正的、共同的教育需求，为融合教育目标的确立、融合教育内容的设计确定客观依据。

（三）融合教育目标的分析

社会化是通过个体与社会环境的相互作用而实现的，也是推进社会融合的重要途径。农民工随迁子女离开幼儿时期社会化原属的社会群体、场境、社会经验和社会关系系统后，进入城市生活开始第二阶段社会化的过程。在这一过程中，农民工随迁子女必须抛弃他已习得的语言系统、行为习惯和价值观念等，丰富自己在城市生活的社会经验，形成新的社会价值体系、社会规范，以及行为模式，并力争从社会作用的客体成为具有社会作用的主体。基于国家义务教育的基本原则和目标，考虑到城市化的背景，根据对农民工随迁子女融入城市的教育需求和在第二阶段的社会化过程中心理、身份和文化融合现状的定量分析结果，运用社会整合理论分析框架，分析以融合为目的的学校教育执行的显性的和隐性的社会整合正向功能。本研究把融合教育的近期的目标确定为：使农民工子弟完成基础教育，同时完成第二阶段社会化，使之成为合格的学生，同时具有现代人格，实现城乡学生融合；中长期目标确定为：避免社会群体对农民工随迁子女与城市的融合度做过分的要求，以免形成离异或冲突的文化模式，最大限度地体现融合教育社会理想与社会价值，实现城乡文化的融合，为和谐社会的构建服务。

（四）融合教育的课程化研究

我们认为融合教育要取得良好效果，改变无意识状态，就必须走课程化的道路，课程是融合教育的载体，课程化能为融合教育提供制度保障。课程实施的主体是学校，全国并没有融合教育课程。为此，课程化在某种程度上来说，也就是融合教育内容的校本化。我们认为学校应根据融合教育的目标要求，结合农民工随迁子女融入城市的教育需求调查，以及他们在心理、身份、文化融合方面存在的问题，设计融合教育的内容体系，根据学校自身、社区和家庭教育资源的状况，围绕心理、身份、文化融合这三个方面开发出校本课程或实施方案，确保融合教育内容的针对性和适切性。

（五）融合教育的实施路径探讨

融合教育是一个复杂的系统工程，单靠学校的力量难以完成城乡学生之间相互借鉴、相互促进、相互融合，城乡文化相融的重任，必定需要政府、社区、学校、家庭四支力量一起合作，建构成融合教育网络，协调力量才能完成重任。我们将分别讨论政府、社区、学校、家庭各自的角色、以及它们在融合教育中的作用、面临的困境以及如何进行融合教育，以便对融合教育相关的教育部门的决策提供建议。

四 研究思路

本书的研究将沿着理论探讨—现状分析—实践思考的思路进行，遵循从理论到实践的分析路线。首先，全面回顾国外移民教育、国内农民工子女研究现状，为融合教育找到理论依据，并界定融合教育的含义、讨论融合教育的特征、目标、融合、实施原则，即构建系统的理论分析框架；其次，在操作层面上，编制农民工随迁子女社会融合方面的问卷和量表，进行调研和定量分析，以确定他们的教育需求；最后，在实践方面，对融合教育的课程化进行探讨，调查目前学校融合教育校本课程开发现状，发现其问题，针对这些问题，提出实施校本课程，以达到融合教育的目标，取得满意效果。如图 1－1 所示。

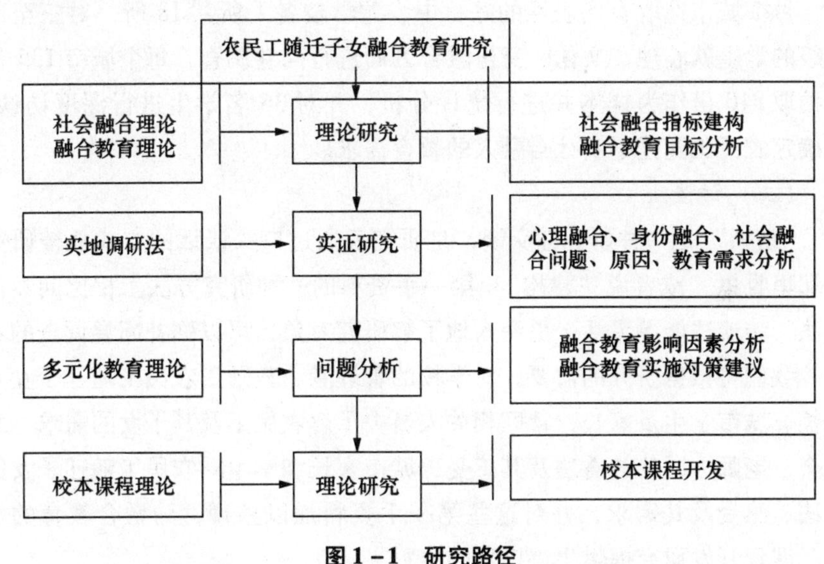

图 1－1 研究路径

五 研究方法

（一）文献研究

文献研究法主要指搜集、鉴别、整理文献，并通过对文献的研究，形成对事实科学认识的方法。[①] 我们广泛收集了有关农民工子女各方面的文

① 杨小微：《教育研究的原理与方法》，华东师范大学出版社 2007 年版，第 214 页。

献资料，包括学术论文、政策文献，有关农民工子女研究方面的书籍，网络、杂志、报纸上有关农民工子女的报道，有关社会融合、融入、排斥等方面的理论，在全面借鉴现有国内外研究成果的基础上，运用社会化、社会整合理论等，思考社会融合问题，建立社会融合的测量指标，探讨融合教育目标的确定。

（二）问卷调查法

调查法是在自然条件下，通过提出问题的方式搜集资料，以分析现象或变量之间相互关系的研究方法。① 我们将根据社会融合教育的指标系统编制问卷进行大规模的问卷调查，在完成国家社科基金项目过程中，我们在温州、杭州、上海、福州、武汉、南昌进行了实地调查。之所以要选择这些城市是因为这些城市处于我国东部、中部，农民工随迁子女较多、公办学校接纳农民工随迁子女、在这些城市本课题组成员有良好的同学、师生、同事关系，这些都有利于本研究。在进行调查时，采用分层抽样的方法，每个城市选取有代表性的好、中、差学校各 1 所共 18 所，对三至九年级的学生就心理、文化、身份融合方面进行问卷调查，每个城市 135 份共抽取 810 份作为样本并进行统计分析，并对 36 名学生进行深度访谈，以确定农民工随迁子女社会融入的教育需求。

（三）访谈法

"访谈"是一种研究性交谈，是研究者通过口头谈话的方式从被研究者那里收集（或者说"建构"）第一手资料的一种研究方法。相比问卷调查法，访谈法能更灵活、更深入地了解研究对象，可以弥补问卷调查的不足。我们将根据研究的需要，对学校的管理者、教师、农民工随迁子女及家长、城市学生及家长，社区相关人员去了解农民工及其子女的需求，对社会、老师、同伴的看法及其感受，城市家长和学生对农民工随迁子女的看法、感受及其需求，并对这些第一手资料加以整理，为融合教育的实施、课程开发研究提供生动丰富的资料。

（四）观察法

"走入学校日常生活情境"，我们将到农民工随迁子女所在的学校开展课堂观察、课外观察，记录农民工随迁子女在学校的学习、生活状况，尤其是观察农民工随迁子女与城市学生交往状况，以获得真实的农民工随

① 杨小微：《教育研究的原理与方法》，华东师范大学出版社 2007 年版，第 106 页。

迁子女社会融合以及学校融合教育方面的资料。

第二节　农民工子女融合教育研究综述

一　国内农民工子女教育的研究热点与视角

（一）国内农民工子女教育问题研究文献数量分布

目前，对“农民工子女”的称谓不统一，出现的称谓有“进城务工人员子女”、“农民工子女”、“流动人口子女”、“流动儿童”，后三者在学界研究中较为常见，为此成为我们检索文献资料的关键词。我们以“农民工子女”为篇名在中国知网网站进行检索，2001—2014 年共检索“期刊”论文 1022 篇，删除无关论文 62 篇，得到 960 篇，博硕士论文 197 篇，删除无关论文 9 篇，得到农民工子女博硕士论文 188 篇，“农民工子女”共计文献 1148 篇。以“流动人口子女”为检索词进行检索共得论文 351 篇，删除与“流动人口子女”无关的论文 13 篇，共计论文 338 篇，博硕士论文 72 篇，删除“流动人口”博硕士论文 19 篇，得到博硕士论文 53 篇，“流动人口子女”共计文献 391 篇。以“流动儿童”为检索词进行检索得到期刊论文 1451 篇，删除有关流动儿童卫生保健方面的文章 676 篇，得到期刊论文 775 篇。检索博硕士论文 162 篇，删除无关的 8 篇，得到博硕士论文 154 篇，共计“流动儿童”文献 929 篇，总计文献 2468 篇。其年度分布如图 1－2 所示。

从以上文献分布来看，1997—2000 年总共发表学术论文 13 篇，每年发表的论文数没过 10 篇，这一阶段可以看作是农民工子女问题研究的起始阶段，农民工子女问题开始为学界关注，但还没有引起学界的高度重视，研究成果并不多见。2001—2005 年每年发表的论文数超过 10 篇以上但没超过 100 篇，这一阶段处于农民工子女问题研究的发展阶段，学界开始重视农民工子女问题，尤其是教育问题，研究成果日益丰富增多。2006—2013 年每年公开发表学术论文超过 100 篇，开始出现类似“井喷”现象，2012 年论文数量发表达到最高峰，这一阶段可以看作是农民工子女问题研究的高潮，随后呈下降趋势。目前农民工子女问题仍为学界研究的一个热点，不同的学者从教育、经济、文化、政策、健康、法律、心理等层面对农民工子女问题进行了多维角度的思考。

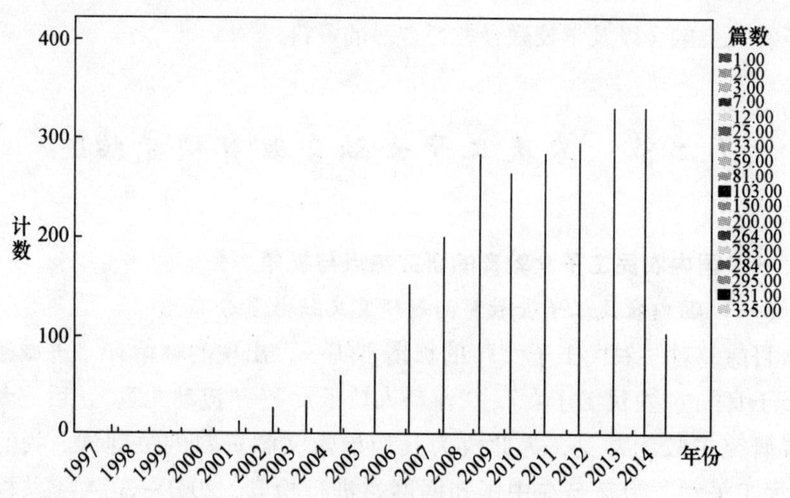

图1－2 农民工子女教育研究文献数量分布

（二）国内农民工子女教育的研究热点与视角

目前，学界对农民工子女的研究主要从心理、社会、教育三个视角来进行研究，这些研究能为农民工随迁子女的融合教育目标确定、内容建构等探讨提供借鉴。为此，我们从这三个方面对农民工子女研究进行梳理。

农民工子女社会融合是与融合教育密切相关的一个研究领域，是近些年才成为研究热点的，研究成果相对丰富一些。农民工随迁子女融合教育的研究是建立在农民工随迁子女社会融合研究成果之上的，故将其纳入融合教育研究综述范围。

1. 心理学视角

目前，从心理学视角来考察农民工子女群体的研究者，他们主要关注、思考的问题是：在个体心理层面，城市生活环境对农民工子女的心理影响如何？在群体心理层面上，农民工子女对社会认知如何？他们的归属感如何？他们与流入地的儿童能否相互接纳？有哪些因素影响两个群体之间的心理融合，等等。从目前的文献来看，这些问题的探讨集中在农民工子女的心理健康、社会认同两大研究热点方面。

（1）心理健康。城市生活环境对农民工子女的心理影响如何？研究者们进行了宏观层面的研究，有些研究者从农民工子女的生长环境出发，认为这些处境不利的农民工子女心理存在着“不同程度的问题，他们在自卑心理、人际交往、反社会人格等方面都比城市孩子的问题严重”（黄小萍、龙军、刘敏岚，2006）；更多的研究者对农民工子女心理健康状况进行了调查研究，从总体上看，农民工子女的心理健康状况要比城市学生的差（杨莉，2011；李艳红、王希江，2012），而在公办学校就读的进城务工人员随迁子女的心理健康状况好于在农民工子弟学校就读的学生（徐晶晶，2010）。另外一些调查则得出了相反的结论，认为流动儿童学校更有利于城市农民工子女的心理健康成长（邱达明、曹东云、杨慧文，2008）。我们认为，上述调查结论之所以会出现悬殊，是因为可能这个调查反映了真实情况，调查地的农民工子女政策执行到位，也可能调查抽样存在着偏差。不管结论如何，毫无疑问，处境不利、心理状况不容乐观的农民工子女不易融入城市，除非他们的心理具有较强的抗逆能力。

（2）社会认同。目前学术界对“社会认同”的界定不一，众说纷纭，但研究者们从对农民工随迁子女群体立场出发，思考了这些问题：我（们）是谁？相比之下，我（们）属于哪个群体？别的群体对我怎样？会喜欢我（们）、接纳我（们）吗？城市对我（们）有意义吗？我（们）是属于这个城市的吗？研究者运用调查、测评方法对这些问题现状进行了探讨，梳理如下：

第一，身份认同。身份认同（identity）是指个体认识到他（她）属于某个特定的社会群体，同时也认识到作为该群体成员带给他（她）的情感和价值意义。[①] 农民工子女的身份认同是考察农民工子女融入城市的一项维度指标，其身份认同状况直接影响他们健康的人格形成，并在一定程度上阻碍了他们的城市融入（郑友富、俞国良，2009）。为此，农民工子女的身份认同问题成为心理学研究者感兴趣的一个话题。目前的研究基本采用的是调查研究方法，以问卷调查为主，访谈调查为辅。不少的调查研究表明：农民工子女对“农村人”身份的认同感可能较为模糊，仅有18.9%的流动儿童认同“老家人”身份，11.2%的流动儿童不再认同“老家人”身份，69.9%的流动儿童社会身份认同处于不确定状态。此外，公立学校的流动儿童的“农村人”身份认同感要高于打工子弟学校的流动儿童，社会身份认同感在性别和出生地上的差异均不显著（刘杨、方晓义，2011）。单丹丹的调查也发现：城市农民工子女的社会身份认同表现出了很大的模糊性，26.43%的农民工子女认为自己是“农村人”，

① 张莹瑞、佐斌：《社会认同理论及其发展》，《心理科学进展》2006年第14期。

23.35%的农民工子女认为自己是“城市人”，50.22%的农民工子女不清楚自己的身份；但随着年级的增高，农民工子女对于农村人身份认同呈下降趋势，城市人身份认同呈上升趋势，不清楚认同也呈上升趋势并且幅度大于前者（单丹丹，2011）。许传新（2008）对公立学校的农民工子女进行了调查研究，结果表明：24.7%农民工子女认为自己是“本地人”，选择是“外来人”的占28.8%，选择“说不清楚”的占46.5%。石长慧调查和访谈发现：一部分农民工子女形成了农村人的身份认同，而另一部分农民工子女形成了二元身份认同，获得了二元身份——制度性的农村人身份与文化性的城市人身份，随后研究中又提出多元身份认同的观点（石长慧，2010）。

从目前的一系列研究来看，结论基本一致，大部分农民工子女对自己的身份说不清楚，处于模糊状态，说明他们的身份认同存在困惑。这也反映他们的生存状态，说自己是城市人嘛，自己诞生在农村，即使诞生在城市，也没有城市户籍，故没有城市身份。说自己是农村人嘛，自己又生活在城市，受到城市生活的熏陶，农村的印迹在自己身上不深，感觉很浅，不是完全意义上的农村人，是城市的“边缘人”或者是农村和城市之间的“摇摆人”。从农民工子女这种身份认同的模糊状态来看，农民工子女对城市缺乏认同感；从心理归属感来说，他们缺乏城市归属感，没有真正地融入城市社会。

第二，歧视知觉。歧视知觉研究是从反面探讨群体之间的接纳问题。所谓歧视知觉是相对于客观歧视而言的一种主观体验，是指个体知觉到由于自己所属的群体成员资格（如性别、种族、出生地区或者户口身份等）而受到的有区别的或不公平的对待，这种对待可以表现为实际的行为动作，也可以表现为拒绝性的态度或者某些不合理的社会制度等（Major Quinton & McCoy 2002；Pascoe & Richman，2009；Tom，2006）。研究结果表明，75.5%的流动儿童报告受到过歧视，但所报告的被歧视的体验并不强烈（方晓义、范兴华、刘杨，2008），何桂宏（2009）调查研究也表明，农民工子女在学校、社会等方面普遍面临不同程度的受歧视现象，近1/4的农民工子女因受歧视而自卑。此外，也有大量的公立学校的农民工子女和打工子弟学校的农民工子女歧视知觉对比研究表明，公立学校农民工子女的歧视感要低于民工子弟学校的农民工子女的歧视感（蔺秀云、方晓义等，2009；李晓巍、邹乱、张俊、杨颖，2008），而且小学生显著低于初中生（邓小晴、师保国，2013）。申继亮研究也表明，随着年龄的增长，农民工子女对社会排斥或受歧视经历的体验日益强烈，歧视知觉成为其心理发展最突出的危险性因素之一（申继亮，2009）。毫无疑问，农民工子女受到歧视会增加其消极的情感体验，如果其心理弹性不好，抗逆能力不强，则很有可能影响心理健康，使其变得退缩、不自信，也容易导致一系列的外部问题行为，甚至对周围人、对社会产生敌意（邹乱、屈智勇、张秋凌，2004）。歧视的存在，也意味着农民工子女处境不利，社会支持力度远远不够，意味着城市社会对农民工子女存在着不同程度的“社会排斥”，拒绝接纳农民工子女，影响着农民工子女对城市的认同，也不利于农民工子女融入城市社会。

第三，社会认同。目前，学者对农民工的社会认同研究比较多，对农民工子女的社会认同还不够丰富。研究者基本上运用文献法、调查法、访谈法、心理测评法来了解农民工子女的社会认同现状，分析社会认同威胁的原因、提出促进农民工子女积极社会认同的措施。方博野（2011）运用“中学生社会认同量表”对潮汕地区农民工子女的社会认同状况进行了调查研究，发现“潮汕地区外来务工人员子女的社会认同感普遍偏低”，其原因是受农民工子女的家庭经济收入、社会地位、文化价值观的影响，尤其是潮州方言造成的隔阂，潮汕本地的学生易把农民工子女区别开来，不愿与他们交往，不让他们“融入自己的生活圈子”，当然潮汕地区的农民工子女积极社会认同感低，缺乏归属感。罗云、王海迪（2011）运用田野调查、非正式访谈研究方法，对北京城市公立学校中农民工子女的社会认同状况的研究发现：在与北京本地儿童的社会比较中，农民工子女的社会认同在“本地人”与“外地人”之间游移，并且面临不同程度的社会认同威胁，这直接影响农民工子女的社会融入。虽然大多数学校领导、教师没有明显歧视农民工子女，反而体谅他们的难处，给予关照，但城乡二元社会格局及其教育管理体制，却让农民工子女很清楚地把自己划分为“外地人”这一群体、这一社会范畴。尹书强（2008）运用访谈与问卷调查相结合的方法研究发现：农民工子女“对城市生活方式、环境及群体的积极认同的同时却受到来自家庭客观条件、城市拒斥等现实条件限制的困境，处于理想认同与消极认同的矛盾困境中”。刘欣（2013）则从“价值认可、情感归属和行为趋同”三个维度对农民工子女的社会认同进行了心理测评，发现：农民工子女“对城市社会的总体认同水平处于一般水平”，且“价值认可 < 情感归属 < 行为趋同”。农民工子女的城市社会认同受“身份认知、来京年龄、母亲受教育程度、周围居住人群类别、学校类型”的影响存在着显著差异，城市身份认知倾向、6 岁之前来京、母亲受教育在高中以上水平的、周围居住的城市人群居多、公立学校的农民工子女其社会认同水平要高于与之相反的农民工子女社会认同水平。范兴华、方晓义、刘杨等（2012）运用整群抽样调查法，探讨了社会认同在农民工子女歧视知觉与社会文化适应中的作用。在调查研究中发现：农民工子女遭遇城市社会的歧视时，老家认同是有效的心理防御机制，可为其提供归属感，有利于他们抵御歧视知觉所产生的不利影响，这样一来，增强了农民工子女对老家的认同感，削弱了他们对城市社会的认同，不利于他们融入城市社会。徐志刚（2014）也认为“当前部分城市流动儿童正遭受着社会认同威胁，并由此产生了诸多心理问题及不良行为”。而信任则是消解社会认同威胁的一剂良药，因而提出建立制度信任、增强交往，营造信任环境，消解社会认同威胁。宋国英、郭彩琴（2011）从城乡教育一体化制度支持层面来探讨消解农民工子女积极社会认同遭遇的困境。从以上研究结果来看，农民工子女的社会认同处于困境之中，而造成这一困境的原因是多方面的，二元户籍制度是造成这一困惑的深层原因，家庭的经济条件、社会地位、文化价值等是造成农民工子女社会认同困境的浅层原因，城市社会的歧视、排斥是产生社会认同困境的重要原因。

第四，心理融合。心理融合是指随迁儿童与当地儿童两类群体之间的相互认同与接纳程度。本研究重点关注的是随迁儿童在与当地儿童同班学习的过程中，在群体心理层面上彼此心理接纳与相互认同程度（王新波、单洪雪，2013；胡艳辉、王立娜，2012）。心理融入的双向性表现在：农民工是否继续认同自己原有社会或群体的身份和保持自己对原有社会或群体的归属感，农民工是否愿意逐渐建立起自己对迁入地社会或群体的身份认同和归属感。目前对农民工随迁子女的心理融合研究比较少。

2. 社会学视角

在社会学领域，目前农民工子女问题是学者在研究农民工热点问题时产生的一个附带热点问题。研究者主要探讨农民工随迁子女与城市的关系如何，对这一问题的探讨主要集中在社会排斥、社会适应、社会融入、社会融合方面。

(1) 社会排斥。目前社会学对社会排斥的研究一般包括对社会排斥概念、价值、路径、模型、基本问题、研究方式等一般性的理论探讨，更多地集中在对农民工社会排斥问题的理论与实证研究方面，而有关农民工子女的社会排斥问题研究文献不太多。从已有的文献来看，研究者思考了以下问题：什么是社会排斥？农民工随迁子女感受到了哪些方面的社会排斥？这些排斥对于他们产生了什么样的影响？他们对于这些排斥的产生作何解释？面对这些排斥，他们是怎样应对的？对这些问题的回答我们梳理如下：

第一，概念的界定。什么是社会排斥？这个来源于西方学界的概念在国内其内涵已被泛化，研究者根据自己的需要自行界定。唐钧（2002）认为："社会排斥是游戏规则造成的。而社会政策研究的目标就是要修订游戏规则，使之尽可能地惠及每一个社会成员，从而趋于更合理、更公平。所有的游戏规则都是双刃剑，在它使一部分人成为'赢者'时，另一部人就会成为'输者'"（唐钧、王婴，2002）。任云霞（2006）将社会排斥定义为"个人，团体和地方由于国家、企业（市场）和利益团体等施动者的作用而全部或部分被排斥出经济活动、政治活动、家庭和社会关系系统、文化权利以及国家福利制度的过程"。冯邦（2007）认为社会排斥是指"主群体在社会意识和政策法规等不同层面上对边缘化的贫弱群体的排斥。它是一种被抛弃、被隔离和被边缘化的情感体验，是一种非短暂性的、局部性的现象，是个人、历史过程与国家相互推拉与强化的结果"。张世文、王洋（2008）认为社会排斥，是指社会脆弱群体，由于自身生理心理因素、社会政策及制度安排等原因而被推至社会结构的边缘地位的机制和过程。社会排斥既是一种既定的社会机制，又是一个排斥与被排斥的动态过程。

从目前不少农民工子女教育问题研究者的界定来看，他们基本上是套用社会学者们的界定，这些界定具有合理性，其思路、维度值得借鉴，但对农民工子女教育问题来说，这些界定还没有很好地体现教育本身的特点。

第二，社会排斥的现状。农民工子女的社会排斥现状如何？研究者主要从两个方面来分析，一是农民工子女的社会排斥，二是从社会排斥的视角审视农民工子女教育问题，只有少数研究者从社会学视野来探讨农民工子女的社会排斥问题，许多研究者是把社会排斥与教育问题交叉在一起来分析社会排斥问题。农民工子女受到了哪些社会排斥？研究者说法不一，但一般都从政治、经济、文化三个维度来阐述。任云霞（2006）则认为农民工子女受到了“消费、社会关系、文化、福利制度”四个方面的排斥。栾美薇（2011）通过问卷调查、实地观察发现农民工子女受到的社会排斥主要包括：“生活环境上的排斥、学校教育上的排斥、学习环境上的排斥和心理层面上的排斥。”张文玉（2012）通过访谈分析发现，农民工子女对于文化排斥、歧视和制度排斥的感受较深，尤其感受到教育制度方面的“不公平”，而对于经济排斥的感受不明显，他们对自己的日常生活挺满意，不认为自己受到歧视、排斥。宁鸿（2005）通过对大连市农民工子女教育状况的访谈调查研究，发现农民工子女受到了“制度性、资源性和观念性排斥”，这种排斥易导致“农民工子女个体的社会化不完整、群体的社会排斥再生产以及社会的公平难以实现”。冯帮（2007）认为农民工子女受到了“教育财政投入制度、户籍制度方面的排斥、较高的赞助费和借读费等经济方面的排斥以及城市居民、儿童、教师对农民工子女的思想偏见、轻视、冷漠、排挤等文化方面的排斥”，导致教育不公平。张世文、王洋（2008）认为农民工子女受到了“文化观念排斥和受教育机会、师资、教育教学设施等资源排斥”。杨娜（2010）、高政（2011）认为，农民工子女受到了制度、经济、文化排斥，高政（2011）进一步指出了这些排斥所带来的后果：“制度排斥导致部分流动儿童‘上不了学’，经济排斥导致部分流动儿童‘上不起学’，文化排斥导致部分流动儿童‘上不好学’。”从现有的讨论来看，研究基本上是从“制度排斥、经济排斥、文化排斥”三个维度来分析农民工子女遭受的社会排斥现象，这三个维度应该说比较准确地反映了农民工子女受排斥的实际，考虑到了农民工子女这个群体的特点。当然如果仔细进行推敲，我们会发现“制度、经济、文化”这种划分有交叉处，把它们并列犯逻辑错误，应该改为“政治、经济、文化”。

第三，消除社会排斥的策略。如何消除农民工子女遭遇的社会排斥？每个研究者对农民工子女受到的社会排斥具体描述不一，当然，他们提出的策略会有所不同。宁鸿（2005）针对制度、资源和观念排斥，提出“调整义务教育体制、解决根本性的户籍制度、建立多样化的教育形式、引导公平的社会观念”等建议以消除三方面的社会排斥。冯帮（2007）提出了“加快户籍制度改革，改革教育财政投入机制、升学制度，逐步消除制度排斥；保障农民工就业权益，消除经济排斥；改善城市舆论环境，增进理解与认同，消除文化排斥”以解决农民工子女教育方面存在的制度、经济、文化社会排斥问题。张世文、王洋（2008）则提出“深化户籍制度改革、合理调配公共教育资源、加大政府管理引导力度”，以消除农民工子女教育社会排斥。栾美薇（2011）提出了三个策略：“一是改革对农民工和进城农民工子女显失公平的政策和制度；二是提高社会认同，消除城市居民对农民工的排斥、歧视心理；三是提高和改善农民工和进城农民工子女的个体素质。”杨娜（2010）提出“改革现有农民工子女教育政策、户籍制度，为农民工子女提供社会工作服务，设立学校社会工作岗位”。高政（2011）提出“加快户籍改革步伐，消灭制度排斥，让流动儿童上得了学；保障农民工就业权益和收入，削弱经济排斥，让流动儿童上得起学；关心流动儿童生存状况，减轻文化排斥，让流动儿童上得好学”。张文玉（2012）提出的策略是：增加农民工子女对城市人及城市生活的了解、增强他们的抗逆力、对社会排斥的认识，为农民工子女应对社会排斥提供支持和帮助。从目前研究者提出的策略来看，具有很强的针对性，这些措施切中了农民工子女社会排斥问题的实质，但这些措施大多宏观，不够具体、详细，不够深入，有点泛泛而谈，可操作性不强，比如户籍制度改革，目的方向确实描述很好，但改革户籍制度具体措施如何？基本上没有更详细的建议，说明研究者对户籍制度研究不够深入，其来龙去脉、具体有哪些制度规定可能不够清楚，因而提出的户籍制度改革只能泛泛而谈。

总体来说，农民工子女的社会排斥问题的研究开辟了一个崭新的社会学研究视角，开拓了农民工子女教育问题的研究思路。不过在目前的研究中，宏观层面的理论推演居多，也有一些实证研究，但还不够丰富，研究者缺乏必要的从农民工子女视角来看社会排斥问题，并且通常把农民工子女放在被动的地位，缺乏对农民工子女在社会排斥问题中的主体性研究，这就需要研究者走进农民工子女群体，近距离考察农民工子女的生活、喜怒哀乐，尤其是他们是如何应对社会排斥的，这些排斥对他们到底产生了怎样的影响等，只有这样，研究者提出的措施才会既有宏观视野，也有微观关照，才能更有针对性、更为得力，对农民工子女的帮助更大，研究成果才能更为客观、具体，丰富生动，避免主观臆想。虽说社会排斥是一个过程，但研究者对农民工子女社会排斥问题多为静态的结果分析，把农民工子女当作一个静态的标本加以分析，并没有体现“过程性”，并没有动态性的研究。

（2）社会适应。第一，社会适应的理论研究。从目前已有的文献来看，我国学界对社会适应性的理论探讨不多、不够重视，只有零星的几个研究者在探讨社会适应性的基本理论，努力建构适合我国国情的农民工子女社会适应性理论框架，为其他的研究者进行实证研究提供一种理论参考。陈建文（2003、2010）对社会适应的性质、机制、结构、功能、层次、过程、方式、评价标准八个方面进行分析，他认为社会适应是“一种复杂的、综合的社会心理现象”，其机制包括适应过程和适应方式，其结构包括心理优势感、心理能量、人际适应性和心理弹性四个维度，其功能包括社会适应状态的实质及其评价标准，其层次包括感觉适应、行为适应、认知适应和人格适应，其过程包括心理发动、评估比较、内容操作和反馈性自我评价四个环节。适应方式有学习、应对和防御。适应的评价标准分为特质内容维度和活动领域维度。刘杨、方晓义、张耀方、蔡蓉、吴杨（2008）在借鉴国外文化适应相关理论的基础上，通过对21名流动儿童的深度访谈、测量，编制了符合我国流动儿童城市适应的标准，其标准分为心理适应、社会文化适应两个层面，心理适应层面包括心境和个性两个维度，社会文化适应层面包括人际关系、适应环境、外显行为、内隐观念、语言、学习6个维度。把城市适应过程分为U型、J型、水平线型三种类型及“兴奋与好奇、震惊与抗拒、探索与顺应、整合与融入”。毫无疑问，这种探索具有开拓意义，改变了以往社会适应标准混乱、内容单薄、缺乏统一的情形，首次提出农民工子女社会适应阶段论，丰富了农民工子女社会适应的理论研究，在实践方面，也为研究者或实际工作者提供了全面、清晰、较为成熟的、适合农民工子女群体特点的社会适应测量工具，能提高其研究的信度和效度，增强其研究结果的科学性、可靠性。胡朝兵、毛宇、王昌善、张希希（2013）则把社会学和心理学两个视角结合起来，编制了信度、效度较好的、包括自我管理适应等22个题目的进城农民工子女城市社会适应问卷。胡韬、郭成（2013）从社会学视角出发，运用问卷调查方法，建构了具有科学性的流动少年儿童社会适应与其影响因素的初始结构模型与竞争模型。从这些研究者的努力来看，他们力求避免抽象思辨的研究，而是走上测量、科学之路，为农民工子女社会适应的理论增添了科学色彩。

从总体上看，我国农民工子女的社会适应理论研究框架的建构还比较零散，要建立系统、完整、科学的理论框架可谓任重而道远，需要研究者不断开拓进取。

第二，社会适应现状研究。农民工子女社会适应现状如何？目前学界采用了五种不同路径的研究，第一种观点对城市公办学校的农民工子女进行调查研究，第二种观点是对城市民工子女学校的农民工子女调查研究，第三种观点是将公办学校的农民工子女和民工子女学校农民工子女的社会适应进行对比研究，第四种观点是农民工子女与城市儿童社会适应方面的对比研究，第五种观点是难得一见的农民工子女社会适应性追踪研究。我们根据五种研究的侧重点不同，把这五种研究归为：实证研究、对比研究和追踪研究三大类，这三类研究要思考的问题分别是：农民工子女的社会适应现状如何？农民工子女社会适应存在怎样的差异？农民工子女的社会适应有着怎样的变化？对第一个问题的回答，目前学界的看法存在两种截然相反的情况，一种观点认为农民工子女的社会适应状况不容乐观（王莹，2005；陈怀川，2006；任云霞，2008；何亚玺，2009；白慧，2012）；另一种观点认为多数农民工子女的社会适应状况总体良好，但也存在不少问题（郭良春、姚远、杨变云，2005；刘杨、方晓义、蔡蓉、吴杨、张耀方，2008；郑砚，2012；邓丽，2012）。这种矛盾冲突的观点产生的原因何在？应该不难理解，一是他们的调查抽样或他们访谈的对象不同，其代表性程度不一；二是他们对社会适应的理解不同，他们彼此说的社会适应内涵、外延不一，得出的结论当然会不一致，甚至出现矛盾。陈怀川等把社会适应界定为“个体调整自我的价值观念、生活方式等从而适应新的环境的过程”，主要包括“调适自己的价值观念、行为方式、思想文化等内容”，这些研究者往往以城市文化、城市儿童为参照，他们看到农民工子女的处境不利，社会存在制度、经济、文化种种排斥，农民工子女在面临新环境时的行为方式的不适应、心理焦虑、自卑、孤独等，所以他们容易得出农民工子女社会适应状况不容乐观的结论。有些研究者把社会适应界定为“是他们在新的环境下主要依靠自身努力实现的社会化和再社会化，它反映出流动儿童对所居住城市的认同程度和融入程度”（郭良春、姚远、杨变云，2005），其包括价值观修正、社会生活适应、学习适应。有的从“生存环境——家庭和学校”为范围，从价值观、学习适应和社会生活适应三个角度对农民工子女社会适应问题进行分析，有的从“心理健康（心理适应）和学业成绩（学习适应）”来考察农民工子女的社会适应性，所以从总体上得出农民工子女社会适应达到了较高水平的结论，当然，这样写，研究者也知道农民工子女还存在一些不适应的地方，实际上这些研究者所说的适应更多地指局部适应（郭良春、姚远、杨变云，2005）。

为了避免这种情形，一些研究者大多进行了对比研究，不再笼统地说农民工子女社会适应的水平如何，他们也发现农民工子女的社会适应是一个复杂过程，从不同的角度、维度、层面来考察，其结果应该是多样化的。曾守锤（2008）对接受公办学校和简易学校两者不同教育安置方式的流动儿童进行社会适应性测评，结果发现：在行为问题和受歧视感受方面，公办学校中的流动儿童要好于简易学校中的流动儿童，学习成绩、社交焦虑和友谊三个方面，公办学校中的流动儿童并不比简易学校中的流动儿童差，在自我概念和孤独两个方面则存在不一致的差异。丁睿（2010）以心理社会适应为指标来评估流动儿童的社会适应状况，调查研究发现在行为外化问题、内化问题方面，不论男女儿童，本地儿童和流动儿童都存在明显的心理社会适应能力差异，并且流动儿童的心理社会适应能力都要强于本地儿童。史晓浩、王毅杰（2009）的研究发现：“从时间维度看流动儿童城市社会的适应，民工子弟学校流动儿童的选择更倾向于指向过去，适应结果是与城市文化相分离，适应策略是返回家乡；而公立学校的流动儿童的选择更倾向于指向未来，适应结果是被城市文化同化，适应策略是定居城市。”胡韬（2007）调查研究发现：“流动儿童的社会适应水平总体上低于城市本地儿童，在生活独立方面高于城市本地儿童，流动儿童的社会适应存在性别、年级差异，女生的社会适应水平显著高于男生，社会适应水平随年级升高而提高。”何亚玺（2009）研究进一步补充：“3—6 年级的社会适应水平上升，6—8 年级学生的社会适应水平下降”，这可能是学生独立思考能力增强了，对城市环境有了更为深刻的认识。总之，从这些研究来看，对农民工子女的社会适应研究越来越细化。

农民工子女的社会适应有着怎样的变化？曾守锤（2009）选择一所公办初中的流动儿童为研究对象，对他们的社会适应主要包括心理健康（心理适应）和学业成绩（学习适应）方面进行为期 12 个月的追踪研究，结果发现，“流动儿童的心理健康状况较为稳定，流动儿童行为的内化和外化问题不是特别的稳定，但流动儿童总的行为问题发生与否是非常稳定的。流动儿童学习适应性具有稳定性，其学习适应可能因不同的学科呈现出不同的结果，流动儿童在英语这门学科上存在稳定的适应不良状况”。这种追踪研究的意义在于：一是研究问题的时间延长，更有利于研究者发现农民工子女在社会适应方面存在的“真实问题”和真实的现状，其研究结果比较可靠；二是这种研究具有过程性，能够发现农民工子女社会适应的变化现象、特点，比如一些流动儿童在公办学校环境中心理变得更健康，也发现了一些流动儿童的心理健康问题持续存在，流动儿童的英语学习成绩稳定地低于年级平均成绩等。这些发现更能引发人们的思考，这些流动儿童心理变得更为健康的原因是什么，而另一些流动儿童的心理问题为什么一直存在，流动儿童的英语学习为什么存在困难，如何解决等，这种追踪研究能发现城市适应在各个方面存在的差异，也告知学校应采取针对性的措施进行必要干预，以便农民工子女更好地适应城市社会。

农民工子女的社会适应受哪些因素的影响呢？陈怀川（2008）认为受户籍制度、偏见歧视等社会因素，经济条件、父母职业、文化素质、教养方式等家庭因素，个性气质、不良习惯等自身因素，这三大方面的不良因素妨碍着农民工子女的社会适应。魏勇刚、张希希（2013）调查发现：性别、是否独生子女、言语能力、归因风格、性格特征、成就评价以及生活态度这七个因素影响着农民工子女的社会适应。张艳（2013）则专门探讨了家庭因素对农民工子女社会适应的正面和负面影响。沈宝林（2013）则从政策因素、社会因素、家庭因素、自身因素四个方面来分析农民工子女社会适应的障碍问题。从目前研究者们的分析来看，影响农民工子女社会适应的因素不外乎就是社会、学校、家庭、个体自身四个方面。户籍制度是农民工子女社会适应的天然障碍，社会偏见、歧视、排挤是农民工子女社会适应的人为障碍，如果社会给予农民工子女更多的支持，重新认识农民工及其子女，真心地接纳他们，则会对他们的社会适应起积极作用；学校是对农民工子女的社会适应起重要作用的因素，良好的师生关系、同伴关系会让农民工子女感到温暖，调查也发现教师越民主，农民工子女的社会适应水平越高。同伴关系是农民工子女社会适应良好的一个重要中介变量。同样，调查也发现，参加学生活动组织和学生活动的频率越高，流动儿童在城市公立学校中的人际适应和总体性适应就越好（王涛、李海华，2006）。家庭经济较好、教育方式民主、亲子关系密切的家庭能减少农民工子女问题行为的产生，他们能更好地适应城市社会。自尊水平高、性格活泼、开放的农民工子女其社会适应性更好。

总的来看，目前对农民工子女的社会适应的研究有几个转向：一是从宏观探讨向微观分析转变。研究者们从政策、社会、家庭、学校、个人维度，宏观地、面面俱到地分析农民工子女社会适应问题的影响因素、对策探讨，逐步转向单个因素的深入研究，比如研究同伴关系与社会适应、情绪调节与社会适应、自尊在社会适应中的中介作用、家庭因素与社会适应等，这种研究有可能片面，但更为深刻，研究者知道影响农民工子女社会适应因素多样，但不知道中介变量是哪一个，研究者研究单个影响的多个维度，其目的在于找到这个中介变量，以便更为清晰地知道农民工子女社会适应的变化路径。二是研究方法从单种运用向多种结合转变。在研究农民工子女社会适应问题时，有心理学背景的早期研究者更倾向于测量方法，社会学背景的研究者更倾向于文献法来解释现象。目前的对农民工子女社会适应研究注重多种方法结合，定量的测量方法、质性的访谈方法，两者互补，质性研究逐渐被重视。三是从结果取向研究向过程取向、追踪研究转变。以往的对农民工子女社会适应问题的研究，其研究结果绝大多数是通过一次调查研究，并对其调查进行分析而确定，这种研究没有反映出农民工子女社会适应的变化及其过程，即反映出某个时间节点的结果，而不是某一时间段的过程。现在有一些研究者开始对农民工子女的社会适应问题进行追踪研究，以便反映出农民工子女社会适应的动态变化。这种研究应该说接近农民工子女社会适应的真实状态，或者说是一种“接地气”的研究，其生命力必将焕发。当然，目前的农民工子女社会适应标准还不统一、社会适应的机制研究欠缺、社会适应的中介变量到底有哪些还不确定，追踪研究只是刚露出了小苗等，这些都是今后需要加强研究的地方。

（3）社会融合。第一，农民工随迁子女社会融合界定。什么是农民工随迁子女的社会融合？从已搜集到的文献来看，不少研究者在研究农民工随迁子女社会融合时根本不作界定，直接描述农民工随迁子女社会融合的状况，分析农民工随迁子女社会融合的影响因素。也有一些研究者把“社会融合”与“社会融入”、“社会适应”相互解释，甚至通用，这种做法不够严谨。一般说来，常见的情况是，研究者在界定这个概念时直接引用研究农民工社会融合的概念。在浏览文献的过程中，我们发现任远、乔楠（2007）界定社会融合的概念被引用最多，而只有少数的研究者结合农民工子女这个群体，重新界定了农民工随迁子女社会融合，王毅杰、史晓浩（2010）把流动儿童社会融合界定为："流动儿童通过学校与社区，在主观上对城市社会的价值观念、生活方式、行为方式以及思维方式等产生认同和情感归属并将之内化，在客观上为城市社会，特别是学校和社区居民所认同和接纳为'我群'，并积极地参与、适应城市社会生活的过程。"孟艳俊（2008）把流动儿童的社会融合界定为：流动儿童与其成长环境的融合，它包含两个方面的内容：一方面是迁入地对流动儿童的接受程度，另一方面是流动儿童对迁入地的接受与适应程度。对农民工随迁子女的社会融合如何判断，不同的研究者提出了不同维度和指标，现列表如下：

表1－1　农民工子女社会融合测量维度

作者与文献	测量维度
孟艳俊（2008）	对迁入地、人、学校、同龄群体、自我认同
李明丽（2010）	心理融合、身份融合、文化融合、消费融合
王毅杰、史晓浩（2010）	从社会交往和社会认同两维度分析
唐开福（2012）	表层融合：外表、语言和饮食 深层融合：价值理解趋同 中层融合：思维方式、行为方式趋同
庄曦（2013）	文化融合：价值、认知等方面的融合 结构融合：社会交往关系的发展与融合 心理融合：自我与他者的互动、身份认同
袁巧玲（2013）	受歧视情况、融合意愿、身份认同、社会参与

根据以上的梳理，我们认为王毅杰、史晓浩（2010）的概念值得借鉴，首先，它体现了农民工随迁子女社会融合是一个复杂过程，而不是一种静止的结果，它预示着研究要体现过程性，当然这个过程费时较长；其次，它体现了农民工随迁子女个人、群体与城市社会个体、群体之间的互动关系；再次，它也提出测评农民工随迁子女社会融合的维度具有层次性，从浅层的行为方式到深层的价值观念；最后，它体现了农民工随迁子女这个群体特点，与农民工的社会融合有区别。此外，研究者提出的农民工随迁子女社会融合维度，也警醒着我们研究农民工随迁子女社会融合时，要避免混乱，应注意农民工随迁子女社会融合的层次性。

第二，农民工随迁子女社会融合状况。流动儿童的社会融合状况如何？研究者从不同的角度进行了研究。范元伟（2008）实地调查发现，92%本地生愿意与外地生交朋友，但城市家长意见是唯一非常显著地影响其交友的因素。同时，22.7%的流动儿童感觉难以与本地生交朋友。外地城市户口的流动儿童，显著感觉容易与本地学生交朋友。不过，在民工子女学校读过书的流动儿童和那些高年级的流动儿童，均显著感觉难以与本地学生交朋友。孟艳俊（2008）调查发现，总体上看流动儿童社会融合情况有显著差异，对迁入地的认同、对迁入地人的认同、对学校的认同、对同龄群体的认同、自我认同五个方面，公立学校流动儿童优于流动儿童学校的孩子。卢国显（2009）调查结果显示，57%的流动儿童的同学关系比较融洽，36%的流动儿童的同学关系不好，7%的流动儿童的同学关系一般。大部分在公立学校就学的流动儿童的同学关系比较融洽，与城市当地学生的关系也比较好，但也有部分流动儿童有自卑感、孤僻感和受歧视感。同质交往是公立学校就学流动儿童的交往特征，在私立学校就学的流动儿童内部出现了程度较高的文化融合。但是，这个群体的流动儿童很容易与城市当地儿童发生冲突。调查结果证实了家庭经济地位、文化差异和空间隔离对社会融合的影响。

王毅杰、王开庆、韩允（2009）发现，不同职业、收入的市民对流动儿童的态度不同；与生产服务人员相比，行政办事人员对流动儿童的态度相对温和；同时也发现，市民对流动农民的态度会再生产或复制到流动儿童群体。庄曦（2010）认为流动儿童的城市融合存在危机，首先，在文化融合方面，“照看者”（主要是父母）经历影响着流动儿童的文化认知发展；其次，在结构融合方面，流动儿童的同伴交流出现了发展不平衡的状态；最后，在心理融合方面，间断式社会环境中所蕴含的文化落差强化了该群体的“同一性混乱”心理危机。潘晴、魏娜、刘艳敏（2010）研究发现，流动儿童在学习生活交往中还不成熟，在新的环境中，不能很好地与本地儿童进行交往，无形中孤立自己或者被孤立；人际交际圈狭窄，交流形式单一；流动儿童被同伴接受的程度不是太高，在陌生的环境中不能建立一种平等的关系，很难在交流中互相模仿、认同和内化，在社会化的过程中影响着儿童的价值取向和个性的发展。而个体行为对于流动儿童交流群体的建构影响最大。

王毅杰、史晓浩（2010）通过四年的经验研究发现，从社会交往和社会认同维度分析，少数家庭经济社会地位较高且在公办学校就读的儿童，既能与市民保持正常的情感性交往，又能认同自己的城市人身份。多数流动儿童与城市社会之间表现出一种融合困境，包括虽然家庭经济社会地位较高但未能进入公办学校就读的那部分儿童。李明丽（2010）研究发现，农民工子女虽然存在一定程度的社会融合，但整体状况仍有待改善。调查发现：在社会融合的四个主要因素中，身份融合最好，心理融合次之，文化融合和消费融合较差。唐开福（2012）认为：由于与城市儿童存在着思维方式、行为方式、交往方式和语言等诸多方面的差异，流动儿童出现了许多不适应，导致其很难深度融入到城市生活和学习中。袁巧玲（2013）从就学状况、受歧视情况、融合意愿、身份认同、社会参与等层面考察了进城农民工子女社会融合的现实处境和主观意愿。调查结果表明，农民工子女的社会融合状况优于父代，但总体融合度不高；社会融合意愿强烈，而与城市市民之间实际交往度不高。许爱花、贾志科（2014）认为由于制度建构、资源配置等多方面的原因，来自社会各个层面的社会排斥使流动儿童处于一种被隔离、被抛弃和被边缘化的状态，严重影响着他们的社会融合、社会化及未来人生走向。栗治强、王毅杰（2014）研究发现，随迁子女的社会融合意愿高于融合状况，社会融合状况受客观环境因素影响较大，而社会融合意愿则受主观环境因素影响较大。

从以上可以看出，研究者对农民工随迁子女社会融合维度分析存在着一定的差异，故而对农民工随迁子女社会融合研究的结论也存在差异，不过这些研究者提出的维度虽然有所差异，但通过比较分析我们会发现，基本上是围绕王毅杰提出的“社会交往和社会认同”方面展开的，绝大多数研究者都把“消费”这一维度不给予考虑，其理由大多为农民工随迁子女其经济依附于自己的父母，不独立，不存在消费融合的问题，很多研究者是把消费作为一个影响农民工随迁子女社会融合的一个家庭因素来考虑，其实农民工随迁子女的消费观念、方式、衣着也是体现了社会融合，表明其外表、消费方式是否与城市儿童趋同，故应该给予考虑。大多数研究结论告诉我们，农民工随迁子女社会融合意愿较高即主观融合较高，但总体社会融合度依旧不高即客观融合不高，在浅层层面存在一定社会融合度，在深层层面社会融合度不高，即难以深度融入城市社会。与此同时，研究者发现从总体上看，公立学校的农民工随迁子女社会融合度要优于民工子弟学校的农民工随迁子女的社会融合度，当然，农民工随迁子女社会融合的各个维度及具体指标在农民工随迁子女社会融合过程中实现、达成程度存在着差异，这说明农民工随迁子女社会融合的实现具有复杂性，这也预示着要实现农民工随迁子女与城市社会融合，政府、学校、社区、社会采取的措施应贴近农民工随迁子女的实际，要有针对性，才能具有良好效果。

第三，影响农民工随迁子女社会融合的因素。哪些因素会影响农民工随迁子女社会融合？研究者对影响农民工随迁子女社会融合的影响因素，从宏观到微观都进行了较为详尽的探索。郑家裕（2006）认为影响流动儿童社会融合的深层原因主要来自政策和制度上的制约与失范。王毅杰、梁子浪（2006）两人借鉴戈登的族群融合理论和布劳的社会整合理论，从身份认同融合和结构性融合两维度探讨了造成融合困境的非体制原因：居住环境产生的隔离、“污名”效应产生的不接纳和父辈地位及认同的影响与限制。胡韬（2007）通过探索性因素分析和验证性因素分析发现了四个影响农民工随迁子女社会适应的因素，分别是学校因素、家庭因素、社会歧压、个人志气。这四个因素较全面地概括了影响农民工随迁子女社会适应的因素。李蕾（2007）认为包括户籍制度、就业制度等制度性因素和以偏见为主的非制度性因素影响着农民工随迁子女社会适应。李晓巍（2008）等人发现，公办学校农民工随迁子女的学校适应优于民工子弟学校，从而建议以城市公办学校作为接纳农民工随迁子女的主渠道。孟艳俊（2008）发现学校因素、居住城市时间、母亲受教育程度、家庭月均收入、家庭情感支持等家庭特征、社区特征和受歧视感等都是影响流动儿童社会融合的因素。李红婷（2009）从文化适应角度提出城乡文化差异导致农民工随迁子女在学校中面临各种冲突与压力。巩在暖、刘永功（2010）两人认为影响农民工随迁子女社会融合的因素主要包括制度、家庭、个性和社会接纳，制度障碍是社会融合的决定性因素，家庭是社会融合的重要基础，个性心理影响社会融合的进度与深度，社会接纳是社会融合的前提。王慧娟（2012）通过文献梳理发现：户籍制度是影响流动儿童的社会融合的根本因素，教育安置方式、家庭的经济能力、父母的教育能力、社区、流动儿童个人等从文化、心理方面都会影响流动儿童的社会融合。

从以上学者的研究可以看出，影响农民工随迁子女社会融合的因素一般包括制度因素、学校因素、家庭因素、社会因素、个人因素五个方面，每个方面都存在具体的影响因素，制度方面包括户籍制度、教育财政与管理制度，学校因素包括学校的类型、条件、教师、同伴关系，家庭父母文化程度、经济收入、社会地位、教养方式，社会因素包括城市居民的接纳、交往、社区资源，个人因素主要包括个性心理特征、居住城市时间长短等，从这些影响因素我们可以看出农民工随迁子女社会融合是一个复杂的、动态的过程，每种因素都在起作用，不过对每个农民工随迁子女个人、群体来说，其作用的大小不一，为此，需要研究者做深入分析。

第四，农民工随迁子女社会融合对策。如何解决农民工随迁子女社会融合的困难，许多学者提出了相应的对策。有的从宏观层面提出了综合性建议，如宋蓓提出促进社会融合的六条策略，具体为：完善国家的法规政策，保障儿童的基本权利；要强化学校管理，丰富儿童学校生活；要加强父母关爱，填补儿童情感空缺；要解决农民工市民待遇，实现公平教育；要整合社会资源，形成教育保护合力；要加强社工队伍建设，促进儿童的健康成长。① 有的专门针对国家政策提出建议，如郑家裕认为，社会政策的规范和保障才是促进社会融合的有力手段，并从政策诉求角度提出具体的政策和制度方面的建议。② 有的对学校教育提出相关建议。熊少严认为，学校教育在城市流动儿童社会整合方面发挥独特的功能与优势，提出优化多元文化整合的学校教育的指导策略。③ 湛卫清、程仙平两人提出了“融合教育”的实施策略，虽然二者对融合教育的界定有所差别，但都意指促进农民工随迁子女与城市本地相融合的各种教育活动或措施。④ 李红婷则提出在相关学校开设校本课程，对学生进行“城乡文化整合教育”的建议。⑤ 汤林春认为可以采用“多元一体教育”来化解农民工子女就读城市公办学校过程中面临的文化冲突，促进文化融合。⑥

由于农民工随迁子女社会融合涉及的方面和因素有许多，我们认为采

① 宋蓓：《农民工子女社区保护与城市融入的对策研究》，《江淮论坛》2006年第4期。

② 郑家裕：《促进城市流动儿童社会融合的政策诉求》，《青年探索》2006年第4期。

③ 王毅杰：《参照群体下流动儿童的身份意识及成因》，《南京工业大学学报》（社会科学版）2008年第9期。

④ 湛卫清：《农民工随迁子女融合教育的困惑与对策》，《教育发展研究》2008年第10期。

⑤ 李红婷：《城区学校农民工子女文化适应的人类学阐释》，《湖南师范大学教育科学学报》2009年第2期。

⑥ 汤林春：《冲突·建构·融合：农民工就读城市公办学校冲突与融合》，华东师范大学出版社2010年版。

取的对策必须更加综合化。教育作为实现社会融合的基本途径是大多数学者的共识，同时不能忽视国家制度改革等方面的共同推进。

第五，其他方面的研究。少数研究者以探讨农民工随迁子女社会融合为指向，具体考察某一方面的情况，如身份意识、社会距离等。王毅杰、史秋霞通过考察农民工随迁子女的身份意识状态，发现许多儿童身份意识状态模糊，且内部身份意识出现分化。[①] 许传新通过对农民工随迁子女与本地学生的社会距离进行测量，结果显示两个群体的社会距离感非常小，社会隔离的代际传递不明显。[②] 还有学者提出农民工随迁子女社会融合的三阶段论，并总结在起始阶段、相持阶段、融合阶段中所面临的问题和应对策略。[③]

除此之外，刘杨等人在借鉴国外文化适应相关理论和对农民工随迁子女进行深度访谈的基础上探讨了农民工随迁子女城市适应的标准，结果表明可以从心理适应和社会文化适应两个层面进行评价。其中心理适应包括心境和个性两个维度，社会文化适应包括人际关系、适应环境、外显行为、内隐观念、语言、学习六个维度。这项研究，在一定程度上弥补了当前农民工随迁子女城市适应的标准较为混乱、内容较为单一的局限。

总之，国内学术界对农民工随迁子女的城市融合问题的研究大致可以分为两类：第一类是描述性研究。如对农民工随迁子女城市融合状况进行区域调查，分析融合过程中的问题。在认识问题的基础上，分析阻碍农民工随迁子女城市生活适应的制度性和非制度性两方面因素。制度性因素提及最多的就是要改革义务教育与户籍制度之间的紧密关系，切实维护农民工随迁子女的平等受教育权益。非制度性障碍是指农民工随迁子女与城市同龄儿童在生活条件、生活习惯、行为方式乃至语言等方面的差别，这些差别使农民工随迁子女受到歧视，导致其人格表现出边缘性特征和孤独自卑、落差、逆反和不满的心理。在分析融合障碍的基础上，从学校、家

① 王毅杰：《参照群体下流动儿童的身份意识及成因》，《南京工业大学学报》（社会科学版）2008 年第 9 期。

② 许传新：《融入还是隔离？——公立学校流动人口子女与城市学生社会距离实证研究》，《教育学报》2009 年第 3 期。

③ 巩在暖、刘永功：《农民工进城子女社会融合过程分析》，《科学社会主义》2010 年第 3 期。

庭、社会等各方面分别提出相应对策。[①] 第二类是解释性研究。如从社会排斥视角分析农民工随迁子女在城市融合过程中呈现出的边缘化状态，从心理学视角分析农民工随迁子女在城市融合过程中的心理异化问题等。[②] 这些探讨为农民工随迁子女的融合教育内容的构建指明了方向。

3. 教育视角研究

目前学界研究农民工随迁子女教育问题主要集中在法律层面的平等受教育权、教育政策的制定和执行、融合教育探讨三个方面，主要思考以下问题：农民工子女平等受教育权法理依据是什么、受损原因是什么、如何保障其权利、农民工子女教育政策演变的轨迹是怎样的、政策执行阻碍原因何在、如何突破阻碍，等等。

（1）教育法律。目前对农民工子女教育法律层面的探讨主要集中在"平等受教育权"方面。平等受教育权本来不值得讨论，《宪法》第46条规定："中华人民共和国公民有受教育的权利和义务"，我国《中华人民共和国教育法》（1995年）第9条规定："公民不分民族、种族、性别、职业、财产状况、宗教信仰等，依法享有平等的受教育的机会。"《教育法》第18条载明："各级人民政府采取各种措施保障适龄儿童、少年就学。"《中华人民共和国义务教育法》第4条言明："国家、社会、学校和家庭依法保障适龄儿童、少年接受义务教育的权利。"可见，受教育权是人人"应有的"且受法律"保护"、"保障"的一项基本权利。但由于1986年《义务教育法》第9条规定："地方各级人民政府应当合理设置小学、初级中等学校，使儿童、少年就近入学。"而"就近"人们所理解的且最有力的证据就是"户籍"，所以就近入学演变成为按"户籍"入学，这一规定为人们就近接受教育提供了方便，提供了依据，但随着我国经济改革深入，人口流动日益频繁，这一规定为流动人口子女在"异地"接受义务教育带来了不少麻烦，甚至是"阻碍"，随后国家对《义务教育法》（2006年）进行了修订，把这一规定修改为："适龄儿童、少年免试入学。地方各级人民政府应当保障适龄儿童、少年在户籍所在地学校就近入学。""父母或者其他法定监护人在非户籍所在地工作或者居住的适龄

---

① 申振东、乔姗姗、方苏、朱汶龙：《进城农民工子女融入城市生活研究综述》，《贵州大学学报》2008年第4期。

② 黄兆信、潘旦、万荣根：《农民工子女融合教育：概念、内涵及实施路径》，《社会科学战线》2010年第8期。

儿童、少年，在其父母或者其他法定监护人工作或者居住地接受义务教育的，当地人民政府应当为其提供平等接受义务教育的条件。具体办法由省、自治区、直辖市规定。”但是由于历史的沉淀，长期以来，人们习惯性按“户籍”入学的做法，导致农民工子女的受教育权出现了“受损”问题，没有得到有效“保障”，因而成为学界讨论农民工子女问题的一个热点话题。之所以受教育权成为一个研究热点，我们认为其主要原因是研究者想通过法律的视角来找到农民工子女教育为何会成为一个“问题”。

农民工子女平等接受教育，事关社会公平正义与安定和谐。何谓平等受教育权？一般包括“受教育机会获取权、受教育条件建设请求权、受教育条件利用权、受教育过程平等权、获得公正评价权、免受一切歧视的权利”（陈信勇、蓝邓骏，2007）。目前学界对农民工子女平等受教育权主要从三方面探讨：

不少研究者从法理上分析平等受教育权。他们主要一是以《儿童权利公约》、《经济、社会、文化权利国际公约》为依据，即从国际惯例和国际法则来论证平等受教育权是一项“基本人权”（刘潇潇，2006；陈信勇、蓝邓骏，2007；于文豪，2007；张维新，2010）；二是引用《宪法》、《教育法》、《义务教育法》的条款，纳税人的权利与义务来推论平等受教育权是公民的一项“基本权利”及论证农民工子女平等受教育权的合理性（罗朝猛、胡劲松，2006；陈信勇、蓝邓骏，2007；于文豪，2007），这些法理上的论证其目的在于为农民工享有平等受教育权明确“理论和法理”的依据；在寻找法理依据时，研究者也从平等受教育权的内涵出发，分析了农民工子女平等受教育权现状。从目前来看，农民工子女受教育权现状不能令人满意，其主要表现在：入学条件上遭遇非公正对待，虽然有公立学校接受农民工子女就读，但往往对其入学条件层层设限，很多农民工子女被排除在当地义务教育门槛之外，已经进入公办学校就读的农民工子女也常常受到不平等的待遇（陈信勇、蓝邓骏，2007；宋健，2013；李朝晖、张红云，2006）。由于受入学条件限制，大多数农民工将其子女送到“民工子弟学校”就读，这些学校虽然其存在具有一定的现实合理性，但其问题突出，比如办学条件简陋、师资力量薄弱，违法办学严重（宋健，2013；郑风、李娜，2008），即使能进入城市公办学校读书，但其“学习的连续性得不到保障”，以前是小学毕业后，便要回老家读完初中、高中，现在虽然可以在流入地就读初中，但高考仍要回原籍参加考试，此外农民工子女流动性强，其“学习过程的不稳定性导致受教育质量下降”，农民工子女辍学率比较高，其结果往往是复制其父辈的命运，成为“新生代农民工”（陈信勇、蓝邓骏，2007；郑风、李娜，2008）。由此可见，农民工子女受教育机会、受教育条件、受教育过程等存在着不平等性。

针对这些受教育权存在的问题，研究者从法律的视角分析其原因，他们认为农民工子女受教育权受损的原因主要有两个：一是体制问题。城乡二元体制所产生教育财政投入问题，城乡二元教育财政体制与现实严重脱节。目前我国义务教育实行的是以户籍为基础的地方性教育财政划拨制度（李朝晖、张红云，2006；张维新，2010），农民工子女离开了原籍，流入城市，但流出地政府的教育拨款并没有划拨到农民工子女的流入城市，因经费问题产生的必然结果就是城市学校拒绝入学就读，这样导致农民工子女在城市“入学难”的问题，这是农民工子女受教育权受损的“根本原因”（宋健，2013）；也有研究者持有相似的观点，认为“农民工子女上学问题本身是现行的户籍制度及城乡二元化政策的产物，尤其是我国义务教育的财政投入依然是以地方为主，这不仅造成一些地方因财政供给能力不足而出现学校及教育资源的缺乏，同时也造成地方教育资源的不平衡以及严重的地方保护主义”（项继权，2005；刘潇潇，2006；叶南，2010）。二是法制不完善。虽然党和国家重视农民工子女的受教育权问题，出台了一系列的农民工子女入学政策，但现有的保护农民工子女平等受教育权的法律规定可操作性不足，如何保障并未明确规定，流出地、流入地的政府教育职责模糊（刘潇潇，2006；李朝晖、张红云，2006；叶南，2010）。

鉴于以上原因分析，研究者提出有针对性的策略：一是改革现行的户籍制度。实行一元化的户籍制度，清除附加在户籍制度上的附加功能，从宪法上确立公民的自由迁徙权，建立“籍随人走”的城乡一体户籍制度，逐步完成“从身份到契约”的转变，解决农民工子女受教育权的“制”的问题，为农民工子女上学扫除障碍（陈信勇、蓝邓骏，2007；项继权，2005），从根本上保障农民工子女平等受教育权的实现。二是健全财政投入制度。实行“生均拨款制度”，借鉴美国的“教育券”形式，把教育经费以“券”的形式直接发给家庭或学生，券随人走（陈信勇、蓝邓骏，2007），流入地学校凭“教育券”到政府部门兑换成教育经费，这样可以有效解决农民工子女因“财”而产生的“入学难”问题。同时建立教育经费分级分担制度，建立一个中央、省级、地市、流出地、流入地等政府各自责、权、利明晰的管理体制和经费保障机制，建立中央和省级的流动人口子女义务教育专项经费，实行教育经费的地方与中央政府的“双主体模式”，解决农民工子女受教育权的“财”与“政”的保障问题（陈信勇、蓝邓骏，2007；杨聪敏，2010）。三是完善法律制度。清理和修订涉及农民工子女上学的相关法规，制定统一的《流动儿童少年教育法》，完善农民工子女平等受教育权的救济保障制度（项继权，2005；刘潇潇，2006），解决农民工子女受教育权的“法”的问题，明确权责，保障农民工子女受教育权的平等实现。四是以国家公立学校为主，社会力量办学为辅。发挥现有公办中小学的作用，尽最大可能地接纳农民工子女就读，同时依法鼓励和扶持兴办农民工子女学校，鼓励社会力量参与办学（李朝晖、张红云，2006；杨颖秀，2008；王洛忠，2014），形成公办、私立教育的多元、有机体系，为农民工子女受教育权保障解决“力”的问题。

目前对农民工子女教育法律层面的探讨多为宏观，方法多为理论思辨，探讨思路相似，基本遵循法理探讨、现状描述、原因分析、对策建议这一思路，这些探讨确实抓住了农民工子女教育法律层面的核心问题——受教育权。即其主要思考如下问题：农民工子女受教育权的依据是什么、农民工子女受教育权的实际如何、农民工子女受教育权受损的原因何在、如何从法律的角度保障农民工子女受教育权。我们认为目前学界对农民工子女受教育权受损的原因分析颇为深刻，但目前对“什么是受教育权、平等受教育权”这个问题思考还不够，即对受教育权、平等受教育权的内涵、外延的探讨不多，还需要进一步厘清。研究者提出义务教育的财政制度、法律制度方面的建议，还需要进一步的细化、深化、增强可操作性，尤其是《流动儿童少年教育法》更值得也更需要详细、深入的探索。平等受教育权的意义、功能需要进一步拓宽、深入挖掘，而不是简单论述有利于实现公平，构建和谐社会，提高农民工子女的文化素质之类的，平等受教育权对社会、对农民工子女的意义到底何在，比如对农民工子女的社会融入意义如何等则需要进一步思考。不管如何，这些法律层面的探讨为农民工子女融合教育研究提供了法律依据。

（2）教育政策。20 世纪 90 年代末，在研究农民工子女教育问题过程中，一部分学者不约而同地把视角聚焦于教育政策问题，随后不断有研究者跟进而形成一个小热潮。应该说农民工子女教育政策问题是农民工子女教育众多问题中比较关键的问题，对此问题的研究对农民工子女教育政策本身的完善、创新及农民工子女教育问题的解决具有重要意义。目前对农民工子女教育政策分析主要集中在农民工子女教育政策的历史考察、教育政策的某种功能探讨、对教育政策本身问题的思考、教育政策执行现状、问题的原因分析与对策四个方面。

第一，农民工子女教育政策的历史考察。对农民工子女教育政策的历史考察，其目的在于把握政策发展的轨迹，分析其存在的问题，为完善政策，更好地为农民工子女教育服务，让农民工子女在城市“进得来”、“留得住”、“发展得好”。当然，每个研究者的研究专业背景、认识不一，其对农民工子女教育政策的历史演进归纳不一。有的研究者以时间为序，以特点为据进行梳理，把农民工子女教育政策分为三个阶段：第一阶段（1996—2000年），其特点是“农民工子女的就学政策与流动儿童、少年的就学政策合为一体”；第二阶段（2001—2002年），其特点是“‘两为主’政策，使包括农民工子女在内的流动人口子女接受义务教育出现重要转机”；第三阶段（2003—2007年），其特点是“将保证农民工子女的受教育权提到重要议程”（杨秀颖，2007）。这种以时间顺序来划分比较简单、方便，但也能比较清楚地呈现农民工子女教育政策的变化轨迹，并较为深刻地分析了这一转变背后的观念转变，即“从受户籍制度的约束向对职业身份的重新认识转变”、“从强调家长的监护义务向凸显政府的教育责任转变”、“从规约受教育义务的履行向依法保障受教育权的转变”（杨秀颖，2007）。有的研究者从国家对农民工政策的历史演变视角考察国家对农民工子女教育政策变迁，把农民工子女教育政策变迁划分为五个阶段：限制阶段（1992年以前）、认可阶段（1992—2000年）、重视阶段（2001—2002年）、明朗化阶段（2003年）和强化阶段（2004年以来）（吴新慧、刘成斌，2007）。这五个阶段的特征反映了国家对农民工及其子女教育态度的转变，以态度为划分标准比较准确地描述了农民工子女教育政策的历史演变及其变化轨迹。为后来的研究者提供了一种参考。有的研究者则把国家对农民工子女的教育政策分为四个阶段：空白阶段（1984—1991年）、限制阶段（1992—2000年）、调整阶段（2001—2005年）和明确阶段（2006年至今）（张丽，2011）。这四个阶段与吴新慧、刘成斌的研究大同小异，时间节点有所区别，导致这种差异的原因包括：

一是写作时间不一，二是研究的细致度不一，但他们的出发点基本上体现了以态度为划分标准的取向。有的研究者则以“依据政策文本的主要特点及其侧重点的不同”将农民工子女的教育政策划分为三阶段：起始阶段（1996—2000年）、发展阶段（2001—2005年）和完善阶段（2006年至今）。相比之下，这种划分比较简单、粗糙，不过也比较清晰地反映了农民工子女教育政策的演进（宋小香、马博、袁凤琴，2012）。有的研究者对已颁布的农民工子女就学政策进行文本考察，梳理政府对就学政策制定态度的变化，将农民工子女教育政策划分为三个阶段，即第一阶段是限制阶段，其特点是限制农民工子女在城市接受义务教育。第二个阶段是疏导阶段，其特点是对农民工子女在城市接受义务教育由限制态度转向疏导态度。第三阶段是保障阶段，其特点是“保障农民工随迁子女在城市的就学和升学等基本受教育权”（肖庆华，2013）。根据政府制定的农民工子女教育政策文本分析发现其路径为：沿着责任主体、关注对象、颁布部门和制定态度这四个路径进行演变的（肖庆华，2013）。当然有必要指出，对教育政策阶段的划分，时间只是政策演变的外在表现，并不是政策演变的本质，所以研究者以政策演变的价值取向作为划分的依据，这种划分可能更为深入、具有说服力，更能说明农民工子女教育政策变迁的本质。对农民工子女教育政策进行历史的考察是有必要的，但如果只是简单地对这一演变过程进行描述是不够的，除了要揭示出政策演变的原因之外，还有必要对教育政策的价值意义进行追问。

第二，农民工子女教育政策的功能探讨。农民工子女教育政策对社会到底有何功能，对农民工子女到底有何意义？目前的研究者多为一笔带过，或大都从社会的视角简单地用几句话概括农民工子女教育政策的功能，比如能实现教育的公平，或体现了社会的人文关怀，或有利于构建和谐社会。但农民工子女教育政策对农民工子女个人、群体到底有什么价值？则很少论及，这表明我们对农民工子女教育需求、发展需求缺乏广泛、深刻的研究。令人欣喜的是，有研究者从农民工子女城市融入视角来审视农民工子女教育政策，在考察其功能时，发现农民工子女教育政策在最初的空白阶段及限制阶段都在一定程度上阻碍着农民工子女融入城市社会，农民工子女中的不少人体验到了城市的傲慢、排斥、歧视以及隔离，这些不良的情感体验影响着他们对城市的认同，也不利于他们融入城市。即使后来的“保障阶段”——“两为主”政策的出台，其目的在于保障农民工子女的受教育权，而不在于促进他们的社会融入，即关于如何让农民工子女融入城市，社会立法者缺乏必要的思考，再加上教育政策缺乏必要监督、奖惩机制，事实上农民工子女平等受教育权并没有得到实现，也即事实上“两为主”政策只是在形式上有助于农民工子女社会融入（邵彩玲、张茬颖、赵岩，2008）。由此可见，农民工子女教育政策的制定者在制定政策时，大多面向现实问题，主要是解决“入学难”的问题，他们缺乏更为长远的眼光，尤其是从农民工子女发展的视角来制定教育政策，即未能很好地思考“发展得好”的问题。所以农民工子女教育政策必须由“保障型”走向“发展型”。为了更好地制定“发展型”的农民工子女教育政策，立法者应该研究农民工子女在城市学习、生活、交往等方面的现实问题及将来可能遇到的问题，尤其是要研究“农民工子女教育问题”，研究教育政策对农民工子女社会融合的作用何在，思考“如何保证其合法权益、促进其社会融合，中央政府在与各地政府协调过程中究竟应该扮演什么角色”等问题，研究农民工子女教育政策如何解决“农民工子女未来可能的越轨问题、代际贫困问题”（方巍，2012）。即发展型教育政策应尽可能广泛、深入地研究“我们农民工子女社会政策中包含了哪些发展性要素呢”（方巍，2012）。

从目前的研究来看，农民工子女教育政策的功能研究数量比较少，研究还比较薄弱，研究不够系统、全面，研究的广度和深度有待进一步拓展，尤其是农民工子女社会融合到底体现在哪些方面，教育政策是否涉及社会融合问题，能否解决农民工子女社会融合存在的问题，研究者和政策的制定者应有长远的眼光，除了理论思考外，还应进行实地调查研究，从农民工子女发展出发，构建发展型的农民工子女教育政策，这样教育政策的功能才能拓展，达到政府、城市与农民工子女“三赢”局面。

第三，农民工子女教育政策执行现状。光有好政策如果不执行，好的政策犹如一个“画饼”，中看不中用，正如艾利森所说：政策的“制定”占10%，政策的“执行”占90%。这种说法虽然有故作惊人之嫌，但确实道破政策“执行”的重要性。所以从已有的文献来看，农民工子女教育政策执行研究的数量较多，是农民工子女教育政策中研究比较集中之处。这些研究者大多从农民工子女教育政策执行的现状、原因分析、对策建议三个方面来分析。

研究者首先思考的问题是：国家出台的一系列农民工子女的教育政策

在实践中的效果如何？对这个问题的回答，研究者普遍认为虽有成绩，但执行效果并不理想，有的研究者用“阻滞”一词来描述执行现状。其表现为：“农民工子女入读公办学校的比例不高、学杂费用偏高、农民工子女学校的办学水平低”（李文彬，2010）。当然，这种描述虽然清晰，但视角远不够全面。持类似的观点有：“农民工子女的失学率高，义务教育政策执行有悖普及性；经费筹措保障机制乏力，义务教育政策执行缺乏可持续性；教育资源匮乏，义务教育政策执行有失公平性。”（钱再见、耿晓婷，2007）有的研究者则从政策本身、政策的执行者、执行过程三个视角来分析。比如“相关教育政策的知晓度低、相关政策文本欠缺时效性规定、流入地政府统筹管理力度不够、政策实施过程中存在严重的地方保护主义”（包平霞，2012）。显然，这种描述比前一种描述逻辑更为严密、视角更为开阔一些、思考更为全面一些。沿着这个思路，有的研究者把思维视角再次拓展，从地方政府、公立学校、农民工家庭、流入地社会四个视角来阐述农民工子女教育政策执行问题。比如地方政府“巨大的财政压力、各方利益难以协调”阻碍、减缓了农民工子女义务教育政策执行。公立学校因接受农民工子女产生“教学管理难度加大、经费紧缺和美誉度下降”等问题而导致执行教育政策不积极。农民工家庭虽然喜欢把自己的子女送入公办学校就读，但是“高昂的教育赞助费、纷繁复杂的入学门槛”把不少农民工子女挡在公办学校的门外，正是这种“附加性”的执行政策导致教育政策执行的“变异性”。不少流入地的市民排斥农民工，尤其是不愿自己的子女与农民工子女在一起读书，而向公立学校或当地教育主管部门施压，加上各种入学条件的限制，不少农民工子女不得不进入设施条件比较简陋、师资力量不足的农民工子弟学校学习，“城市市民对农民工及其子女的文化排斥严重影响到政府有关部门在农民工子女义务教育问题上的执行力度”（吴洁，2010）。从以上的论述来看，农民工子女义务教育政策执行存在问题，主要体现在四个方面：“政策不够合理，执行机构执行不力，目标群体自我维权能力不强，政策执行的社会、经济、人文环境的阻止。”（吴洁，2010）

研究者其次思考的问题是：农民工子女教育政策执行存在问题的原因是什么？对这个问题的回答，同样存在差异。有的认为：“直接执行主体有自身的利益追求、直接执行机构的组织滞后、直接执行主体的机构组织之间沟通与协调存在困难、执行主体在政策执行上缺乏科学的实施方案。”（王倩，2007）这种观点主要是从执行主体视角来分析，从利益、组织、协调、方案四个维度来考察，分析触及产生执行困境的原因，但比较单薄，说服力还不够强。有的则认为农民工子女教育政策执行不力的原因在于：“农民工子女教育政策本身不完善、政策制定主体和执行主体之间缺乏信息沟通、政策执行主体执行能力不高、缺乏有力的监督控制、政策执行主体间存在利益博弈”“导致了地方各级政府选择性、虚假性、停滞性、被动性和附加性执行农民工子女教育政策”（郑文芳，2012）。显然，这种看法从政策、制定者、执行者视角来分析，从政策的完善性、制定者与执行者之间的沟通、执行能力、监督机制、利益博弈五个维度来考察，相比前一种看法，分析得较为全面、到位，也比较深刻。有的研究者认为从“政策主体、政策客体和政策资源”三个视角来分析农民工子女教育政策执行效果不理想的原因，具体为：在政策主体方面，比如政策制定主体在制定政策时缺乏应有的前瞻性和严密性，致使政策内容存在弹性空间，缺乏权威的约束力。政策执行主体在执行政策时权、责、利不明确，权力分配不合理。政策制定主体和政策执行主体的利益取向不吻合，教育政策被选择性执行；在政策客体方面，比如由于农民工群体长期处于弱势，他们的利益常被忽视，故这个群体对自身及其子女政策的执行情况常不关注，缺少这支必要的监督力量，导致教育政策的执行不力。在政策资源方面，比如户籍制度、城乡条块分割的义务教育体制、不健全的财政制度影响了农民工子女教育政策有效执行（钱再见、耿晓婷，2007）。应该说这种观点概括得比较全面，剖析深刻，找到了农民工子女教育政策执行问题的深层原因，能给人以启发，有利于农民工子女教育执行问题的解决。当然，这种观点还没有把流入地的城市居民考虑进来，在现实生活中，不少研究者也发现流入地的城市居民在农民工子女教育政策执行过程中是一个不可忽视的因素，尤其是农民工子女进入他们子女所在公办学校就读时，他们往往反对农民工子女与自己的子女在一起就读，如果反对无效，他们往往会动用自己的关系把自己的孩子转走，避免跟这些有“不良”习惯的孩子在一起，防止自己的孩子受到了“沾染”，因而他们中的不少人成为农民工子女教育政策执行的阻碍因素。为此，有研究者“把政策主体、政策客体和政策资源”三个视角分化为四个视角：“政策执行主体、政策目标群体、政策本身和政策执行环境。”（张刚，2007）其观点具体表述为：从政策执行主体视角来看，政策执行组织结构不合理、权责不明确、缺乏沟通和协调、执行者的素质不高、执行手段单一；从政策目标群体来看，农民工群体和城市人群数量大，农民工子女教育政策涉及的目标群体众多，利益调适难；从政策客体来看，政策欠强制性、操作性不强、时效性欠缺；从政策执行环境来看，二元户籍制度和地方负责，分级管理教育管理体制、缺乏政策执行的监督、惩罚机制、城市的排斥和歧视农民工及其子女等文化环境（张刚，2007）。这些因素都是导致农民工子女教育政策执行不力的原因，从以上分析来看，应该说概括周全，分析到位。总而言之，研究者们对农民工子女教育政策执行不足的原因分析似乎有千篇一律之嫌，但他们的分析确实反映了现实，只是他们之间的分析是否全面与否的区别。综上所述，我们可把农民工子女教育政策执行不力的原因归结为四个方面：政策本身缺陷、执行主体不力、目标群体难调和执行环境阻挠。

如何解决农民工子女教育政策执行中存在的问题，突破困境？不同的研究者对原因分析的不同，其提出的策略有差异。为了农民工子女教育政策有效执行，李文彬提出“必须要改革户籍制度，改革‘以县为主’的教育投入体制，推行‘教育券’制度，建立在居住地就近入学的制度，建立全国性电子学籍信息系统”（李文彬，2010）。钱再见、耿晓婷则认为应该采取以下措施：a. 完善教育政策，提高政策的权威性和严密性；b. 明确政府职责，建立权力分配体制；c. 消除城乡差别，开发新的教育资源；d. 实现制度创新，消除执行中的梗塞（钱再见、耿晓婷，2007）。郑文芳根据四方面的分析，提出：完善农民工子女教育相关政策法规、提高农民工子女教育政策执行主体的执行能力、加强农民工子女教育政策执行主体间的利益协调、构建农民工子女教育政策执行力的经费保障机制、构建政策执行各相关主体之间的信息沟通机制、健全保障农民工子女教育政策执行力的监督机制六条对策（郑文芳，2012）。吴洁提出：建立各级教育政策执行主体之间的协调与合作，比如强化教育政策制定主体和教育政策执行主体之间的统一、建立农民工子女输入地政府与输出地政府的管理衔接机制；建立农民工子女义务教育政策执行的有效机制，比如在教育资金投入方面，建立有效的激励机制；在教育管理过程方面，建立有效的规制机制；在教育法律建设方面，建立有效的司法救济机制（吴洁，2010）。

总而言之，目前学界对农民工子女教育政策的研究其方法多为文献法，比如进行文本分析、价值探讨、归纳总结、思辨剖析，少数研究运用了实证法，对某些城市的农民工子女教育政策进行调查研究，当然这些调查研究对农民工子女教育政策问题观点确实起到支撑作用，但其是否反映了全国的情况还有待商榷。从研究视角来看，多为教育学视角，政策学、财政学视角也有涉及，但不占主流，有待增多，这样对农民工子女教育政策的研究会更为深刻，心理学、社会学、文化学视角还有待增强，或需要开拓新的研究视角，这样对农民工子女教育政策问题的探讨视野会更为开阔。每个研究者对农民工子女教育政策问题都有总结，进行了原因分析，提出政策建议，但我们认为这些问题需要进行宏观、系统的讨论。目前来看，还需要对政策本身、执行主体、目标群体、文化环境分门别类地进行深入探讨，这样对农民工子女教育政策的研究就不会笼统、抽象，或停留在表象层面，更能深入问题的现实本质，这样的研究结果不仅丰富而且生动，更具有现实价值。此外，从社会融合、融合教育的视角来看，虽然目前的研究能为社会融合、融合教育的研究提供一些理论借鉴，但农民工子女教育政策在这方面的探讨确实少之又少，还需要研究者开阔视野进一步探究。

综上所述，目前不同的研究者基于其专业知识背景对农民工子女进行了不同的研究，他们的研究集中在农民工子女心理、社会、教育三大领域，心理学视角的研究越来越细化，从早先的一般的心理健康状况研究，逐渐对不良的心理健康指标和产生心理健康的原因进行了深入研究，比如自卑、孤独感、歧视知觉、相对剥夺感、身份认同危机等，再到一些心理品质的相关研究，比如歧视知觉、身份冲突与城市适应关系等，这样对农民工子女的心理研究更为深入、全面。社会学视角的研究则集中在城市适应、城市融入、社会融合、社会排斥、社会认同、身份认同等方面，其中社会适应、社会融合研究最为活跃，为本书的写作提供了借鉴。教育学视角的前期研究大部分集中在农民工子女教育问题，比如入学难问题等的宏观层面，随着研究的深入，到现在逐步分化、细化，分化体现在一些研究者从教育法、教育经济学、教育社会学、教育基本原理、家庭教育学等进一步对农民工子女教育问题进行学科研究，细化体现在每一个分支的研究问题不再宏观抽象，而是越来越具体。以农民工子女教育为例，刚开始大多数研究者探讨农民工子女家庭教育存在的问题，到专门探讨家庭环境问题，再到家庭教养方式、亲子关系问题，研究逐步深入。从目前的研究来看，学界对农民工子女的研究内容大同小异，有重复之嫌，其研究方法大多为调查法，质性研究方法不多，追踪研究有点苗头，但还不多。而对农民工随迁子女融合教育研究是由一些中小学教育实践首先进行探索的，进而引起媒体的持续关注和学术界的深入研讨。由于研究时间尚短，研究成果较为零散和片面，未成系统。

二 国外移民子女教育研究现状

国外对融合教育的研究，主要集中在特殊教育方面，与本书要研究的内容相差太远，故不纳入文献综述范围。虽然国外不存在“农民工”、“农民工子女”以及“农民工随迁子女”等相关社会现象和术语，但是国外“移民子女教育”（或称“迁徙工人子女教育”）是与我国农民工子女教育相关的一个研究领域，对我国农民工子女教育有重要的借鉴意义。

西方社会的移民潮是随着工业化和全球化而兴起的，特别是第二次世界大战之后，国际移民大规模地进行跨国流动。随着越来越多的儿童随父母迁移，移民子女比例也越来越高，政府和研究者对移民子女教育也给予了特别的关注。① 美国联邦政府为解决移民子女教育问题，出台了一系列教育政策，如 1965 年通过立法提供 MEP 资助计划（迁徙工人子女计划），1958 年通过“学校促进法案”，2002 年通过了“不让一个孩子掉队”法案等。1997 年，墨西哥政府制订了 PEPMC 计划（迁徙工人子女基础教育计划），通过政府出资和教育部负责实施的方式展开了对迁徙工人子女的免费义务教育。1983 年欧盟成员国教育部长常务会议通过了“迁徙教育决议”，要求欧盟成员国对迁徙工人子女采用统一的教育政策。②

西方国家通过一系列的教育政策切实保障了移民子女的受教育权利，有效保证了移民子女学习的连续性，取得了较好的政策效果。由于国外移民的发展相应带来教育问题，主要集中在语言教育、文化教育、社会教育、健康教育、移民父母对其子女教育的介入等方面，所以下面集中介绍这些方面的研究。

---

① Barbara Schmitter Heisler. The Future of Immigrant Incorporation：Which Models? Which Concepts? International MigrationReview：The New Europe and International Migration，1992：19－29.

② 文桂江：《国外迁徙工人子女义务教育的保障机制》，《城市问题》2009 年第 2 期。

（一）语言和文化教育研究

美国是一个民族大熔炉，早在20世纪80年代，美国国会为帮助有大量移民学生的学区应对经济上的挑战与困难，实现移民子女教育公平，出台了一项教育资助法案《移民教育紧急法案》（The Emergency Immigrant Education Act，EIEA），在很大程度上推动了教育公平和均衡化发展，帮助了移民子女获得学习的机会，克服了语言等非智力障碍对学业的影响，使其能更好地适应社会，更大程度地实现个人价值。① 2001年，“加州明天”的执行董事劳里（Laurie）在其文章《学习英语、学习美国：处在风暴中心的移民》中提到，20世纪末，有300多万“有限英语能手”（LEP）出现在美国学校中，他们为了适应新天地、新语言、新文化苦苦挣扎，学习英语成为其生存的必备法则，从被排斥到被接受是一个痛苦的过程。对美国社会而言，这不仅是一个文化转移，更是一个政治问题。在美国历史上的任何一个年代都带有大规模的迁移，如何让大量的外来移民接受和被接受，如何把两种语言、两类文化、两个世界的人紧紧团结成一个民族，最重要的就是要坚持双文化制（Biculturalism）和双语制（Bilingualism）。② 美国特殊教育家查尔斯（Charles）在其《双边的双语教育》一文中写道：移民学生也需要理解第二语言的教师，入学伊始他们需要集中的语言学习，以便尽可能地表达自己的特殊需求也使其尽快地融入美国社会，这不仅是移民父母的希望，同时也是我们对其文化遗产的尊重。③ 2007年，美国顾问协会的迈克尔（Michael）等人在《和移民学生一起工作：学校顾问在构建“跨文化”桥梁中的作用》一文中强调了学校顾问（School Counselors）通过“跨文化”的模拟和活动，为移民学生搭建与本土文化衔接的桥梁作用。④ 移民学生在适应过程中会遭遇语言、学术、心

---

① Department of Education，Biennial Report to Congress on the Emergency Immigrant Education Program（Washington，DC）［EB/OL］，http://www.ncela.gwu.edu/pubs/reports/eiep96/report.htm，1996 – 09 – 03.

② Laurie Olsen. Learning English and Learning America：Immigrants in the Center of a Storm［J］，Theory Into Practie，2001（39）：45 – 47.

③ Charles. L Glenn. Two – way Bilingual Education［J］，Condensed from Principle，82（November/December 2002），28 – 31. Published by National Association of Elementary School Principles，1615 Duke，st. Alexandria，VA22314.

④ Michael Goh，Kay Herting Wahl，Julie Koch McDonald，Annette A. Brissett，and Eunju Yoon，Working With Immigrant Students in Schools：The Role of School Counselors in Building Cross – Cultural Bridges［J］，Multicultural Counseling and Development，April 2007，Vol. 35.

理和社会尴尬，学校顾问的设置就是为了帮助移民学生解决遭遇尴尬时面临的问题（James，1997；Portes，1999；White & Kaufman，1997）。迈克尔等人建议专门为移民学生设置这样一项安全的、娱乐性的、高效率的模拟和活动来测验多元文化问题，这样不仅可以解决移民学生的特殊化需求，防止不必要的麻烦出现；学校老师、管理员、行政人员的文化学习经验也可以得到提高。另外，威斯康星—麦迪逊大学的艾丁（Aydin）和亚伦（Aaron）通过对1975—2010年相关文献（在此研究中，艾丁和亚伦教授共挑选了六项从1975—2010年最具代表性的干预研究，其中四项研究针对行为干预，两项针对学术干预；在这六项研究中美国独占三项，其余三项分布在以色列、加拿大和挪威。）的系统研究提出对移民学生尤其是有学术及行为困难和学习障碍的移民学生提供实证干预的建议。移民学生的入学同样也带来了文化和语言的差异，扩大了美国社会学术和社会文化发展的机会，这就需要教育家通过实证干预有效地理解、迎合移民学生的优势、需要和兴趣。①

以色列是一个大部分人口由犹太移民构成的国家，2003年，米歇尔（Michael）在《以色列的大熔炉》一文中阐述了以色列建国后的移民教育政策，政府重视对他们的文化适应教育以及心理服务，注重为犹太移民提供平等的教育机会，并致力于缩小移民子女与原住民子女之间在学业成就上的差距。这些政策和措施有利于以色列移民子女融入以色列学校和社会生活，有利于促进民族融合。② 意大利教育家爱莉奥诺拉（Eleonora）和塞尔瓦托（Salvatore）在其2012年发表的《意大利移民学生初级中等教育的推迟入学进程》一文中解释了意大利移民子女因为语言障碍，降低了入学年级，这种现象被称为“推迟入学进程”（The delayed school progress）。两位教育家对2万名初级中等学校的学生（其中有一半为移民学生）进行了调查，发现移民学生会遇到更多的教育问题，降低入学年级有一定的优势，但在后期的学习进程及社会流动机遇上则会

① Aydin Bal & Aaron B. T. Perzigian. Evidence - based Interventions for Immigrant Students Experiencing Behavioral and Academic Problems: A Systematic Review of the Literature [J], Education and Treatment of Children, Vol. 36, No. 4, 2013, pp. 5 - 7.

② F. Michael Perko, S. J., The Melting Pot in Israel [J], The Commission of Inquiry Concerning the Education of Immigrant children during the Early Years of the State, 2003 (22): 173 - 175.

产生不利的影响。[①] 惠灵顿维多利亚大学的凯伦（Karen）和卡门（Carmen）则试图开创幼儿早期跨文化教育研究的先河，她们通过对8名华裔儿童的跟踪调查发现幼儿的跨文化联结是可以转移和创建的，在这一过程中，说中文的同龄人起到了“桥梁”和“范围目标”的作用。这种跨文化联结主要表现在以下四个方面：①联结两种文化；②实现两种文化的融合；③帮助儿童明确身份确认；④打破不同文化间的约束。[②] 美国学者苏丹则（Sultan）提出“不让任何一个儿童落后”（No Child Left Behind）的口号，利用隐喻认知、文化模式和神话的概念，阐述了在“不让任何一个儿童落后”的年代下，英语掌握、读写能力、学习者身份的概念。苏丹列举了学校环境中经常被提到的三种隐喻：写作就是程序，英语就是成功，学习者就是测试得分分类；移民学生在学校、家庭和社会之间对英语的熟练掌握可以增强自身的优越感，致力于有意义的读写活动不仅可以获得写作技巧，还可以扩大对成功概念的认知，因此学校工作者应据此调整教学目标，不让任何一个移民儿童落后。[③] 香港经济文化繁盛，是众多华人聚居的特区，凯利（Kaili Chen Zhang）在《香港华人新移民子女的教育：挑战和机遇》一文中点到移居香港的华人子女主要会遇到以下三个挑战：第一，文化差异。在“一国两制”政策的实施下，中国香港继续保持原有的资本主义制度不变，“香港人”有很强的优越感，他们对内地同胞的大量涌入所带来的经济、就业、住房、福利、健康和教育压力深感不满。第二，年级重复。同一年级，新移民子女的平均年龄偏大。第三，语言不通。香港人以英语和广东话为主，移民子女入学后主要面临英语不通的困境；同时也会获得接受联合教育和全人教育、接触

① Eleonora Mussino & Salvatore Strozza, The Delayed School Progress of the Children of Immigrants in Lower - Secondary Education in Italy［J］, Journal of Ethnic and Migration Studies, Vol. 38, No. 1, January 2012, pp. 41 - 57.

② Karen Guo&Carmen Dalli, Negotiating and creating intercultural relations: Chinese immigrant children in New Zealand early childhood education centres［J］, Australasian Journal of Early Childhood, Vol. 37, No. 3, September 2012, pp. 129 - 131.

③ Sultan Turkan Ana Christina DaSilva Iddings, That Child Is a Yellow: New Immigrant Children's Conceptions of English Language, Literacy, and Learners' Identities in the NCLB Era［J］, Theory Into Practice, 2012 (51): 273 - 280.

不同组群的机遇。[①] 2008 年，普杜大学课程与指导部的乔安（Joann）教授针对中国内地移民子女在中国香港学习的教育经历提出了对移民子女的教育经历采取叙事研究的方法，此方法的研究对象是居住在香港至少六年的内地移民的子女（Newly Arrived Children），研究重点是多元文化和跨文化现象，问题重点针对国际教育和比较教育。[②]

（二）社会和健康教育研究

2008 年，美国学者斯科特（Scott）在《今日移民的子女就是明日的移民》一文中提到新泽西汇聚了亚洲人群、黑种人和西班牙后裔，已然成为美国最具多样化的州之一，在未来的 20 年间，美国社会的劳动力将由今日外来移民的子女所控制，白色人种将减少一半，加强对外来移民子女的社会教育势在必行。[③] 2009 年，美国《教育周刊》（Education Week）的主编玛丽就美国社会国外移民从第一代到第三代子女身体状况、数学和阅读成绩下降而暴力、酗酒率上升的现状提出"这是否成为美国社会发展的危机?"[④] 这一"移民悖论"（Immigrant Paradox）遭到了许多美国学者的否定。波莫纳大学的雷蒙德（Raymond）教授提出国外移民在一个新的文化环境下，经济基础薄弱，却对美国社会的付出比我们想象得要多。宾州州立大学教育学系的庞雪玲（Suet – ling Pong）教授通过分析 40 多个参加"国际留学生评估计划"（PISA）国家的数据得出，移民危机并没有存在于很多国家，美国、新西兰、澳大利亚就除外。为了防止学术成果在一代一代的传递中衰退，她建议美国国会投资学前教育，支持双语教育，强化课后辅导，加强基础教育与高等教育的联系，学习社区移民帮助

---

① Kaili Chen Zhang and Cynthia Law Man Ting, The education of new Chinese immigrant children in Hong Kong: challenges and opportunities [J], British Journal of Learning Support. Published by Blackwell Publish – ing Ltd, 9600 Garsington Road, Oxford OX4 2DQ, UK and 350 Main Street, Malden, MA, MA 02148, USA.

② JoAnn Phillion, Multicultural and cross – cultural narrative inquiry into understanding immigrant students' educational experience in Hong Kong [J], Compare, Vol. 38, No. 3, June 2008, pp. 281 – 293

③ Scott Goldstein, The Children Of TodayS' Immigrants Aretomorrow's [J], The Future, 2008 (6): 46 – 47.

④ Mary Ann Zehr, Scholars Mull the "Paradox" of Immigrants [J], Education Week, 2009 (28): 4 – 5.

其子女更好地适应社会的成功经验。[①] 其实早在2005年，加州大学伯克利分校的经济学家大卫·卡德就在其发表的《新移民真的如此糟糕吗?》一文中提到，虽然新移民因工资低的优势占据了美国的劳动力市场，但是与美国缺乏技术的本地人相比，他们不但没有危害劳动力市场的机会，其子女通过克服语言和文化上的差异，在很大程度上缩小了与本土子女的教育鸿沟。[②] 加拿大学者特里萨（Teresa）在其2009年发表的报告《种族差异在加拿大移民子女教育成就上的影响》中描述到种族差异已经成为影响移民子女教育成就大小的显著因素，研究种族差异有利于有效地理解为什么有的移民团体可以成功地适应社会，而有的移民团体却“拖后腿”；但是个体的成败并不总是与团体的成败相一致，能够确定的是第二代移民的教育成就和职业地位远远超过第三代人的努力成果。[③] 2010年，美国公众健康杂志发表了一篇名为《被遗忘的财富：双语制和亚洲子女的情感和行为健康》的文章，揭示了双语制对移民子女情感和健康教育的重要性。[④] 2012年，肯诺拉（Kénora）和伯纳德（Bernard Kabuth）就欧洲移民子女的社会经济特征、生理健康、心理健康、社会关系、生存环境等因素对学校发展的影响发表了一篇名为《移民子女学校的困境及社会经济因素、不健康行为、心理和生理健康的作用》的文章。在文章中，肯诺拉和伯纳德提到，与法国学生相比，欧洲的移民学生更容易受到成绩复测的影响，学校表现差，存在辍学思想。在这些不健康行为的影响下，移民学生学校的发展陷入困境。[⑤]

（三）移民父母对其子女教育的介入研究

父母是孩子的第一任老师，父母的言传身教会影响孩子的一生，移民

---

① Raymond Buriel & Suet - ling Pong, Studies on Educational Experiences of Immigrant College Student Populations [J], Education Week, 2009 (29): 5 - 6.

② David Card, Is the New Immigration Really So Bad? [EB/OL] http: //www. phil. frb. org/econ/conf/immigration/ca - rd. pdf.

③ Teresa Abada, Ethnic Differences in Educational Attainment among the Children of Canadian Immigrants [R], Canadian Journal of Sociology, 2009.

④ Wen - Jui Han & Chien - Chung Huang, The Forgotten Treasure: Bilingualism and Asian Children' s Emotional and Behavioral Health [J], American Journal of Public Health, 2010 (100): 831 - 832.

⑤ Kénora Chau&Bernard Kabuth, School difficulties in immigrant adolescent students and roles of socioeconomic factors, unhealthy behaviours, and physical and mental health [EB/OL], http: //www. biomed central. com/ 1471 -24 58/12/453.

父母因文化和环境的差异更加任重而道远。2002 年，辛西娅（Cynthia）和大佑（Daisuke）等人调查了来自葡萄牙、多明尼加共和国和柬埔寨三个移民团体的 300 位父母，发现移民子女的语言适应和移民团体人口变迁的差异是否明显与父母介入的尺度有很大关联：柬埔寨父母对子女行为的态度、与学校的联系、家庭控制上表现得最差；葡萄牙和柬埔寨父母的介入在个体之间有很大的关联性；在这三个不同的移民团体之间父母对子女教育的介入既有差异又有一定的相似性；人种志学数据揭示其可能来源于团体形式、教育体制和文化价值的差异。① 美国幼儿教育家阿娜（Ana）、丽萨（Lisa）和大卫（David）在其 2007 年发表的《母亲态度和父母教育：教育水平低的移民母亲是如何支持其子女教育的》一文中强调：尽管移民父母的教育水平较低，但是他们对自己子女的教育成就却显示出极大的“野心”；尽管他们缺乏广阔的教育学术背景，但他们对其子女的学术成功抱有积极的态度；他们教育子女最好的方式就是与子女共同参与、共同学习，在学前教育阶段对子女产生积极而有效的影响，并为其制定了现实的教育愿景。② 2008 年，麦吉尔大学的克劳迪娅（Claudia）在其文章《移民子女的入学准备度：父母介入起作用了吗?》中写到：移民父母对其子女的教育介入起到了很大的作用。她通过分析幼儿纵向调查研究（Early Childhood Longitudinal Survey，ECLS）中的数据得出移民父母对其幼儿子女的教育介入会极大地影响其子女在入学初的英语熟练度和数学成绩：相比之下，父母双方在家都讲英语，且家中多备书籍、唱片、CD 的家庭，子女的英语熟练度和数学成绩要好得多；移民父母对幼儿子女的教育介入主要表现在以下四个方面：家内学习、家外学习、学校类型和校内介入，如果父母介入恰当会极大地提高子女的英语熟练度，缩小与本土子女的数学成绩差距，进而缩小其与本土子女学术成就上的差距。③ 来自宾

---

① Cynthia Coll，Daisuke Akiba，Natalia Palacios，Benjamin Bailey，Lisa Dimartino... Parental Involvement in Children' s Education：Lessons from Three Immigrant Groups [J]，Science and Practice，2002 (2)：303 - 304.

② Ana Schaller，Lisa Oglesby Rocha，and David Barshinger. Maternal Attitudes and Parent Education：How Immigrant Mothers Support Their Child' s Education Despite Their Own Low Levels of Education [J]，Early Childhood Education Journal，Vol. 34，No. 5，April 2007 (_ 2006)，DOI：10.1007/s10643 - 006 - 0143 - 6.

③ Claudia Lahaie，School Readiness of Children of Immigrants：Does Parental Involvement Play a Role? [J] Social Science Quarterly，Vol. 89，No. 3，September 2008，by the Southwestern Social Science Association.

夕法尼亚大学的伊丽莎白（Elizabeth）和格蕾丝（Grace）通过分析幼儿纵向调查研究（ECLS）数据发现移民父母对其子女的教育轨迹比本土父母要乐观得多，尽管当地政府对移民子女的教育政策并不是很明朗，但他们对子女依然怀有很高的教育抱负，并从幼儿时期就为子女制订了大学计划。[①] 伊丽莎白（Elizabeth）和格蕾丝（Grace）于2010年发表《移民父母对其子女会依然怀有大学抱负吗?》一文，详细阐述了这一现象。同年，来自纽约大学的卡洛琳、卡罗拉和黛安就美洲地区外来移民的移民动机做了一项问卷调查，调查涉及来自中国、多明尼加共和国、中美洲、海地和墨西哥等250个移民家庭，调查显示外来移民的移民动机中工作期望的显著性远远大于教育机会。入学以后，那些追求受教育机会的移民子女会一直保持较高的平均绩点（GPA）；反之，过度强调工作期望的移民子女平均绩点（GPA）会持续降低，父母的教育价值观会极大地影响其子女在学校的表现。另外，与来自中美洲的移民子女相比，来自亚洲地区的移民子女具有更高的学术成就；那些社会经济地位和教育水平都较高的移民家庭，其子女接受高等教育的概率也比较大。[②] 2013年，美国特殊教育家在其文章《为中国移民及美籍华裔学生创设文化学习环境的几点建议》中写到，创设文化学习环境可以满足来自不同文化背景学生的需求，学校教师应该把每个学生以及他的家庭当作一个个体，不同的文化背景促成了不同的个体，为了保证中国文化遗产背景下学生的差异性，以下三点建议需要被考虑到：首先，父母/家庭与学校合作与参与的影响；其次，对学术指导/学习和教室管理的关心；最后，构建学习环境，促进学生社会情感的良好发展。[③]

综上所述，国外移民子女教育的经验向我们昭示了政府重视并具体实施是成功的关键。英国和西班牙都是通过多次立法和教育改革来保障多元

---

① Elizabeth Raleigh&Grace Kao, Do Immigrant Minority Parents Have More Consistent College Aspirations for Their Children? [J] Social Science Quarterly, Vol. 91, No. 4, December 2010, by the Southwestern Social Science Association.

② Carolin Hagelskamp, Carola Su′arez – Orozco, Diane Hughes, Migrating to Opportunities: How Family Migration Motivations Shape Academic Trajectories among Newcomer Immigrant Youth [J], Journal of Social Issues, Vol. 66, No. 4, 2010, pp. 717 – 739.

③ Mickie Wong – Lo, Recommended Practices: Cultivating a Culturally Responsive Learning Environment for Chinese Immigrants and Chinese American Students [J], Preventing School Failure, 2013, 57 (1): 17 – 21. Copyright C _ Taylor & Francis Group, LLCISSN: 1045 – 988X print / 1940 – 4387 online. DOI: 10. 1080/ 1045988X. 2013. 731 272.

文化教育政策的实施，以色列则主要采用文化适应政策以期构建新型融合的以色列文化。在反思他国移民教育成功经验的基础上，审视我国农民工随迁子女教育问题，我们应尽量取长补短，合则用，不合则弃之。

如何通过教育手段来促进移民子女与社会的融合，不只是西方学界孜孜探讨的重要理论问题，也同样体现在各国移民教育实践层面。从收集到的文献资料来看，多元文化教育政策是世界移民教育的主流趋势。

三 农民工随迁子女融合教育研究综述

为解决农民工随迁子女城市融入的问题，研究者把目光投向了教育，提出了融合教育的设想，希望教育能完成其使命。目前，国内对融合教育的研究处于起步阶段，研究成果较少。我们在中国知识网络总库"CNKI"中对"中国期刊全文"、"中国硕博士优秀论文"和"中国报刊全文数据库"等五大数据库进行跨库查询，以"农民工子女"、"融合教育"、"流动儿童"、"融合"等作为搜索词，分别按照"篇名"、"主题"、"关键词"方式进行精确搜索，同时利用追溯法查阅研究成果所附的引文注释和参考文献作为补充。截至2014年7月共查阅到文献约453篇，不过特殊教育、思想政治教育等领域中也存在融合教育的概念，所以删除无关文献394篇，共获得农民工子女融合教育方面的文献59篇。如图1-3所示，农民工随迁子女融合问题差不多从2004年起才有学者进行专门论述，虽然这方面的文献积累还不算多，总体呈逐年递增的趋势，2011年达到高峰，之后总体趋于下降，其分布见图1-3。根据收集的文献，我们做了如下梳理：

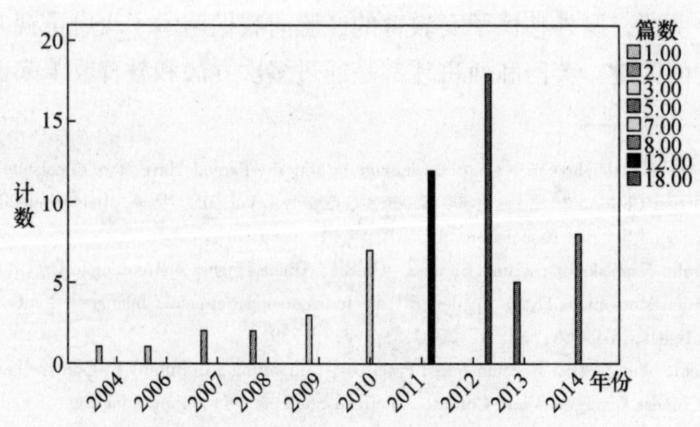

图1-3 农民工随迁子女融合教育文献分布

（一）融合教育概念

概念是研究的基石。什么是融合教育，国内涂启锋最早提出融合教育的内涵：在经济全球化、城市化、社会现代化的大背景下，在教育制度发生深刻变革的形势下，依照现代教育的理念，通过教育活动的各个环节的有效实施，使城乡学生、城乡文化实现有机融合，使学校教育与家庭教育实现有机融合，进而使学校管理、家庭管理与社区管理有效融合起来。[①]湛卫清认为，所谓农民工随迁子女融合教育，是指在公平的价值理念下，使农民工子女在学习、生活和心理等方面与本地相融合，促进其全面和谐发展的教育。[②] 程仙平也在其硕士论文中探讨了融合教育的内涵："树立尊重人权和人人平等的价值观，立足于民工子女进入公办学校能与城市学生同坐一间教室之事实，针对民工子女当前难以融入学校之状况，通过相应的教育教学措施促进民工子女在学习、生活等方面与城市学生相融合，促进其全面和谐发展的教育。"[③] 融合教育的概念来源于特殊教育领域的融合教育，启发于社会融合，尤其是农民工子女城市融合的研究。从以上定义可以看出，学术界对融合教育概念的理解并不完全一致，甚至有较大的差别。涂启锋所理解的融合教育，实质上是学校教育、家庭教育、社区教育等多种教育的有机融合，而湛卫清和程仙平对融合教育的理解侧重于为促进农民工子女融入城市社会而采取的教育手段或教育措施的总和。总之，农民工子女融合教育指通过各种教育途径和各种教育活动以促使农民工子女在心理和文化等方面与流入地相适应、相融合的教育。

（二）融合教育内容

融合教育到底要做些什么？不同的研究者关注的问题不同，其主张不一。湛卫清认为，融合教育要培养学生内在的精神品质、加强人际关系的融合、文化的融合[④]。闫艳、周光琦认为融合教育内容涉及儿童的学习和生活、课内和课外，主要在价值观、生活习惯和闲暇安排等方面进行融合[⑤]。鲍国光、俞彩霞认为融合教育内容可以按照"心理接纳式"、"亲情

① 涂启锋：《融合教育：农民工子女教育的治本之策》，《生活教育》2007 年第 7 期。

② 湛卫清：《农民工随迁子女融合教育的困惑与对策》，《教育发展研究》2008 年第 10 期。

③ 程仙平：《民工子女学校融入问题研究》，华东师范大学硕士论文，2009 年。

④ 湛卫清：《融合教育：农民工随迁子女教育的新策略》，《人民教育》2009 年第 11 期。

⑤ 闫艳、周光琦：《在"内涵式融合"中共享教育的幸福》，《中国特殊教育》2013 年第 3 期。

感染式”、“学业互助式”、“制度保障式”四个模块来设计与组织①。黄兆信等则认为从身份融合、心理融合、文化融合三个维度进行农民工子女融合教育。从目前为数不多的文献研究来看，研究者们大都认为融合教育的内容包括心理融合、文化融合、身份融合，少数研究者认为还包括教育融合和经济融合。从总体上看，没有专门论述融合教育内容的文章，融合教育内容的阐述往往置于论文篇章中的一部分，但有不少的研究者基于融合教育视角，直接从问题出发，提出融合教育措施，其融合教育内容散杂在措施中，即他们并没有明确提出融合教育的内容。

（三）融合教育问题

融合教育内容是关涉融合教育应干什么的问题，但现实中做得如何呢？有的研究者认为在融合教育中存在农民工子女“后城市化”问题、“身份强化”问题、城市家长将学生从招收农民工子女的学校转出问题、对农民工子女实行单独编班教学还是混合编班教学问题等（湛卫清，2008）。有的认为农民工随迁子女同学关系有冲突、师生关系有距离、学习适应有困难、思量前途难安心（程仙平，2009）。

有的认为家庭、学校、社会、政府在教育方面互动意识不足，观念落后，实施不力，政府缺乏融合教育政策支持（钟海青、张燕妮、张国磊，2014），融合教育中农民工随迁子女主体间性的缺失、教育手段有失得当（乔金霞，2012），有的认为存在学业成绩难以接轨、对新环境难以适应、教师的教学行为面临挑战、学校管理面临挑战（周鹏，2012）。从这些论述中，我们发现研究者们难以得出一个统一的结论，即融合教育实施到底面临哪些共同问题；我们也可以发现，每个研究者视角不一，看到的问题就不同，但基本问题为：农民工子女的社会化问题、身份问题、学业问题、教育中的融合教育意识问题、手段问题、管理问题、政策问题、教育合作问题。

（四）融合教育实施策略

如何解决融合教育中存在的问题。不同的研究者提出了不同的策略。湛卫清从分析农民工随迁子女融合教育推行中存在的困惑出发，提出学校开展融合教育的三个对策：遵循教育规律实现自然融合、总结提炼融合教

① 鲍国光、俞彩霞：《进城务工人员随迁子女与本地生的新融合教育“和合教育”的研究与实践》，《中国特殊教育》2011 年第 9 期。

育模式和消解城市家长对农民工子女的成见[1]。程仙平也从校园文化环境的创建、补偿教育的开展，与教师、城市学生良性互动，培养农民工子女自信心，班集体建设等方面具体阐述了实施融合教育的建议。[2] 徐丽敏从政策角度探讨促使农民工子女在教育中实现融入的途径提出“明确混合编班原则”以及将“多元文化课程纳入学校课程体系”的建议。[3] 有的则认为学校应明确融合教育的目的和内涵，同时利用课堂活动、课后活动，创设互动交往，在活动中要增强随迁农民工子女的主体性，融合教育才能取得效果（乔金霞，2012）。有的认为学校应构建融理念文化、行为文化、物质文化、制度文化为一体的融合教育模式，解决融合教育中遇到的问题（周鹏，2012）。有的则提出：应发挥社会工作的优势，构建政校合作良性互动管理体系，师生互动关系、建立互动式家庭教育模式，转变家长教育观念，这些措施能为融合教育问题的解决提供新思路（钟海青、张燕妮、张国磊，2014）。从这些措施来看，研究者都强调城乡学生的互动、增强农民工随迁子女的主体性、家庭观念的转变，说明一些研究者看到影响融合教育的因素复杂、多样，意识到融合教育不是一个向农民工随迁子女单向灌输城市价值观念的过程，看到了融合的互动性质。

（五）融合教育实践研究

在中央政府相关政策法规的引导下，各级政府、教育部门、学校机构采取了一系列措施来解决农民工随迁子女的教育问题，积累了一定的经验和办法。学校教育作为社会化的重要途径，对促进农民工随迁子女的社会融合有着重要的影响。因此，越来越多招收农民工随迁子女的公办学校纷纷探索农民工随迁子女的特色之路，比较受推崇的便是融合教育的办学模式。武汉市从2002年起就开始尝试融合教育，制定了一系列政策措施促进融合，如教学方面的“四个统一”和“六项行动”等。[4] 它是最早探索农民工随迁子女融合教育的城市，汉阳区德才中学所实施的“阶段培养”模式便是其中典型的代表。德才中学率先提出“尊重、平等、欣赏、

① 湛卫清：《农民工随迁子女融合教育的困惑与对策》，《教育发展研究》2008年第10期。

② 程仙平：《民工子女学校融入问题研究》，华东师范大学硕士论文，2009年。

③ 徐丽敏：《农民工子女在城市教育过程中的社会融入研究》，《学术论坛》2010年第1期。

④ 程墨、罗曼：《武汉市探索进城务工人员子女“融合教育”》，《中国教育报》2009年第7期。

融合”的办学理念，有针对性地开展融合教育，如开发校本课程《乡村、乡曲、乡情》，进行《城乡青少年学生融合问题的教育实践研究》课题调研等，引起教育界学者的深入调研和媒体的关注报道。2007 年南京沙洲中学也在融合教育方面做出一系列探索，通过在学科教学上融入南京本土文化，开设《走进南京》校本课程等措施帮助学生融入城市主流文化，并取得了一些阶段性的成果。[①] 此外，还有很多学校加入融合教育研究的行列，并进行得如火如荼，如武汉市汉阳区五里墩小学的“多元教育”方式、武汉市江岸区三眼桥小学的“想方设法增自信”实践等。招收农民工随迁子女的公办学校对这个问题的探讨充满了热情，是研究“融合教育”的主力军。

综上所述，国内对农民工随迁子女融合教育研究虽然取得一定的成果，但总体上成果并不算丰富，公开发表的论文数量也不多，这表明农民工随迁子女的融合教育研究还是一个具有较大研究空间、期待拓展的研究领域。从研究内容看，目前研究内容主要集中在融合教育的内涵、问题、措施三方面，还有待拓宽，而且融合教育内容研究显得有点零散，还应增强对融合教育目标、内容、原则、方法等方面进行系统性研究。目前研究者针对融合教育问题提出的对策大多是一般性的、概括性的策略，缺乏具体性、细致性，因此融合教育内容研究有待深入、细化。从研究方法来看，目前的研究以理论分析为主，实证研究逐步增多，但从理论分析来看，观点比较笼统、宏观，缺乏一定的深度，为此，应加强融合教育的理论基础研究。从实证研究来看，调查、访谈、数量统计、一般描述性分析较多，深入分析较少。由此可见，目前融合教育研究以宏观为主，逐步走向微观，一方面要加强理论深度研究，同时研究还需细化，尤其结合各地特点，从一般的教育探讨走向地方课程层面、地方融合教育特色方面的探讨，这有待深入。研究以定性研究为主，逐渐过渡到实证量化研究，量化研究的深入分析有待增强。

---

① 汤林春：《冲突·建构·融合：农民工就读城市公办学校冲突与融合》，华东师范大学出版社 2010 年版，第 158—159 页。

第二章　农民工随迁子女融合教育的理论建构

农民工随迁子女融合教育要取得良好成效，融合教育实践不至于走向平庸，就必须加强理论建构。在理论建构方面，一可以借鉴西方的多元主义及多元主义教育理论；二应关注现实问题，主要是农民工子女教育存在的“区隔”问题，教育中的实际问题是融合教育理论建构的现实依据。根据多元主义教育精神，针对教育“区隔”问题，我们将详细论述农民工随迁子女融合教育概念、内涵、特征、目标、内容、原则、模式，以丰富目前对融合教育的探讨，为融合教育的实践提供一定的理论参考。

第一节　农民工随迁子女教育研究的理论基础

我们的研究将借助于西方移民教育理论以及我国学者对农民工随迁子女教育方面的研究成果。各国在探索移民子女教育政策中，存在这样一个共同点：基本上是在同化教育与多元文化教育左右尝试，上下求索。这两种明显对立的移民教育政策的实施都源自于两种不同的移民教育理论：同化论与多元文化论。

一　同化论及同化教育

同化理论来自美国学者对移民问题的研究而提出的一种广为人知的理论，是用来解决美国本土主流文化与外来文化、本民族与外来民族之间矛盾的一种理论。众所周知，我们农民工及其子女与美国移民群体的迁徙范围及其所生活的社会文化背景相差极大，一个是国内迁徙，一个是国际迁徙；一个是城乡文化的差异，一个是不同国家之间的文化差异，虽然如此，但我国农民工及其子女与美国移民群体具有一定的相似性，比如他们在流入地基本都属于弱势群体，处于弱势地位，都面临融入主流社会的问题，在融入主流的社会过程中他们面临的问题都有相似性，为此，同化理论及同化教育值得借鉴，也能为我们农民工子女教育问题解决拓阔视野、提供思路。

19 世纪末到 20 世纪初，欧洲大量的居民移至美国形成“移民潮”，这些“新移民”群体在美国初来乍到，人生地不熟，他们纷纷加入同族裔移民团体，他们中的大多数人倾向于与自己同种族裔的人聚居在一起，以获得生活、文化、心理安全和归属感，维持母国的生活方式、民族礼仪和道德秩序。大量移民的涌入给美国当时正在转型的社会带来了，也加剧了各种社会问题，这导致本土美国人对移民产生排斥心理，掀起了一股排外主义潮流，同时也令美国主流社会感到非常不安，大多数移民集中生活在同族裔社区，自成一个独立“王国”，与美国主流社会相“隔离”，与美国文化保持距离，对融入美国社会兴趣不大，当时的美国主流社会认为这样下去，将会产生美国国家认同危机，移民难以真正成为美国人，会对美国缺乏足够的忠诚，美国主流社会越来越难以容忍移民对美国缺乏“忠诚”，于是美国化运动在美国推行开来，政府开始了对所有外来移民实行“百分之百美国化”政策，政府动用一切舆论宣传“美国第一”的观念，通过一系列的移民法对移民进行数量限制、文化水平的限制，取缔移民的非英语书报、出版刊物，美国许多州纷纷开展同化教育，比如开办夜校，逐渐对移民加强英语教育、同时学习美国的历史文化，还有一些生活技能培训，此外还强迫移民的子女离开用本民族语言教授的学校进入美国公立学校，接受美国教育等。

在同化教育中，美国公立学校从理论上说扮演了重要角色，被视为帮助“新移民”加速“美国化”、消除移民对美国不利影响的利器。美国公立学校采取了各种教育手段和策略来改造美国移民的子女，除了让移民子女学会读、写、算等基本的技能外，更注重让这些移民子女“美国化”，开展公民教育，让移民的子女在语言、行为、举止、思想、观念符合美国主流社会的要求即“美国化”，让他们忠诚美国、热爱美国。为此，美国一些州进行了公立学校改革，确立英语的“独霸”地位，改革课程内容，加强美国历史和公民修改课程，努力让移民子女成为地道的“美国人”，增强他们对美国的认同，公立学校还增加了家政学和体育课程，目的在于从生活方式上同化移民子女。此外，公立学校还从日常生活中进行“美国化”渗透，注重学生的卫生习惯、饭桌礼仪和社交礼节的培养，注重提供“美国化”的榜样，要求教师的谈吐、举止、衣着等成为学生效仿的榜样。虽然美国对印第安人的强制性同化教育是失败的，但应该说美国的公立学校真正成为一个“大熔炉”，这些政策确实起到了同化作用，促进了移民子女对美国主流文化的认同，其负面的影响是造成移民家庭代际隔阂与冲突。[①]

美国政府在进行强制性同化政策，其实美国的社会学者也关注移民社会问题，其中著名的有罗伯特·E. 帕克（Robert Ezra Park，1864—1944），美国社会学芝加哥学派的主要创建人之一和领军人物。帕克在芝加哥研究当时城市外来移民和移民能否融入美国社会的问题时提出了“同化”理论，其包括“种族关系周期理论、人类生态学理论、‘社会距离’和‘边缘人’理论”。

帕克认为同化是“一个互相渗透和融合的过程，在这一过程中，个人和集团得到了其他集团的记忆、情感与态度，同时，他们的经历和历史也被其他人分享，由此他们汇入一种共同的文化生活”，[②] 帕克把族群之间互动的过程分为四个阶段：接触、竞争、适应和同化，每个阶段与前一个阶段相比都是一个进步，而且最终会实现同化。具体来说，由于城市资源有限，如土地、工作、居住空间等，城市中的每个人为了生存、发展而展开竞争，移民加剧了这种资源获取竞争，移民与本地居民、移民之间的关系则由最初的“相遇”阶段进入“竞争”阶段，随后移民也会进入不稳定的适应阶段而产生冲突，多数情况是移民为了生存发展，逐渐改变自己原来的生活方式、文化价值观念，以适应新的环境，移民开始发生分化，出现分层，移民被迫进入较低的社会阶层，移民与东道国人们关系趋于稳定，各群体接受彼此的差别，帕克认为一旦出现族群分层，同化进程将减缓，最终实现同化或许需要上百年时间，最终移民族群与其他族群、东道国人们群体之间的差别消失，各种价值观融为一体。

从美国的强制性同化政策来看，所谓同化就是移民抛弃原有传统，尤其是原来的文化价值观念、生活方式而接受美国主流文化价值观和生活方

---

① 李爱慧：《论19—20世纪之交美国公立学校对新移民子女的同化作用》，《历史教学》（高校版）2007年第6期。

② R. Park，Ernest W. Burgess，Introduction to the Science of Sociology［M］，University of Chicago Press，1924：110－129.

式的过程。后来美国社会学家戈登（Milton Gordon）在他1964年出版的《美国人生活中的同化》这本书中提出了衡量民族关系的7个变量，这是在社会学这个领域中第一次比较系统地提出的衡量民族关系的指标体系。①文化或行为的同化（Acculturation，也译作“涵化”）；②社会结构的同化（Structural assimilation，即实质性的社会结构的相互渗入）；③婚姻的同化（Amalgamation，族际通婚）；④身份认同的同化（Identificational assimilation，族群意识的认同）；⑤意识中族群偏见的消除（Absence of prejudice）；⑥族群间歧视行为的消除（Absence of discrimination）；⑦社会的同化（Civic assimilation）。

综述所述，“同化”（assimilation）是西方移民教育研究中经常使用的概念。帕克认为，同化是弱势群体不断抛弃自己原有文化和行为模式，逐渐适应主流社会的文化和行为并最终获取与主流人群同样的机会和权利的一个自发性的过程。① 同化教育（Assimilative - education）是指在民族同化或民族融合过程中，一个民族为改变其他民族的文化而实施的教育。②

“同化论”是一个国家以主体民族的优势文化强制弱势民族或部族集团接受自己传统文化的一种思想或理论。“同化论”目前已经形成一套完整的理论体系，包括“熔炉论”（Hector St. John Crevecoeur）、“边疆熔炉论”（Frederick Jackson Turner）、“三重熔炉论”（Ruby Jo Reeves Kennedy）、“变形熔炉论”（George R. stuart）和“同化理论”（Robert E. Park）等。这些理论均主张，不管种族民族差异和社会经济背景如何，移民将因其弱势地位最终放弃自己原有的族群文化而融入主流文化之中。

同化教育思想根源于“同化论”，它是同化论在教育领域的理论延伸与具体体现。同化教育主张外来移民抛弃自己原先的文化传统，学习和接受当地的主流文化观念和生活方式，最后实现完全同化。由于分别受到激进同化论和温和同化论的影响，同化教育又分为两个类型：温和同化教育和激进同化教育。温和同化教育认为，主流文化影响和同化着少数文化，少数文化又反过来给主流文化以影响和作用，两种文化最终将融合为一体，并认为借助政治、经济和文化的影响和作用可以使少数文化自觉改变。激进同化教育则把主流文化与少数文化决然对立起来，认为少数文化

---

① R. E. Park, Human Migration and the Marginal Man [J], The American Journal of Sociology, 1928: 881 - 893.

② 王富强：《美国同化教育与多元文化教育的比较分析》，《乐山师范学院学报》2008年第5期。

是一种劣质文化，主要借助暴力或特权强制进行民族同化。[①] 同化教育企图使移民被同化为主体民族文化，不承认各民族文化差异，导致主流文化对外来文化的压制，有违各民族、种族文化平等原则，缺乏对所谓弱势文化的宽容和关怀，事实上并没有很好地解决移民问题。于是，各国开始在移民教育上另谋他策，并纷纷把目光投向了多元文化教育。[②]

二　多元文化及多元文化教育

多元文化主义最早见于美国。正如前文所说，美国是一个移民国家，来自全世界各地的移民带着他们的梦想来到美国，同时也带来了各自的文化，文化多元已成为事实。美国为了解决移民问题，"为实现种族纯洁文化同质的建国理想"，"长期实施同化政策，否定和排斥民族文化多样性"，"同化被认为是少数民族成员放弃自己的传统文化以适应主流社会的过程，通常称为遵从或文化适应"，同时实施同化教育。[③] 随着美国各少数族裔自我意识的觉醒，不同族裔群体产生了各种不同的诉求，尤其是美国主流社会群体与少数民族群体之间的矛盾加剧，同化论受到了一些学者和政治活动家的质疑和批评，多元论便应运而生。多元论（Multiculturalism）最早是由犹太裔美国学者霍勒斯·卡伦（Horace Kallen）于1924年提出的，它主张不同族群在文化上保持平等，实现多元共存。[④] 随着20世纪六七年代美国黑人民权运动的兴起，多元文化主义吸引了美国各界的广泛关注。随后多元文化主义走出美国国界，在加拿大、澳大利亚、英国等移民国家作为一种文化政策而出现，开始登上政治舞台，出现在国家政策的话语中。多元文化主义，作为一种价值观念、作为一种意识形态、一种政治诉求，尤其作为一种文化思潮，其派别纷呈，有激进主义的多元文化主义、保守的多元文化主义、温和的多元文化主义等不同派别。每一个派别对多元文化的理解各异，因而，对多元文化主义的内涵也就没有一个统一的、令人信服的、清楚明晰的界定。

尽管多元文化理论派别多样、语境不一、观念不同，主张各异，但从总体来看，还是具有一些共同的思想主张，我们认为主要有以下几个方

---

① 王富强：《美国同化教育与多元文化教育的比较分析》，《乐山师范学院学报》2008年第5期。

② 郭丽莹：《农民工随迁子女融合教育校本课程开发研究》，温州大学硕士论文，2012年。

③ 杨洪贵：《多元文化主义的产生与发展探析》，《学术论坛》2007年第2期。

④ 黄匡时、嘎日达：《社会融合理论研究综述》，《新视野》2010年第6期。

面：首先，承认文化的差异性。多元文化主义者认为，每个民族的语言、服饰、音乐艺术、历史渊源、风俗习惯、生活方式、宗教信仰、价值观念、行为方式等都存在不同，构成了文化多元性，不管主流社会承认与否、接受与否，文化的多元性是一种客观事实。其次，主张文化平等性。多元文化主义者认为，文化之间没有高低贵贱之分，每一种文化都有其独特的价值，不同的文化代表了不同的意义及对美好生活的不同理解，每一种文化都有其优势和不足，不能把自己的认同强加于其他文化之上，把任何一种文化凌驾于其他文化之上，不同的文化之间应该相互尊重、相互包容、相互借鉴，尤其是主流文化应包容少数民族和种族的文化传统。再次，维护少数族群的权利。多元文化主义者认为，各民族都有权参与国家的政治、经济生活，同时发展和享用自己的文化传统，要求主流社会采取差异原则，赋予文化少数民族以更多的自由和权利。①

总之，多元文化论虽然繁杂，但其核心是承认文化的差异性、多元性，保持各自文化的特性，承认主流文化与少数族群文化之间的平等、尊重、包容及相互影响，强调要关注少数民族和弱势群体的权利，要给每个社会公民的政治、经济、文化机会以平等，禁止任何歧视。

从多元主义观点出发，西方学者提出了多元文化教育理论，与多元文化理论一样，多元文化教育理论同样是说法不一，不同时期、不同学者其观点不一。美国教育家班克斯认为，"多元文化教育"是指在多民族国家当中，为保障不同性别、不同民族和不同文化群体的学生能享有平等的教育机会，尊重他们独有的民族文化特点而实施的教育。② 英国多元文化教育家詹姆斯·林奇认为，多元文化教育就是在多民族的社会中，为满足各少数民族群体或个体在文化、意识、自我评价方面的需要而进行的一场教育改革运动，其目的是帮助所有不同文化的民族群体学会如何在多元文化社会中积极和谐地生活，保持群体间教育成就的均衡，以及在考虑各民族差异的基础上促进相互尊重和宽容。③ 这里不再一一列举其他学者对多元文化教育的看法。随着学界对多元文化教育的探讨、争论，学者们对多元文化教育的理解逐渐趋于一致，综合起来，他们大致的看法是：基于对多

① 谢明敏：《小议多元主义文化》，《四川教育学院学报》2006 年第 22 期。

② Banks，J. A.，An introduction to multicultural education [M]，Boston：Allyn and Bacon，1994，pp. 100 - 125.

③ 靳淑梅：《教育公平视角下美国多元文化教育研究》，东北师范大学博士论文，2009 年。

元文化的理解，学者希望通过多元文化教育，让所有学生认识和理解社会中的各种文化，理解并认同自己所属的文化，尊重、欣赏他人的文化，从而丰富整个国家的文化。与此同时，多元文化教育应帮助所有学生获得在国家主流文化中生存所需要的认识、技能和态度，同时也要有助于培养学生在本民族亚文化和其他少数民族亚文化中生存所需要的能力，对处于文化不利地位的学生提供必要的补偿教育，实现教育公平，以使处境不利的学生适应未来社会。简言之，多元文化教育就是以尊重不同文化为出发点，在各集团平等的基础上，为促进不同文化集团间的相互理解，有目的、有计划实施一种共同平等的“异文化教育”。①

综上所述，同化教育与多元文化教育产生时间不同，适用范围也不同。一般而言，同化教育适用于那些自愿迁移、自愿融入主流文化的群体，而多元文化教育适用于那些非自愿迁移、非自愿融入主流文化及那些被征服和扩张的群体。激进同化论和激进多元文化论是两个极端，不符合当今社会的潮流。温和同化论与温和多元文化论是比较有生命力的两个理论，是两个优势互补的学说，可能会朝着更加融合的方向发展。② 而这两种教育理论为融合教育的研究拓宽了视角，提供了借鉴，我们认为也是融合教育的理论基础。

第二节　农民工随迁子女教育：从区隔走向融合

虽然国家和政府颁布了“两为主”政策以解决农民工子女“入学难”的问题，但农民工随迁子女在城市接受教育仍然存在着一定的“设限”，存在着“有形、无形区隔”。融合教育的提出一方面要解决教育方面的“区隔”，另一方面更要消除城乡学生之间、农民工子女与城市社会、城乡文化之间的“无形区隔”。无论是从城乡学生的健康成长、城乡居民的相互接纳来说，还是从城乡文化的相融、和谐社会的建构来说，在教育方面，必须从“区隔”走向“融合”。

① 哈经雄、滕星：《民族教育通论》，教育科学出版社 2001 年版，第 218—219 页。

② 郭丽莹：《农民工随迁子女融合教育校本课程开发研究》，温州大学硕士论文，2012 年。

一　农民工子女“区隔”教育的实施状况

（一）显性区隔

“区隔”是指区分、差别、隔开、隔离的意思。任何一个社会都是分层的，城市社会更是一个社会分层明显的社会，不同的社会阶层其精神追求、消费品位、价值取向、生活方式、评判标准、审美眼光、居住环境等都是不一样的，甚至是对立的，“物以类聚，人以群分”，最终形成社会意义上的区隔，形成不同社会人群。社会阶层存在着一些“区隔标识”，以显示自己这个阶层的存在以及与其他阶层的区别，每个阶层人群对自己熟悉的交往人员趋于认同和信赖，对阶层之外的人群心里一般默认为“陌生人”，存在着社会排斥现象。从文化的视角看，存在着“文化区隔”，“文化区隔既是社会区隔的重要组成部分也是社会分层的产物”。教育作为社会阶层的再生产工具、作为社会文化再生产的工具，或者作为一种消费，作为一种阶层身份的符号消费，不同的阶层对其需求是不一样的。对“农民工子女”这种社会身份的儿童，城市社会对其入学的态度、进入什么样的学校学习同样存在着“排斥”，其表现为教育中的显性区隔。城市社会对农民工随迁子女入学态度与国家有关农民工子女的教育政策是相随的，在早期城市社会拒绝农民工随迁子女入学，理由很简单，农民工子女的户籍是农村的，农民工子女这个群体不属于城市，随着国家农民工子女教育政策由限制到接纳，从区别对待到同城待遇，尤其“两为主”政策、《关于进一步做好进城务工就业农民子女义务教育工作的意见》等政策的出台，标志着向教育公平迈进了一大步。但在实际执行过程中，教育区隔还是明显存在着：

一是借读费问题、学杂费问题。“据统计，2008—2012 年中央财政共安排进城务工农民工随迁子女奖励性补助资金 158.3 亿元，其中，2012 年 50.3 亿元。目前，对符合当地政府接收条件的进城务工人员随迁子女，已全部免除学杂费，不收借读费，基本做到了‘以流入地为主、公办学校为主’的要求，有力地促进了农民工子女平等接受义务教育。”① 这确实是一个非常利好的消息，深圳、武汉、厦门、长春、兰州很多城市纷纷宣布取消借读费、学杂费，禁止接纳农民工随迁子女的学校收取借读费、学杂费。但是 2009 年中央电视台记者在辽宁和安徽的实地调查采访中却

① 网易新闻，http：//news.163.com/13/0605/13/90K015GF00014AED.html.

发现，现实中很少有公立学校执行这样的规定。① 有的地方需要“迁出证、暂住证、计生证、租购房证”齐全才能享受免借读费待遇，有的还需要续纳劳动保险1年以上的证明等，有的地方免收借读费，但要收取学杂费。应该说借读费、学杂费问题得到了很大程度的解决，但从一些条件来看，确实存在“区隔”问题，这些“有形门槛”正逐渐消除，但不可能一步到位。当然这个问题来源于“户籍制度”的区隔，城乡教育资源多年的不平等、不均衡问题，也有流出地政府不负责问题以及农民工随迁子女数量庞大给流入地造成财政压力、“谁接受谁倒霉”问题。

二是教育安置方式问题。目前流入地城市安置农民工随迁子女教育方式基本两种：其一，到公立学校就读，其二，到私立的农民工子女学校入学。一般来说，这两种类型的学校差距较大，农民工随迁子女学校办学条件差、周边环境不理想、师资水平低、管理水平较差、安全存在隐患，公立学校相对较好，农民工家庭都比较愿意把自己的子女送入公办学校，“截至2013年底，全国义务教育阶段的农民工随迁子女达1277万人，占到义务教育学生总数的9.3%。其中，进入公办学校就学的学生比例达80.4%，比2012年略有提升，以公办校为主接收随迁子女就学格局基本形成”，② 这确实是一项了不起的成绩，但我们不是吹毛求疵，我们必须看到，还有250.292万农民工随迁子女进入不了城市公立学校，农民工随迁子女进入公办学校就读还存在限制，一般必须满足“五证”（身份证和户口簿；父母或其他法定监护人暂住证；与本地用人单位签订的劳动合同或在本地的纳税证明；原户籍所在地乡镇政府或县级教育行政部门出具的同意流出就学的证明；户籍所在地人口计生部门签发的“流动人口婚育证明”）齐全的条件，而且不少城市接纳农民工随迁子女就读的公办学校质量也一般，这些情况都是“显性区隔”的表现。当然，人们也发现确实有非常多的现实理由来设置“门槛”，比如农民工随迁子女数量庞大，流入地城市公办学校有限、流入地教育财政有限无法承担繁重的接受任务，但现实的结果就是无法实现“教育公平”，而且安置方式的一些消极后果由一部分农民工家庭来承担。曾守锤（2008）研究公办学校安置方式和简易学校安置方式结果表明，公办学校中的流动儿童在行为问题和受

---

① http：//www. cnr. cn/tbtj/200503/t20050321_ 329075. html.

② 未来网，http：//news. k618. cn/edus/201402/t20140221_ 4718000. html.

歧视感上要好于简易学校中的流动儿童，公办学校中的流动儿童在学习成绩、社交焦虑和友谊三个方面并不比简易学校中的流动儿童差，公办学校的安置方式优于简易学校的安置方式。袁晓娇、方晓义、刘杨、李芷若（2009）对北京市1164名流动儿童调查研究表明：公立学校流动儿童在社会文化和心理适应上都明显优于打工子弟学校儿童，控制了性别、年龄、来京时间及家庭经济地位等影响因素后，教育安置方式对流动儿童城市适应仍然有显著预测作用，公立学校流动儿童社会文化适应更好，自尊更高，且更少产生孤独、抑郁等心理适应问题。①

三是单独编班。2006年武汉市汉阳、武昌、青山、洪山等中心城区10所中、小学起始年级进行农民工随迁子女单独编班的试点，此政策一出台，立刻引起了一片质疑声，虽然武汉市教育局有关人士解释，此项措施的目的在于鼓励学校探索寻找适合农民工随迁子女在武汉就读的办法，农民工随迁子女想进入混合编班不存在任何政策上的障碍，但在人们对社会不公平敏感的今天，这种做法易被看作是对农民工随迁子女的歧视。虽然天津、西安等地禁止把农民工随迁子女单独编班，但这种单独编班绝不是个别现象，别的地方也存在比如宁波的鄞州区、云南、海口等地，虽然不少教师认为“农民工子女学习习惯差、生活习性与城里孩子又不一样”或者是“农民工子女学习基础差，跟不上正常的教学节奏，单独编班有利于因材施教”、“单独编班大家没有受歧视的感觉，有错一起改，一般能较快适应新环境”等，这些理由看起来站得住脚，但我们仔细分析就会发现，教师更多的是从教学技术层面来看问题，从自身方便、自身利益出发，让农民工随迁子女来适应学校，他们是否调查过学生的心理感受、是否真正考虑了学生的成长问题。武汉等地的做法我们认为就是一种“教育区隔”或者说是“教育歧视”，在城市学生和农民工随迁子女之间人为地筑了一道隔离墙，将这两个群体割裂开来，在当今社会要努力缩小贫富差距、弥补阶层裂痕的今天，这种做法无疑是“历史的倒退”，正如一些教育界人士所批评的那样，“如果人为地将农民工子女进行独立编班，会将城乡差距扩大到阶层差别”。纵然教育区隔有弊有利，关键是看清楚利弊谁大谁小，这种做法可以看作是保护“城市人”的利益，不利

① 《西安农民工子女入学屡碰壁　拿出“五证”再报名》，http://news.sohu.com/20100830/n274572233.shtml。

于农民工随迁子女的成长，农民工随迁子女本身处境不利，处于弱势地位，不少农民工随迁子女心理敏感，比较封闭，独立编班后，导致他们的交往圈子更为狭小，他们的交往就更为同质化，不利于他们融入城市社会，不利于他们健康成长，为此，“部分农民工家长对此强烈反对。在他们看来，人为将城乡孩子分开学习，伤害了孩子的自尊心”，所以“多数学生选择混合班”，混合编班将是大势所趋。

（二）隐性区隔

相对于显性区隔，隐性区隔比较隐蔽，其主要关注的问题是：农民工随迁子女进入公办学校与流入地的学生一起学习受到了怎样的对待？城市家长、教师是如何对待这些农民工随迁子女的？本地学生怎样看待农民工随迁子女的？他们之间的交往如何？如果农民工随迁子女在公办学校得到了平等的对待，那么区隔问题就不存在。如果存在隐蔽的不公平对待的话，那么区隔则存在。之所以说是隐性的，是因为这些不公平的做法发生在校园里，校园外部的人不一定知道，还有一些不公平对待学生能感受到，但“没图没真相”，隐蔽而难以找到证据。从目前的一些课堂观察、调查研究发现：农民工子女坐在教室前排的比本地学生少，本地学生课堂获得回答问题的机会比农民工子女更多，课堂上互动教师与本地学生的质与量要好于农民工子女（张宏杰，2013），而公办农民工子女学校及公办接收农民工子女学校中却分别有19.2%和17%的学生认为很少或几乎没有得到过教师的关心和帮助，与教师的沟通不佳（李慧，2010）。农民工子女与教师的交流并不太多，而且交流的主要内容不是学习方面的，而是让老师“主持公道”，处理与同学之间的矛盾（李运庆，2006）。由于农民工子女流动频繁，学习适应存在困难，教师对学生不了解，不能根据流动儿童学习基础安排适合课程进度（奕美薇，2010），在公办学校的大部分教师对农民工子女能做到一视同仁，但一部分教师对农民工子女存在歧视，对农民工子女存在偏见，“瞧不起他们”，加上教师有考试成绩的压力，教师并不喜欢自己班上的农民工子女太多，这种现象比较普遍（周莲、方巍，2011）。一些调查研究发现，绝大多数流动人口子女经常与城市学生交往、愿意与城市学生交往，真正觉得与城市学生有心理隔阂的占26.5%，认为“外地同学来了会让本地同学感到不高兴”的只占15.4%，在社会人格方面，对流动人口子女的“污名化”还在一定范围内存在着。如本次调查发现，“感受到学校对外来学生歧视”的占30.3%，“感受到老师对外来学生歧视”的占24.2%，“感受到成都本地同学对外来学生歧视”的占34.5%，“感受到被别人嘲笑和讽刺”的占44.2%。流动人口子女进入城市公立学校之后，他们必须面对甚至接受、固化对这些先于他们形成，而实际上可能与他们并没有直接关系的歧视、排斥和“污名”（许传新，2009）。“在没有入学‘障碍’的哈尔滨，农民工关某反映，上小学五年级的儿子到城里读书不到一年，因为在学校受到‘白眼’，回家大哭过两次，有一次说啥也不想上学了。到新学校上学的第二天，儿子的同桌上课时戴口罩，老师问她时，她说身边有农村味，引得全班大笑。自打儿子分到现在的班级，班里最脏最累的活儿几乎让儿子包了，可是好事从来落不到孩子身上。”① 当然，要做到绝对公平是不可能的，学校及教师应时刻警惕“隐性区隔”，尽最大可能地做到一视同仁，杜绝歧视农民工随迁子女，即使是农民工随迁子女身上有缺点、有不良习惯，让人讨厌，教师也应尊重学生，学校应采取针对性措施引导农民工随迁子女的学习与生活，增强他们的自信，而不是让农民工随迁子女来适应学校。

毫无疑问，如果任凭有形、无形“区隔”教育的存在，势必会让农民工随迁子女感到受城市社会的歧视，体验到社会的不公平，易产生自卑心理，封闭自己，或者产生愤懑、怨恨等不良情绪，易发生冲突、产生对抗，诱发不良行为，不利于他们融入城市社会，也不利于他们的社会化及健康成长。由于“区隔”的存在，农民工随迁子女与城市学生的接触、交往、合作缺乏机会和条件，易导致农民工随迁子女社会交往“内卷化”，城乡学生之间缺乏了解、理解，易产生偏见，更不要说相互借鉴、相互欣赏、相互学习了，这样，城乡学生之间差距，城乡学生之间的“隔膜”无法消除，农民工子女与城市社会的某些“裂痕”难以弥补，这不利于和谐社会的建构，对社会发展的未来也会产生不良影响。为此，走向“融合”是一种必然趋势。

二 农民工子女融合教育理论构想

（一）“融合”教育的必然性

融合教育理念来源于特殊教育领域，是西方20世纪80年代民权运动的产物，其主张取消传统隔离的特殊教育形式，使所有儿童都能够在普通学校中共同学习并取得成功（景时，2013）。我们提出的农民工随迁子女

① 周佳：《农民工子女进入大城市公办学校的困境》，《中国教师》2006年第38期。

融合教育同样强调“零拒绝”，但讨论的对象不是残疾儿童和普通儿童之间的教育关系，而是指农民工随迁子女与城市儿童之间的教育。而农民工随迁子女的融合教育主要脱胎于“社会融合”这个概念，所谓社会融合是个体和个体之间、不同群体之间，或不同文化之间互相配合、互相适应的过程。社会融合这个概念最早是由迪尔凯姆（Durkhein）在对自杀现象的研究中首次提出的，[①] 此后，学者们沿着实证研究路线不断发展完善社会融合理论。正如前文所说，20世纪，西方社会学界开始在移民适应问题上运用社会融合理论，随后逐渐发展出两个相互对立的理论派系——同化论（Assimilation）和多元论（Pluralism）。正如上文所说，Park认为，同化是弱势群体不断抛弃自己原有文化和行为模式、逐渐适应主流社会的文化和行为，并最终获取与主流人群一样的机会和权利的一个自然而然的过程。该过程一旦发生，便具有不可逆性。[②] Gordon对同化进行了系统的剖析，将这一概念构想为七个维度，认为各维度之间最主要的区别体现在“文化适应”（Acculturation）和“结构融合”（Structural assimilation）上。[③] 近些年来，美国著名人口学家Massey提出“空间同化”（Spatial Assimilation）的概念，从居住空间的角度为移民的融合过程提供了另一研究视角。[④] 基于美国当代移民的子女在融合过程中所表现出的三种可能的融合模式，Portes等学者提出了极具影响力的“隔离性融合”（Segmented Assimilation）理论。[⑤] 同化论认为弱势的一方通过调整自己的态度和行为，逐渐抛弃自己原有的文化特征，最终消融在主流社会的“熔炉”中，从这个角度来讲，社会融合可能意味着外来移民抛弃自己原先的文化传统，被迫接受流入地主流或强势的文化、价值观和生活方式，最后实现完全同化。随着文化多元主义的兴起，同化论受到了一些学者和社会组织的质疑和批评，移民融合的多元论理论视角得以产生。在多元论的理论视角下，一般认为各种文化和价值观会相互适应，即不同社会群体相互作用、

---

① 埃米尔·迪尔凯姆：《自杀论》，冯韵文译，商务印书馆2007年版，第119—148页。

② R. E. Park，“Human Migration and the Marginal Man”，The American Journal of Sociology，Vol. 33，No. 6，1928，pp. 881－893.

③ M. M. Gordon，Assimilation in American Life：The Role of Race，Religion，and National Origins，New York：Oxford University Press，1964，pp. 9－15.

④ Ibid.，pp. 10－21.

⑤ A. Portes，M. Zhou，“The New 2nd－Generation－Segmented Assimilation and Its Variants”，Annals of the American Academy of Political and Social Science，Vol. 530，1993，pp. 74－96.

相互适应。当移入地文化具有更大的包容性时，新移民会倾向于维持原有的文化价值，同时他们也会在新的定居地重新塑造其身份认同、价值观念，从而有助于形成多元化的社会和经济秩序，最终使得所有的社会成员都享有平等的权利。两种理论的争论对农民工随迁子女融合教育研究视角的选取具有重要意义。①

鉴于同化论、多元文化理论，我们把农民工随迁子女融合教育界定为：融合教育是指通过各种教育途径和教育活动以促使外来农民工子女在心理和文化等方面与流入地相适应、相融合的教育。其表现为外来农民工子女在流入地学习、居住、生活的过程中，在与流入地的学生、社区成员交往、城市居民接触的过程中，从形象到心理、从思想到情感完全融入城市，流入地的学生、居民真诚接纳、欣赏外来农民工子女，城乡学生相互促进，每个孩子都能够充分实现自身的价值，提高自身品位，最终实现城乡文化的有机融合。

融合教育的实施，旨在打破城乡限制，为外来农民工随迁子女的成长提供一个理解、尊重、关心、互助、友爱的教育氛围，使外来农民工子女感受到温暖，具有归属感、身心健康发展及完成社会化，成为一个良好的公民。在城市接受义务教育的外来农民工子女处于社会化的早期阶段，此时他们形成的价值观、态度和行为对其今后发展会产生重大影响。因此，在义务教育阶段外来农民工子女如何融入城市是关键问题。

融合教育的实施能使城乡学生在交往中互相了解、互相接纳，并最终消除他们之间的差别，实现融合；同时也为城市学校文化增添新的内容，使各地的农村文化融入其中，有利于缩小城乡差别，有效地化解或缓解城乡矛盾、城乡对立，从而有效地促进城乡的协调发展。同时，融合教育的实施将充分体现教育的公平，促进个人平等发展的全面实现，营造团结、友爱、互助、包容的社会氛围，从而为和谐社会的构建奠定坚实的基础。

当然，我们界定的农民工随迁子女融合教育概念是借用了特色教育领域相同的概念，但其含义、理论基础是大相径庭的，农民工随迁子女融合教育的理论基础是社会学领域的“社会融合”理论，并借鉴“同化论”、“同化教育”、“多元文化主义”、“多元文化教育”理论，而在此基础上

① 黄兆信、潘旦、万荣根：《农民工子女融合教育：概念、内涵及实施路径》，《社会科学战线》2010年第8期。

提出，其主要是解决农民工随迁子女教育中的“区隔”问题、“排斥”问题、“歧视”问题，其目的在于农民工随迁子女“适应”、“融入”城市社会，在融入城市的过程中成为一个幸福快乐的人。在农民工随迁子女融入城市社会的过程中，我们还要探讨是否有必要开展融合教育？如果有必要，教育在促进农民工随迁子女融入城市社会的过程中其作用如何？各种教育力量各自的职责有哪些？其途径、方法有哪些等问题，目的在于对融合教育有更深刻的理解。

（二）融合教育的理论建构

1. 融合教育内涵的理解

无论是国外学界对移民融合的研究，还是国内学界对农民工随迁子女城市融合及融合教育的研究，都把移民或流动人口的城市融合看成是一个包括心理、文化、经济等多方面融合的长期过程，从身份融合、心理融合、文化融合和经济融合这四个维度去分析研究对象的融合需求和程度。① 由于本书的研究对象为未成年人，还未涉及经济融合，所以从身份融合、心理融合、文化融合三个方面来理解农民工随迁子女融合教育的内涵。

（1）制度差异带来的身份融合教育需求。农民工随迁子女的身份融合程度与其对自己身份及户籍地位的现实评价相关。由于我国制度建设与社会发展相脱节，制度变革滞后导致农民工随迁子女在身份融合上面临一些制度性障碍。

从户籍制度本身来看，其最初设立的动因是我国社会资源相对缺乏，因此要依据户籍制度进行社会资源分配，进而从根本上形成了城市与农村两个社会阶层，两者在社会资源分配上享有不平等的权利，造成了社会不平等。农民工随迁子女作为拥有农村户口的农民阶层在城市中由于户籍的限制而不能享有与城市学龄儿童平等的权利，从而造成就学中出现的种种障碍。从教育制度来看，我国义务教育制度与户籍制度是紧密联系在一起的，依托户籍制度所产生的义务教育学籍制度破坏了城乡儿童教育机会的均等性。按照户籍来确定学籍使得城市学校可以拒绝农民工随迁子女进入本地区学校就读，而义务教育财政投入的地方负责制也导致城市政府由于

① 张文宏、雷开春：《城市新移民社会融合的结构、现状与影响因素分析》，《社会学研究》2008 年第 5 期。

经济利益而产生推诿现象，最终使农民工随迁子女被隔离在优质的城市教育资源之外。

现有的制度设计虽在一定程度上可以防止农民工随迁子女的盲目流动和择校，但这种简单粗暴的划分方式破坏了教育机会均等这一原则。教育公平是社会公平的基石，无论出身、民族、肤色、性别或任何其他无关的特征都不妨碍一个人得到受教育的机会，只有他的个性和才干决定着他得到的教育机会和成就。[①] 但是现有制度设计很显然无法体现这一原则，制度性障碍严重破坏了农民工随迁子女与城市儿童在教育权利享受上的平等性，进而影响了农民工随迁子女对自我身份及社会地位的正确评价，从而产生了身份融合教育需求。

（2）经济差异带来的心理融合教育需求。农民工随迁子女由落后乡村进入繁华都市后，城乡经济发展差距及父母收入差距会导致其在融入城市生活的过程中产生复杂的心理。其一，农民工随迁子女面临较差的生存环境。由于农民工受教育水平普遍较低，导致其在城市里所从事的工作往往集中在服务业、制造业、建筑业三个行业，收入水平较低。而身处城市这一高消费的社会环境，其交通、住房、饮食、衣着等生活成本都比农村高，这也大大制约了他们在子女身上的经济投入。农民工随迁子女在衣着、饮食、学习用品、居住条件等方面都与城市儿童有着较大差别，使其无法在城市的同龄人中找到自己的位置和归属感，进而产生落差和失衡心理。其二，农民工随迁子女经常在城市中遭受歧视和不公正待遇，城市居民无处不在地体现身份优越性的市民性格时时刻刻都让农民工随迁子女体验到挫折感，加之大多数农民工父母与子女的交流沟通时间较少，疏远的亲子关系使父母难以了解子女的学习和思想情况，使子女的挫折感在家庭内部无法得到有效疏解。当这些压力无法通过正常途径释放时，必然会通过非正常途径释放，如自我伤害或伤害他人，个别甚至产生反社会心理。如果上述心理问题不能得到及时解决，不仅会对农民工随迁子女本人造成心理伤害，也会给社会和谐带来隐患。

（3）文化差异带来的文化融合教育需求。不同的社会结构需要用不同的文化规则进行维持，综合来看，乡土社会是“熟人”社会，人们在

---

① 范先佐：《进城务工就业农民子女的教育公平与制度保障》，《河北师范大学学报》2007年第1期。

差序格局中有机地团结在一起，“礼”是乡村社会运转的规则。现代城市社会是一个“陌生人”社会，人们在团体格局中机械地结合在一起，“法”是保障秩序的工具。由于我国城乡社会文化差异的广泛存在，作为乡村文化的接受者，农民工随迁子女早期的文化习得与城市文化之间存在较大异质性，如城乡语言文化、城乡生活习惯和城乡社会礼仪等方面均存在显著差异。因此，当他们进入城市接受基础教育时，必然面临文化差异带来的适应和压力问题。一种文化的持有者总会有文化优越感，本能地对外来文化进行排斥，再加上城市居民的物质优势感，导致文化排斥容易演变成一种文化歧视。农民工随迁子女及其家长身上的乡土气息往往被城市学生及家长所排斥，这无疑会给农民工随迁子女带来无形的沉重压力。人类学家雷德菲尔德认为：文化适应是指个体从一种文化转移到另一种与其当初生活的文化不同的异质文化中后，个体基于对两种文化的认知和感情依托而做出的一种有意识、有倾向的行为选择和行为调整。[①] 据此，文化适应是个双向过程，即接触的两个群体的文化模式都要发生变化，但事实上更多的变化往往发生在弱势群体一边。因此，作为弱势群体的农民工随迁子女将在文化适应过程中发生更多改变，而这一适应过程必然会带来诸多困惑。

对于农民工随迁子女而言，有效解决他们与生俱来的“乡土文化”与流入地的“主流文化”之间的矛盾，是融入城市生活的必然要求。对此，我们所能做的就是采取一系列文化融合教育措施，增加城乡文化之间的彼此认知，化解城乡文化之间的冲突。提高城市学生及家长对外来乡土文化的包容度，帮助农民工随迁子女接受新文化的教化，消除文化行为上的格格不入，此即是农民工随迁子女文化融合教育的关键所在。[②]

2. 融合教育的特征

结合社会融合理论、同化教育、多元文化教育理论，与区隔教育相比，我们认为融合教育具有如下特征：

第一，融合教育主体的多元性。所谓“社会融合”是指个体和个体之间、不同群体之间，或不同文化之间互相配合、互相适应的过程。这个

---

① 张霜：《民族学校教育中的文化适应研究——贵州石门坎苗族百年学校教育人类学个案考察》，民族出版社 2012 年版。

② 黄兆信、潘旦、万荣根：《农民工子女融合教育：概念、内涵及实施路径》，《社会科学战线》2010 年第 8 期。

过程比较复杂，既涉及个体与个体之间的关系，也涉及群体与群体之间的互动关系；内容既涉及外表、语言和饮食等浅层融合，也涉及思维方式、行为方式趋同等中层融合，还涉及文化、价值理解趋同等深层融合，影响社会融合的因素也是多样的。从宏观层面来说，有政治、经济、文化，从中观层面来说有城市社会、家庭；从微观层面来说，有个人因素。具体来说，农民工随迁子女生活在城市、居住在社区、就学在学校、休闲在街区，城市学生则受城市媒体、自己家庭、农民工随迁子女个体和家庭的影响，“人在情境中”，对农民工随迁子女和城市学生直接影响因素也是多样的，可以说农民工随迁子女社会融合问题是多层次、全方位的系统工程，融合教育工作也必定是一项复杂的工作，要解决农民工随迁子女的融合教育问题，也非一朝一夕能完成的，当然不是任何一个组织或强悍的个人能完成的，需要多种力量群策群力，才能完成这个长期的、复杂的系统工程。因此，融合教育主体不是单一的，必定是多元的。毫无疑问学校是实施融合教育非常重要的主体，但不是唯一的主体，要使农民工随迁子女融入城市，光靠学校这支力量是远远不够的，流入地政府、社区、家庭、社会工作者等都是重要的力量，虽然这些力量各自的职责不一样，但都是实施融合教育的主体。

第二，融合教育对象的主体性、差异性。主体性教育理论告诉我们，农民工随迁子女和城市学生是融合教育的对象，但并不是被动的客体，他们不是盛装各种知识的“容器”，也不是用来接纳各种价值观念的“口袋”，更不是可以被随意塑造的“模具”，当然也不是用来加工的“材料”，他们是具有主体性、活生生的人，他们是知识建构的主体，是意义追寻的主体，也是生命价值的建构者。融合教育不是简单地进行价值观念搬运、加工、灌输的过程，也不是一种强制性的思维、行为训练活动，而是各种主体相互依赖、相互影响、相互作用的一种教育实践活动，是一种主体的互动性活动。在融合教育实践活动中，要防止把农民工随迁子女当作是被动接受城市主流文化价值的容器、进行强制同化，纯粹说教，灌输各种知识、价值观念，这种做法导致了农民工随迁子女在融合教育过程中主体地位的缺失，压抑其主体性，成为接受城市文化的教育客体，容易引起农民工随迁子女对这些价值观念、教育活动排斥、反感，导致融合教育效果不佳。当然，在融合教育过程中同样要顾及城市学生的感受，不能急于求成，不能强迫城市学生一定要接纳农民工随迁子女，教师要引导城市学生自己去认识、理解农民工随迁子女这个群体，去体验、感受这个群体的生活，城市学生才能真正从心里接纳农民工随迁子女这个群体，欣赏、学习这个群体的优点，容忍其不足，这样融合教育才能取得良好的效果。

众所周知，每个人的先天禀赋不同，再加上家庭环境、生活环境各异，个人的主观能动性、社会实践不一，个体存在差异性。农民工随迁子女和城市学生这两个群体之间存在不小的差异，这两个群体内部也存在着差异，他们每个人在知识、兴趣、爱好、思维、价值、情感等方面都相去甚远，但这些差异不应是进行“区隔”教育的理由。在融合教育过程中，不能像强制性同化教育那样，抛弃差异，强行统一，应尊重这种差异，尊重农民工随迁子女和城市学生在知识、思维、价值、情感等方面的差异，求同存异。差异也是一种教育资源，教育者应充分挖掘、开发、利用差异资源的教育价值，实施有针对性的融合教育。

第三，融合教育的过程双向性、平等性。社会融合是一个“渗透、交融、互惠、互补”的过程，具有互动的本质。就以社会融合深层次的社会文化来说，多元文化理论认为每一种文化都有其渊源，都有独特的价值，都有各自优势、不足，但没有优等、劣等之分。融合意味着“和而不同”，不是“同而不和”，融合过程不是所谓的“弱势文化”无条件退出历史舞台、遭抛弃的过程，也不是所谓的“强势文化”攻城略地、鲸吞一切的过程，融合过程意味着在尊重各自文化的价值、在保持各自独立的基础上各种文化进行相互借鉴、相互补充、相互渗透，互惠互利，最后交融在一起，“你中有我，我中有你”，当然，在这个过程中会存在文化冲突，但如果双方进行真诚的沟通、平等的对话，冲突也会得到消解，变成建设性的，而不是毁灭性的。因而，以促进社会融合为目的的融合教育也必定具有融合的特性，具有双向性、平等性的特点，农民工随迁子女与城市学生在平等、互动中走向融合。如果认为农民工及其子女处于弱势群体，其代表“熟人社会”的文化是“老土的”、“保守的”、“落后的”，而城市学生他们所代表“陌生人社会”的文化是“现代的”、“开放的”、“先进的”，在教育过程中要让农民工随迁子女加强对城市主流文化的学习，而城市学生他们的衣着、某些观念是农民工随迁子女的榜样，无须向农民工随迁子女身上学点什么，这种观念显然是不恰当的。而在现实中我们应该看到，强调农民工随迁子女要加强学习城市文化、塑造农民工随迁子女的行为、习惯，忽略农民工随迁子女和城市学生相互学习的情形不少见，按照这种观念来实施融合教育，必定会导致融合教育成为一种单向的教育活动，成为一种单一的城市文化价值单向传递或灌输过程，这种教育没有建立在平等、理解、互惠的基础上，融合教育失去“融合”、“平等”，也就失去它应有的本质，成为一种隐性的“区隔教育”，当然也就无法达到“互动、包容、共享、共赢”的目的。

第四，融合教育的内容层次性、生活化。融合教育内容的层次性来源于社会融合层次性，社会融合具有不同的维度，具有不同的层次，不同的研究者对社会融合层次划分标准不一，那么层次指标体系肯定不同，得出的结果可能会不一致。悦中山（2009）把社会融合分为个体层次、群体层次和整体层次。唐开福（2012）把社会融合分为表层、中层和深层。一般来说，唐开福从个体层次来探讨，我们认为值得借鉴，这个层次具有可操作性，也比较准确地把握住了社会融合的本质，对社会融合认知较为深入，但是其指标体系还是太单薄了，比如表层适应包括语言、外表、饮食，中层适应包括思维方式、学习能力、行为模式，深层适应主要是价值理解，这些指标还需要结合心理、文化、身份等维度加以扩充，这方面还有待深入研究。不管怎样，对社会融合层次的划分，为开展融合教育活动指明了方向，也确定了教育开展的优先顺序、难易程度，针对不同对象、不同的层次需求，采取不同的教育手段、开展不同的类型、方式的融合教育活动，能克服融合教育的模糊性，增强融合教育的针对性和有效性。

融合教育内容还具有生活性，所谓生活性就是融合教育的内容要来源于现实生活，贴近学生的生活实际，具有鲜活的特点。陶行知先生提出“生活即教育”，融合教育更应如此，融合教育内容如果脱离学生的生活情境、脱离城乡学生的生活经验，不能走进城乡学生的日常生活，也就不能满足学生的日常生活需求，学生难以体会到这种教育的价值，体验不到个人意义，他们就会觉得这些内容跟他们没有任何关系，“一点用处都没有”、“太没意思”的抱怨就会不绝于耳，致使他们的兴趣不高，融合教育的效果也就不佳。为此，融合教育实施者应深入城乡学生实际，眼观六路，耳听八方，去把握他们的喜怒哀乐，挖掘城乡学生日常学习中、日常生活中的素材资源，并把这些素材资源开发成融合教育内容，这样的内容才会丰富多彩、生动有趣，效果良好、影响深远。

第五，融合教育结果的积极性、互惠性。融合教育结果最后指向哪里？当然是指向社会融合的那些指标，以这些指标来判断融合教育结果的好与坏，比如能用普通话进行交流，相互有兴趣且学习各自的方言，甚至能听懂、能讲各自方言，农民工随迁子女衣着、外表、饮食、行为方式与城市儿童趋同或在这方面双方相互借鉴，相互接纳、交往增多、加深，不存在相互排斥，能理解、认同各自的价值、风俗习惯、各自身份认同清晰，具有归属感；但我们认为以上标准只是强调融合，但并没有指明方向性的性质，我们一般都认为社会融合具有积极意义，但实际上很可能并不如此，有研究者在上海调查发现，“失学的流动儿童与当地儿童之间具有很好的融合结果，形成了各种小团体，并进而威胁着当地的社会治安。如果从社会融合的角度来看，流动儿童与本地儿童之间具有很好的社会融合，只是这种融合是一种反社会的融合”（周皓，2012）。

所以有必要强调融合教育结果的方向性，即融合教育的积极意义。在一般人心目中，教育似乎都是神圣的，都具有积极意义，是教人“求真、向善、尚美”的，但教育也会“生病”，生病了的教育其积极向上的意义会丧失，会变成“无用的”，甚至是害人的、“毁人不倦”的。我们认为，融合教育的结果应是积极的，在言行、举止、心理、价值观等方面能增强农民工随迁子女和城市学生的“正能量”，对其生命成长产生积极影响，使得融合教育活动成为他们人生中的美好记忆，成为他们人生中一种难忘的、幸福的体验。

融合教育的另一个重要结果就是互惠性，即农民工随迁子女和城市学生在融合教育中双方都获得积极的“收益”，只有双方都受益，城市学生和农民工随迁子女才会认为融合教育对个人有意义，才会有互动、互助的热情，否则会产生“逃避”心理，融合教育易失败。毫无疑问，融合教育出发点是要解决“区隔教育”所带来的弊端，帮助农民工随迁子女适应、融入城市，但其最终所追求的是：相互欣赏，博采众长，优势互补、成长与共。无论是农民工随迁子女还是城市学生各有优缺点，由于出生、成长环境不同，存在异质性，对双方来说，具有新异性，都是很好的学习资源，融合教育就是多种教育力量，通过各种活动，采取多种手段，让城乡学生在学习中、在生活中扬长避短、博采众长、相互学习、相互促进、共同成长。正如费孝通先生所说：“各美其美，美人之美，美美与共，天下大同。”

综上所述，融合教育不是一些研究者所说的，是向农民工随迁子女或流动儿童传递城市主流文化，让农民工随迁子女或流动儿童认同流入地的主流文化，融入城市，成为“新城市人”。我们认为这种融合教育是一种单向化的教育融合，对融合的内涵、精髓把握不全面、不准确。农民工随迁子女处境不利、社会阶层偏下，确实属于社会弱势群体，但不表示其身上所体现的文化也是弱势的，其文化也有其存在的价值，应该尊重其文化。融合教育反对教育区隔，反对把农民工随迁子女单独编成一个班级，但也不认为混合编班，随班就读就能产生融合教育。我们认为融合教育是一个双向的、互动的过程，而不是单向接纳和认同的过程，应把城乡学生看作独立、自主的个体，尊重他们的主体地位，发挥他们的主体性，强调他们在尊重各自原有的文化、保持各自文化特色的基础上，相互接纳、平等对话、相互吸收、互助共融、共同成长。

3. 融合教育的目标确定

教育是一种有计划、有目的、有组织的活动。为此，任何教育都有其目标，其为教育活动的开展指明方向，并时刻检视着教育活动，让人们反思自己的行为，防止教育活动“出轨”，并评判我们的教育是否达到“目的地”。当然，融合教育目标也是如此，其主要回答“为什么而教”、“为什么而育”或者说“为什么而学”的问题，这些问题是我们开展融合教育活动之前就必须清楚得到回答的，也即教育者必须确定融合教育目标。

如何建构融合教育目标？在讨论教育目的或目标确立时，一般的教科书都会强调从生产力、生产关系、受教育者的身心、一些教育家的观点这四个方面来考虑，不过这四个方面的依据太宏观、太泛化，缺乏实际的指导意义，用它们来确定融合教育目标，对一般的教育来说太困难了，如果没有经过长久的专业训练，这些依据基本上是“正确的废话”，毫无用途。但这四个方面倒能给我们在建构融合教育目标时给予启发：就是要从社会、个人两个维度来思考，同时要借鉴已有的一些理论观点。为此，我们认为教育者在建构融合教育目标时，可以运用“需要评估”方式，所谓“需要评估是一种收集、分析信息的过程，目的是要识别个体、群体、机构、社区或社会的种种需求”。“需要是指这样一种情况：公认的学生行为或态度状况与所观察到的学生状况之间存在的矛盾之处。”① 教育者

① 施良方：《课程理论——课程的基础、原理与问题》，教育科学出版社2001年版，第103页。

可以根据这一思想来确定融合教育目标。为此教育者：

首先，要考虑学生需要。从本体论的角度来看，一切的教育都是为学生的“成才”、“成人”服务的，因而融合教育目标的确定要研究学生的需要。如何研究学生的需要？有一些研究者从马斯洛的需要层次理论来研究学生的需要，这种研究还是比较抽象，对于一线的教育者来说，比较靠谱的方法就是调查研究。为此，我们认为，第一，要对学生的现状进行调查研究。应从社会融合指标体系出发，根据心理融合、文化融合、身份认同等维度及其详细指标，对不同年级的城市学生、农民工随迁子女进行调查研究，把农民工随迁子女和城市学生共同的社会融合现状调查清楚，再把城乡学生共同现状和社会融合方面的理想指标对比，必定会出现差距，差距即矛盾，也就是融合教育的需要，这些需要也就是融合教育要完成的任务，即融合教育的目标。第二，要对学生的个体差异进行分析。学生身心发展的需要不仅有年龄阶段的差异性，还有个体间的差异性。[①] 在确定融合教育目标时，要考虑城乡学生的共同需求，但城乡学生成长环境及主观条件都存在着较大的差异，城市学生之间、农民工随迁子女之间、城乡学生之间都有各自的优势、劣势，存在着不小的差异，这些差异应该得到尊重，才能促进学生的个性发展，同时也能保持城乡文化的特色。所以在确定融合教育目标时，不能无视学生的个性差异，更不能抛弃这种难得的“教育资源”，教育者要考虑、满足学生的个性需求，这样才能达到共性和个性的统一。为此，在进行调查研究时，还应充分收集、分析城乡学生的差异性需求信息，把这些差异性需求以弹性目标的形式呈现出来，这样融合教育目标既有统一性，又有灵活性，更贴近学生的实际，具有很强的实用性和实际指导意义。

其次，要考虑社会需求。目前中国政府强调构建和谐社会，实现“中国梦”，这种社会追求必定会反映在教育领域，也必然会对教育提出更为具体的要求。教育虽然在解决社会问题方面不是万能的，作用有限，但仍然被寄予厚望，因为教育以提升人的内在素养为使命，以消除社会身份对人发展的影响为理想，因而被认为是缩小社会差距的一种重要手段，当然也被认为是和谐社会建构的重要力量和手段，教育被赋予造就和谐社会的使命，源远流长的和谐教育在当今时代得以张扬。“融合教育”和

① 钟启全：《课程论》，教育科学出版社 2007 年版，第 114 页。

"和谐教育"相互呼应，产生共鸣。在人与人之间的和谐、文化和谐共处方面具有一致性，只不过融合教育所探讨的人、文化更为具体，特指城市学生和农民工随迁子女、城市主流文化和乡土文化。融合教育在确定其目标时如何考虑社会需要？我们认为可以借鉴课程目标确定的思想，从理论方面来说，要遵循三条原则：第一，公平性与民主性的原则。在确定融合教育目标时，需要考虑各阶层的需要。不能因为农民工随迁子女是弱势群体，只考虑他们的需求，而忽视城市学生的需求；反之，仅仅考虑城市学生这个社会优势阶层的需求，而忽略农民工随迁子女这个社会不利阶层的需求，这都违背了社会公平原则和社会民主原则。第二，共性和个性统整原则。融合教育目标的确定要考虑城乡学生共同的发展需求，也要考虑他们的差异需求。既要考虑到城乡文化一致性之处，又要考虑城乡文化的各自特色。第三，适切与超越原则。融合教育的目标不仅仅要反映社会的当下需求，更要反映社会未来的发展需要，要以发展的眼光来确定融合教育目标。即要让农民工随迁子女适应现在城市社会的要求，更要让他们为适应未来城市社会要求而努力，对城市学生也一样，不仅要接纳农民工随迁子女，吸收乡土文化的精华，他们同样也面临着适应未来社会的问题。从实践方面来说，融合教育要把握社会生活的需要，不二法门还是调查研究。融合教育目标的建构者可运用问卷调查、访谈等方法，对学校行政管理人员、教师、家长、社区、政府相关人士、社会工作者进行调查，看看他们对融合教育应该干什么这个问题的想法，听听他们的建议，再把这些相关意见、建议进行编码、归纳，以确定社会需求。

最后，参考理论观点。融合教育到底应该干什么呢？从目前的研究来看，虽然探讨融合教育的论文有一些，但并没有专门、明确地对这个问题进行论述，为此，我们只能尝试着从这些文献中归纳出这些研究者对这个问题的回答，以便借鉴。闰艳、周光琦（2013）提出"内涵式融合"教育，其目的在于"注重流动儿童和城市儿童的心理协调，重视每一位儿童的快乐成长、生命精神的和谐，提升他们生活和学习的幸福指数，促使流动儿童进一步对自我认同，实现价值观、生活方式等方面的共融，共享教育幸福"。熊惠平（2006）认为融合教育就教育目的的个人取向而言，它主张通过尊重和合理对待人的差异，促进人的价值形成与完善；就其社会取向而言，则主张通过人与人之间的理解与合作，最终为建构有效学校、和谐社会服务。[①] 傅明宝、孙迪（2012）认为“融合”是外来务工人员子女在心理、学习和行为等方面与城市文化相融相合，进而对城市有亲切感、归属感。学校把让他们成长在南京、成人在南京、成才在南京、成功在南京作为学生努力的人生方向和学校的办学目标。[②] 俞秉钧、章晓东（2014）主张融合教育“追求学生之间互补互助、共同发展”。倪建新（2011）提出通过融合教育“缩小城乡孩子之间在思想观念、行为习惯等方面的差距，让他们尽快适应和融入到学校的教育和学习活动中来”，陈洋飞（2011）认为融合教育的追求是“让新、老城市学生在思想、观念、习惯等各方面主动相互融合”、“互助共融，互补相长”。湛卫清（2009）提出融合教育的目标是：让随迁子女在流入地和就读学校有归属感，感到被充分接纳，享受到了公平待遇，并获得充分发展。其关键是培育随迁子女的“内生力”，核心是加强人际融合，重心是注重文化的融合。涂启锋（2007）认为“融合教育”旨在通过打破城乡限制，为农民工随迁子女提供一个平等的受教育机会。并通过城乡文化的融合促进城乡关系的融合，必将极大地推动城市化的进程。

综上所述，我们认为融合教育目标是在日常的学习、生活（包括校内、校外）中，农民工随迁子女与外界环境之间“和谐共生”，尤其是城乡学生之间、师生之间平等互动、彼此接纳，真诚合作，人际和谐，在承认、尊重各自差异、文化特色的基础上，相互吸收，互助共融，农民工随迁子女在行为习惯、生活方式、价值观念等即在心理、文化、身份方面适应城市生活、融入城市文化，具有归属感，城市学生学会欣赏、宽容、体谅、关爱他人、吃苦耐劳、勤奋刻苦、独立自强等品质方面有更大的提升。总之，城乡学生在“互动、互补、互助”中共同成长，和谐发展，共享教育幸福，获得生命意义，为他们的一生的发展奠定基础，这就是融合教育内在意蕴和追求。

4. 融合教育的内容建构

融合教育内容是达成融合教育目标的重要载体，教育内容质量的高低直接影响到融合教育目标的实现，如果内容不理想，融合教育目标基本上

① 熊惠平：《“穷人经济学”与全纳教育》，《教育发展研究》2006 年第 4 期。

② 傅明宝、孙迪：《对南京市沙洲中学外来务工人员子女“融合教育”的调查与研究》，《江苏社会科学》2012 年第 12 期。

只能是一种美好的愿望而无法实现，为此，必须重视融合教育内容的建构。所谓融合教育内容的建构主要是围绕融合教育目标，结合城市社会、学校、社区可用的教育资源情况，选择、组织融合教育内容的过程。从课程开发的角度看，实质上是教育资源开发、利用的过程。教育资源如何利用选择？我们认为主要根据农民工随迁子女的社会融合指标来选择。正如前文所述，每个研究者对社会融合结构研究的侧重点不一，其结构存在着差异。我们根据张文宏、雷开春对社会融合内在结构分析，张文宏、雷开春（2008）从身份融合、心理融合、文化融合和经济融合这四个维度去分析研究对象的融合需求和程度。① 由于本书的研究对象为未成年人，还未涉及经济融合，所以仅从身份融合、心理融合、文化融合三个方面去构建农民工随迁子女融合教育内容维度。如图 2－1 所示：

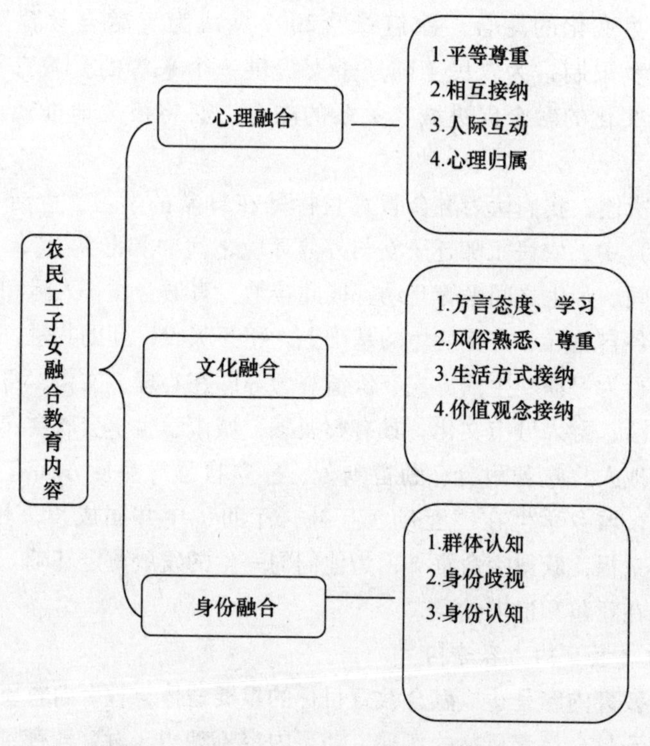

图 2－1 农民工随迁子女融合教育内容结构

① 张文宏、雷开春：《城市新移民社会融合的结构、现状与影响因素分析》，《社会学研究》2008 年第 5 期。

第一，心理融合教育内容建构。所谓心理融合是主要指农民工随迁子女与城市学生，或与城市居民相互接纳和认同。因为农民工随迁子女的主要任务是接受教育，其大部分时间是在学校里度过的，与城市居民接触不太多，所以这里着重讨论农民工随迁子女与城市学生的心理相融问题。我们觉得可借鉴美国移民教育的做法，发挥公立学校教育这个“熔炉”作用，与其花大力气改善农民工随迁子女与城市居民的关系（不是放弃），还不如重点让农民工随迁子女与城市居民子女关系和谐，这样下一代人之间的社会冲突会减少。所以这里重点讨论公立学校的融合教育。

学校通过课堂、课外观察校内外各种教育教学活动比如课堂表现、广播操、文体活动、大扫除、社会实践等，通过谈话、作业、周记等文献分析，了解农民工随迁子女与城市学生之间的相互印象、评价、人际关系、农民工对城市的印象、感受、意愿以及心理特点。如果城市学生对农民工随迁子女存在“排斥”，学校可以开展如何欣赏别人的教育、尊重教育、展示自己的优势活动，让学生之间学会相互尊重、让城乡学生明白任何人都有自己的优缺点，学会欣赏他人、接纳他人，展示自己的特长，增强自信；如果排斥是因为农民工随迁子女一些不良习惯如卫生习惯、行为举止等和学习成绩差，则在日常的生活中开展养成教育，给予农民工随迁子女必要的指导或暗中提醒，让他们养成良好的卫生习惯；教师要对他们的学业成绩进行诊断，采取必要的补救措施，提高他们的学习成绩；如果城乡学生的交往存在问题，学校应结合实际问题进行交际方面的礼仪、原则、技能指导、训练，让城乡学生改善人际关系，让所有的学生友好相处，并学会与人相处之道，提高人际交际能力，保持身心愉悦，同时合理布置一些合作任务，增加农民工随迁子女与城市接触的机会，让他们学会合作，相互接纳，增加友谊；如果农民工随迁子女心理存在一些问题，比如孤独、自卑等，这不利于农民工随迁子女的成长，也不利于与城市学生建立良好的关系，为此学校要构建心理融合教育网络。条件许可的学校可以单独设置心理咨询教育机构，条件不许可的学校则要借助社会组织及志愿者的资源，如可以依托区或市级教研机构，或与大学心理学专业院系合作，或与专业心理咨询机构的心理咨询师合作，指导学校构建心理健康教育网络，开展全方位、分层次的心理融合教育。学校应全方位开展心理健康调查，了解在校农民工随迁子女的心理健康状况。根据调查情况，分层次开展多样化的心理教育活动。如开展群体性的活动，包括心理健康专题讲座、群体互动活动，帮助农民工随迁子女科学调节城乡差异带来的心理落差问题，增加农民工家长的心理健康常识；开展个别心理辅导，针对部分心理障碍比较严重的学生采取主动积极的心理干预措施，通过正确引导，减轻他们的心理压力，消除心理障碍，避免过激行为的发生。[①]

学校还应与社区联合，开展一些社区活动，增加农民工随迁子女与城市居民的互动，改变城市居民对农民工随迁子女的感性认识，去“污名化”。总之，在我们看来，学校要完成心理融合教育的任务，应根据实际情况，开展尊重教育、欣赏教育、扬长教育、适当的补短教育、养成教育、人际交往指导、心理健康教育，让城乡学生彼此接纳，使得农民工随迁子女在城市获得友谊，具有归属感。

第二，文化融合教育内容构建。所谓文化融合是指具有不同文化背景的群体持续性的直接接触，结果两个群体或者其中一个群体的最初的文化模式发生了变化，其目的是建设新的文化，实质上是对不同价值观的抉择、融合与创新的过程。[②]文化是一个抽象的、含义多种的概念，对农民工随迁子女和城市学生来说，他们不一定就能清晰意识到城乡文化的差距，尤其小学生，他们的抽象思维能力还在成长中，他们可能更多的只是看到城乡文化的具体表现。为此，学校要建构文化融合教育内容，我们认为可以从以下几个方面：

（1）语言教育。语言是沟通交流的工具，是文化的载体，也会被用作社会人群区分的标志。英国社会语言学家伯恩斯坦研究发现，劳工阶层的子女使用“限制型符码”，而社会中产阶级子女使用“限制型符码”，这种编码差异是不易被常人发现的一种区别，也易导致劳工阶层子女在校学业失败。方言是文化的外显表征，对城市居民来说（包括城市学生、教师等），如果你不会讲本地方言，你就会被划为“外地人”这个圈子；如果你会讲本地方言，交流时会被认为是“自己人”，拥有共同的语言能拉近彼此的距离。不少研究者调查发现，一些农民工随迁子女的普通话不是很标准，带有乡音而被嘲笑，当然这是文化排斥的表现。对农民工随迁子女来说要融入城市，必须要学习流入地的方言，其实很多农民工随迁子

① 黄兆信、潘旦、万荣根：《农民工子女融合教育：概念、内涵及实施路径》，《社会科学战线》2010年第8期。

② 江波：《文化支持：农民工子女融入城市文化的研究》，苏州大学出版社2012年版，第19—21页。

女对学习本地方言挺感兴趣，当然本地学生也喜欢外地方言。[①] 语言是文化融合的重要内容，城乡学生学习、听懂，尤其是会讲对方的方言，是农民工随迁子女融入城市的一个判断标准，也是城乡文化融合的标志之一。为此学校应开展语言教育，根据需要原则及少数服从多数的原则，以开发城市方言校本课程为主。因为农民工随迁子女大多很感兴趣，城市本地的一些学生也未必会讲其方言，当然也可以开发多数城市学生想学的农民工随迁子女的方言课程，方言课程的开发以运用、交流为目的，所以课程内容应以一些日常生活用语为主，当然也不排除方言中的童谣、谚语、故事等，学校也可鼓励师生之间、学生之间在课外学习、生活中学习方言、用方言进行交流，也可以定期组织“南腔北调”活动，满足城乡学生流动儿童尽快掌握当地的语言，防止歧视，增加彼此的文化接纳与认同。

（2）开设“城乡文化融合教育”课程。学校应开设“城乡文化融合教育”课程，内容包括城市和乡村文化介绍，城市部分应侧重介绍城市学校的规章制度和城市的社会文化，帮助农民工随迁子女熟悉学校和城市的文化特质与基本要求，并顺利内化为自身的行为规范；乡村部分侧重介绍农村社会的文化传统、生活习俗、行为特征，让城市教师与学生了解城乡文化差异，进而理解农民工随迁子女一些独特的行为习惯、思维方式，并从内心接受这些农村的文化、知识。[②] 城市政府也应充分利用流入地公共活动场所开展各种丰富多彩的文化教育活动，如免费开放博物馆、图书馆及名人故居等文教场所，对农民工随迁子女进行历史文化、风土人情教育，增进他们对第二故乡的热爱之情。各类社会组织也应通过组织各种文化教育活动，让城乡学生了解彼此的文化背景，学会尊重他人的文化习俗。

在生活方式方面，生活方式内容涉及面广，但对城乡学生来说，集中表现在穿衣打扮、饮食消费、零用钱使用方面所体现的价值取向。衣着上城乡学生差距不大，有些农民工为了防止自己的子女受歧视省吃俭用也会买一些名牌衣服，即使没有名牌，也会尽量让自己的孩子与城市学生缩小差距。在衣着方面，学校一般不会干涉，当然如果出现了攀比现象，学校

① 傅蝶：《积极的融合，无形的阻隔——上海市民工子女文化融合问题研究》，华东师范大学硕士论文，2012 年。

② 李红婷：《城区学校农民工子女文化适应的人类学阐释》，《湖南师范大学教育科学学报》2009 年第 2 期。

就应干预，进行个人形象方面的教育，强调衣着朴素、整洁、大方，强调应在品德修养方面进行“攀比”，或干脆统一穿校服。在饮食方面，农民工随迁子女适应性强，不挑食，不娇气，学校可根据实际情况，强调城市学生向农民工随迁子女学习，改掉挑食的毛病。总之，在生活方式方面，涉及家庭经济问题，学校在这方面难有太大作为，最好、最简单的做法就是让城乡学生穿统一校服、吃学校标准餐，这样可以消除衣着、饮食方面的差异，有利于城乡学生融合。

第三，身份融合教育内容建构。按照社会认同理论，社会认同由三个基本历程组成：类化、认同和比较。类化指人们将自己编入某一社群，认同是认为自己拥有该社群成员的普遍特征，比较是评价自己认同的社群相对于其他社群的优劣、地位和声誉。① 影响身份认同的因素主要有制度、学校、社会、家庭、个体等，为此，农民工随迁子女身份认同需要各方共同努力，建构身份认同内容，加强身份融合教育活动。对政府来说，身份融合教育应以制度改革为基础，建立平等地适用于所有公民的制度安排，使农民工随迁子女真正享有与城市儿童同等的待遇，以平等的身份真正实现就近入学、平等就学，实现农民工随迁子女和城市孩子的“同参与、同管理、同教育、同服务”，从而消除身份距离。只有在法律和制度上得到了有效的支持，农民工随迁子女才能真正产生对城市社会的情感归属和身份认同。在通过制度层面变革获取合法身份之后，农民工随迁子女仍旧可能遭遇因身份偏见导致的社会排斥。偏见常以有限的或不正确的信息来源为基础，人们倾向于依据少数个体的外在表现或无根据的传闻来形成对他们群体的整体印象。② 由于农村与城市及地域之间的文化差异，加之一些大众传媒关于农民工片面或负面的报道，城市居民子女接受的是经过媒体及父母屏蔽的关于农民工的脏、傻、俗、野蛮等负面的身份偏见，在晕轮效应作用下形成对农民工随迁子女的歧视心态，他们往往认为农民工随迁子女家庭条件差、学习基础差、生活卫生习惯差，进而拒绝与农民工随迁子女同桌，不愿与农民工随迁子女交往，这些都构成农民工随迁子女与城市儿童之间沟通和交往的障碍，使两大群体之间边界更为清晰，农民工随迁子女的合法身份仍旧无法获得他人认同。因此，在根本性的制度做出

① 赵志裕、温静、谭俭邦：《社会认同的基本心理历程——香港回归中国的研究范例》，《社会学研究》2005 年第 9 期。

② 周晓虹：《现代社会心理学》，上海人民出版社 1997 年版，第 264—265 页。

改变的同时应加强宣传教育，充分发挥报纸、电台、电视等大众传媒优势，加强关于农民工及其子女正面形象的报道，展示他们勤劳、朴实、忠厚、坚韧等性格品质，有意引导城市居民正确对待农民工、认同和接纳农民工，以纠正城市居民子女对农民工随迁子女的认知偏见。在全社会传播“尊重、平等、融合、共享”的理念，促进城市儿童及家长对农民工随迁子女的认同和尊重，促进农民工随迁子女尽快消除“二等公民”的错误身份认知。

对学校来说，首先，要建构群体认知、防止身份歧视方面的教育内容，学校可结合思想品德课程或心理健康教育课程，加强城乡对自我的认知，接纳自我，设计自我形象，在此基础上，选择地域歧视、身份歧视方面的话题展开讨论或辩论，加强城乡学生两个群体对各自的群体、特征、优势、不足之处有正确的认知，也客观认识对方群体，学会欣赏，防止产生“隔阂”，群体的“刻板效应”，更要防止“反感”、“身份歧视”，比如农民工随迁子女认为城市学生“看不起人，小气，自私，爱炫耀”，而城市学生则认为农民工随迁子女“不文明，爱说脏话”，甚者有些城市学生给农民工随迁子女套上“乡巴佬”绰号（冯枫，2013）。其次，学校要建构身份认知内容，消除一部分农民工随迁子女身份认同的迷惑和一部分农民工随迁子女对身份的非理性认识。可选择城市生活、城市文化、城市居民，城市的优势、缺陷，成为城市人的条件，城市社会对人的要求，城市人身份，乡村生活、乡村居民、乡村文化、乡村人身份等方面知识并进行专题讨论，以提高农民工随迁子女对城市的理性认识，即城市有优势，也有缺陷；相反，乡村也是如此，成为城市人可以是自己的梦想，实现了梦想可以自豪，但现在自己不是城市人，也没什么可丢人的（当然成为乡村人也可以成为梦想，现在没有实现同样不用伤感），反而应努力学习，增长才干，提高自己的素养，通过自己的奋斗去过上美好的生活，依靠父母给予自己的幸福生活不值得称道，让城乡学生认识到选择城市、农村生活是个人的自由，城市生活、农村生活只是两种不同的生活而已，不是区分身份的标志，不能成为歧视别人的理由，这样既为农民工随迁子女身份认同营造了好的环境，也有利于农民工随迁子女理性认识自己目前的身份。最后，学校增加生活体验活动内容，并进行通过劳动获取报酬是光荣的，不是低贱的道德教育，让农民工随迁子女、城市子女参观或体验农民工在城市的工作，以便农民工随迁子女体验自己父母工作的艰辛，增强其身份的归属感。

总之，融合教育内容应多元化，由于农民工随迁子女存在身份、心理、文化等多元化的融合需求，这就要求融合教育内容也应多元化，应构建包括身份融合、心理融合及文化融合等在内的综合性内容框架。①

5. 融合教育实施原则

（1）合作原则。融合教育是一项复杂的系统的工程，其内容涉及文化、心理、身份等多方面，每一方面其内容也复杂多样，其对象涉及城乡学生两个大群体，城市与农民工随迁子女，他们之间的关系复杂，尤其是城乡学生群体差异明显，群体内容差异也明显，为此，单凭个人或单个组织难以完成融合教育的目标任务，需要政府、社会、学校、家庭通力合作才能达成目标，而且政府、社会、学校、家庭这四支力量内部之间也需要协调一致。这四支力量之间需要分工，政府主管部门牵头、学校是主导力量、社会参与、家庭配合，还要建立沟通渠道，四支力量之间定期沟通，交流信息，政府把融合教育做得比较好的公立学校以及这些学校做得比较好的制度、措施、活动、经验制成简报，及时给予公布，以便供其他学校借鉴，同时也向社会公布学校融合教育存在的一些困难，寻求问题解决方案，并把问题解决方案反馈给公立学校，政府及教育主管部门也负责牵线搭桥，让公立学校之间到实地相互考察、观摩融合教育活动，必要时也可负责组织融合教育师资培训。学校则向政府反映融合教育状况、经验、存在的问题及其需求，学校让教师向家庭反映自己班级的城乡学生在学习、生活、心理、品德等方面的状况、融合状况以及向家庭的建议、要求。家庭则向学校反馈自己的子女在家庭的学习、生活情况，社区则向政府、学校反馈城市居民交往状况，以及存在的问题，也向政府、学校、家庭提供一些力所能及的支持，总之，四者之间集思广益，平等协商，相互支持，共同解决融合教育中遇到的问题，融合教育才能取得令人满意的效果。

（2）公平原则。公平是教育的基石，也是融合教育能得以顺利进行的前提条件，同时也是进行融合教育应遵循的原则。一视同仁意味着在融合教育过程中对城市学生、农民工随迁子女要平等对待，不能“偏心眼”，尤其不能歧视、排斥农民工随迁子女。政府要一视同仁，在制定教育政策时

① 黄兆信、潘旦、万荣根：《农民工子女融合教育：概念、内涵及实施路径》，《社会科学战线》2010 年第 8 期。

应公平对待农民工随迁子女，让农民工随迁子女享受“同城待遇”，在执行政策时不能“走偏”，让农民工随迁子女确实获得教育政策红利。学校对农民工随迁子女在师资配置、班级规模上要“一视同仁”，不能把农民工随迁子女单独编班（农民工随迁子女太多，城市学生太少这种情况除外），为了追求成绩把差的师资匹配给农民工随迁子女多的班级，这都有违公平原则。学校还应让城乡学生平等参与学校的各项活动，以满足城乡学生不同的成长需求。此外，学校应建立平等的师生关系，平等的师生关系是学校公平的核心。教师的不公平、歧视容易导致学生的不满，甚至引发冲突，影响教师的教育效果，同时也产生恶劣的影响，就会让学生感到这个社会不公平。教师应根据学生的兴趣不同、思维差异、家庭背景、品德修养程度不一，努力采取有针对性的措施，实现差别对待，因材施教，提高农民工随迁子女自信心、城市适应能力和城市学生的友爱之心，让城乡学生彼此尊重，和谐相处，共同成长。城市社会应平等地对待农民工及其子女，不能因为他们干的活是最脏、最累、最苦而认为他们是下贱的，低人一等的，城市居民应该感谢农民工为城市所做出的贡献，任何人在人格上都是平等的，应该尊重他们，任何的排斥、歧视、辱骂都显得自身心态的灰暗、心灵的卑微、人格的卑劣，城市应具有开阔的胸襟，平等待人，城乡才能和平相处，融为一家。

（3）互动原则。融合教育强调农民工随迁子女在与城市学生、城市居民之间交往、接触过程中，城乡学生相互促进，各自提升。可见，融合教育是一种强调个人与他人之间、个人与社会之间进行相互联系、相互影响，在认知、情感、价值观方面产生积极效果的一种教育模式，在融合教育过程中必然是一个互动的过程，无互动不融合，有互动才能有融合，互动是融合的前提，融合是互动的良性结果，在某种程度上说，良性互动是融合教育的核心，因而在融合教育实施过程中必须遵循互动原则，单向的融合教育很可能导致强制同化，不能很好地解决融合问题，很可能导致文化冲突。双向的融合教育才有利于个人之间、个人与社会之间沟通、理解、接纳，相融。为此，政府、社区应积极开展各种城市居民、城乡学生、家长都愿意参加的活动，目的在于制造机会，让城乡居民相互接触，在接触中相互了解、理解，在理解中接纳，在接纳中产生融合。学校同样要利用课堂教学、文化艺术、科学技术、体育运动、课外活动、校外参观、公益义卖、户外拓展等各种活动，让城乡学生之间产生互动，在各种互动中，增加接触，相互了解，相互学习，增强能力，彼此理解，加深交往，相互宽容，体验同学间美好、纯真的友谊；同时在各种活动中，强调师生互动，强调教师应深入了解、研究学生，尤其是农民工随迁子女，在互动中增加教师与农民工随迁子女之间的沟通，增强教师对农民工随迁子女的理解，增强彼此间的信任，增进师生情谊，给农民工随迁子女一片灿烂的天空，逐渐消除城乡隔阂，促使城乡学生友好融合，共同发展。

（4）渗透原则。我们认为融合教育可以单独作为一项任务专门进行，但在目前副科纷纷让路，正课雄霸课堂，课时饥渴难耐，课业负担繁重，减负不绝于耳的今天，单列专门的融合教育显得不合时宜，如果不是政府、教育主管部门的行政命令，学校一般不会有实行融合教育的冲动，单列的融合教育在学校层面难以推行。最佳的做法就是渗透，这可以化解融合教育与课时不够、课业负担相冲突的矛盾。对社区来说，日常的城乡居民的人际交往也就是一种融合教育活动，当然这种渗透的结果可能是积极的，也可能是消极的，社区可以在宣传栏方面做积极的引导、暗示、渗透，真实地颂扬农民工及其子女优秀品质，增强人际交往的积极效果。对学校来说，在日常学习、生活中，平时的课堂教学、课外活动中等都是进行社会融合各层次渗透的好途径，教师应该具有融合教育渗透意识，善于挖掘并能结合语文、思想品德、历史等文科课程内容，巧妙利用各种活动，抓住时机进行渗透，让城乡学生既完成知识学习的任务，同时又相互启迪、相互借鉴、相互接纳、相互欣赏，进行心灵的交流，体验到共融成长的意义。这种渗透具有隐蔽性，教育痕迹不明显，正如苏霍姆林斯基所谆谆告诫的：教育者的教育意图越是隐蔽，就越是能为教育的对象所接受，就越能转化成教育对象自己的内心要求。这种渗透于日常生活中的教育，既不会增加教师和学生的负担，又能小心翼翼地保护好学生，尤其是一些农民工随迁子女“脆弱、敏感的心灵”，在潜移默化中对他们的行为、观念、认同等方面，尤其是精神世界产生更为深远的影响，更容易取得理想的教育效果。

（5）关爱原则。众所周知，爱是教育的前提，也是教育的手段、目的和结果，更是一种教育关怀。融合教育在实施时同样应遵循关爱原则，尤其是其中的教育对象为处境不利、弱势群体的农民工随迁子女，更应该给予人文关怀。当农民工及其子女不得已，向社会提出请求援助时，城市社会可以向他们提出力所能及的帮助，可以是物、可以是钱，也可以是一份工作、精神安慰等，而不能冷漠、无动于衷，更不能幸灾乐祸。城市社会应宽容、接纳农民工及其子女，把他们视为城市的一分子，而不是把他们划为“外地人”、“乡下人”，更不能向他们泼一点脏水：“这些乡巴佬没素质、没文化，又肮脏”，以示区隔，这些都是缺乏爱的表现，缺乏爱的城市，没有灵魂，有的只是一个躯壳，布满钢筋水泥的森林、蝼蚁般的生命和自私的生存，即使有阳光照进，也让人心难以感到温馨。陌生人组成的城市更应扶危救困，拥有自己的善性，大爱无形。对于学校来说，爱是教育中的永恒话题。学校教师应把城乡学生看作“人”，而不是自己获得名誉、奖金、福利、晋升的“工具”，这样，教师对学生的爱才会是纯真的、无私的、高尚的，而不是功利性的，教师才会包容城乡学生的缺陷，尊重学生的人格，才会摘下“有色眼镜”，去关心、接纳农民工随迁子女和城市学生，对那些成绩较差、不听话、不遵守纪律的城乡学生才“爱得起来”。教师无私的爱本身就是一种巨大的教育力量，是一种关怀，能营造一种宽容的氛围，能融化城乡学生之间的隔阂，让他们友好起来、友爱起来。有必要指出，鉴于农民工随迁子女处境、发展状况，教师对农民工随迁子女应“多理解一点，多宽容一点，多关爱一点，多帮助一点”，让城乡学生在一种友爱、关怀的环境中学习、成长。这样融合教育对城乡学生精神世界产生影响，融合教育变成“有生命的教育、有尊严的教育、有意义的教育、追求幸福的教育”。[①]

6. 融合教育实施模式

虽然融合教育与道德教育区别较大，但融合教育的实施可以借鉴学校道德教育的模式。

（1）认知模式。顾名思义，认知模式主要是提高城乡学生、城市居民与农民工两个群体对自身的认识、两个群体之间的相互认识以及城市学生对农民工群体的认识、对城乡文化的认识，以便增进理解，为消除心理区隔、偏见、歧视而努力的一种融合教育模式。认识模式认为两个群体之间产生偏见、歧视的一个原因就是因为两个群体之间存在着“无知”，每个人对自己所要认识的群体不了解而产生偏见、歧视。要消除偏见、歧视一个非常重要的举措就是要增加双方的接触、增进双方的了解、纠正双方错误的观念、提高双方的正确认识。毫无疑问，认知模式具有两个重要任务：一是消除错误的观念，二是提高正确的认识。

① 谢桂新：《论爱与教育》，东北师范大学硕士论文，2012年。

要实施融合教育的认知模式，实施者首先就必须了解城乡学生、城市居民与农民工这四个群体对自身及对对方的生活状况、生活方式、社会处境、思维方式、人格特点、社会认知等，了解、认识情况，从中发现问题，围绕着这些问题组织城乡学生之间开展讨论，通过“引入性提问”和“深入性提问”策略，以引发、加剧城乡学生之间的认知冲突，澄清误解，深化对各自的理解、认识，通过媒体正面报道、日常宣传、互助活动等途径，以树立双方的正确形象，尤其是农民工这个群体的正面形象，增加城市对这个群体的更多认识和了解，消除偏见。

（2）体谅模式。认知模式虽然可以提高城乡学生群体之间正确的社会认知，但也很有可能“知而不行”（即便如此，我们也不能武断地否认认知模式的作用），为此，必须要增强城乡学生群体之间的情感，以此为中介，才有可能消除城市学生内心深处不良认识，而由衷地接纳农民工随迁子女这个群体，反之亦然。为此，融合教育可以借鉴西方道德教育中“把道德情感的培养置于中心地位”的“体谅模式”。[①]“满足学生与人友好相处的需要是教育的首要职责”，[②] 为此，融合教育实施者应“注重调查学生的思想状况，了解学生对他们周围成人，主要是对教师和家长的看法”，[③] 调查城乡学生与人交往的需求或与人交往存在的问题，以问题为切入点，开发有吸引力的“人际—社会情境”教育故事，让学生围绕情境问题展开讨论、进行角色扮演或情境模拟表演，其目的在于引导城乡学生“设身处地，学会关心，学会体谅，以理解和消除冲突”。[④] 同时教育者自身要做好榜样，关心、体谅他人，让自身成为城乡学生观察学习、模仿的榜样。此外教育者还应创造机会，让城乡学生在实践活动中学会“相互理解、相互体谅、相互关心”，[⑤] 在相互关心、体谅中，城乡学生彼此都感受到爱与被爱的力量，体验到与人友好相处的喜悦。

（3）生活实践模式。融合教育是一种双向的、互动的教育过程。提高了城乡学生之间的正确认识、加深了彼此的情感，接下来教育者应加强实践环节，知行合一，情意统一，在行动中加深认识，在行动中增强情感

① 黄向阳：《德育原理》，华东师范大学出版社 2002 年版，第 238 页。

② 同上。

③ 袁桂林：《当代西方道德教育理论》，福建教育出版社 1994 年版，第 285 页。

④ 黄向阳：《德育原理》，华东师范大学出版社 2002 年版，第 255 页。

⑤ 同上书，第 239 页。

体验，这样融合教育的效果才能水到渠成，良好且影响深远。

回归生活世界已成为教育界的一种思潮，面向生活，走向实践已成为一种基本的教育理念。融合教育也不能置身事外。生活实践模式意味着，融合教育的实施要寓于城乡学生的日常生活中，融合教育也是一种生活，在生活中教育，在教育中生活。为此，融合教育实施者应关注城乡学生两个群体的日常生活状况，并开展多彩的活动，丰富城乡学生的课余生活，让他们的闲暇时间过得充实、有意义，同时在日常生活中、在活动中让城乡学生之间相互接触，相互展示，相互学习、借鉴，共同成长。一般来说融合教育实施者可以开展兴趣活动，比如折纸、剪纸、美术、音乐、舞蹈、书法、下棋、烘焙等，这些活动既可以满足城乡学生的爱好、追求，培养城乡学生的兴趣特长，又可以“陶冶他们的性情，培养他们高雅的情操，从而提高精神境界和道德修养”，[①] 同时更重要的是让城乡学生找到志同道合的朋友，分享乐趣，交流经验，让彼此不再陌生。融合教育实施者也可以开展田径、球类、武术等课外体育活动，不但可以强身健体，还可以培养城乡学生的合作、勇敢等精神。与此同时，融合教育者还应引导学生走出校门，走进社会，开展义卖活动、协助交通、社区帮扶活动等，也可以让城乡学生去参观各种职业，尤其是农民工群体的工作，在服务社会、生活实践中让城乡学生增强社会责任感，体验到劳动的价值和意义，同时增加双方的接触机会，了解对方，具有服务精神和爱心，消除彼此的偏见和歧视，达到心理相容、相融。

---

① 刘洋：《德育生活化——新世纪学校德育的发展趋势》，东北师范大学硕士论文，2004年。

第三章　农民工随迁子女城市融合的调查研究

一　农民工随迁子女融合教育的研究背景及意义

随着我国工业化、城市化水平的不断提高，进入城市的农村务工人员出现了“家庭化”的流动趋势，于是农民工随迁子女的受教育状况受到社会各界的广泛关注。目前，一些城市的公办学校已开始接纳农民工随迁子女入学，免收借读费，并发放专项资金进行补贴。在国家取消了借读费或户籍的限制后，这些进入公立学校的农民工随迁子女面临着如何适应城市文化、如何融入城市的问题，城市文化环境对他们今后的成长、发展和社会适应的影响如何，学校如何对农民工随迁子女进行与流入地相适应、相融合的教育，这些问题都值得研究。

融合教育的概念起源于20世纪70年代的美国，出于实用主义的考虑，主要是为了使障碍学生融入正常学生的班级、学校、社区环境，发挥潜能让其身心均能得到最大限度的发展。而后，融合教育的内涵扩展到促进移民子女的适应融合，加强随迁子女的归属感。随着社会经济的转型发展，我国出现了农民工这一庞大的社会群体，进城务工人员子女受教育问题也成为社会各界关注的焦点，国家逐步制定“两为主”等相关政策，学者们亦提出了各种推进融合教育的政策、机制、学校教育、家庭教育等“外生性”途径。但事实上，进城务工人员子女从“同质性”的乡村社会流入“异质性”的城市社会后，仅仅从保护进城务工人员子女受教育的权益出发制定的各项政策，只是塑造进城务工人员子女城市融合的外部环境支持，只有培养进城务工人员子女适应城市的“内生力”，让进城务工人员子女认同城市文化，培养自强、自尊、自信的性格，主动融入城市生活，才是解决进城务工人员子女融合教育的关键。[1] 本章将从心理融合的角度出发，分析当前随迁子女在城市的心理融合现状，并提出相应的对策。

二　样本选取和样本基本情况

本次调查是在温州、杭州、武汉、上海、福州、南昌 6 座城市进行的。考虑到小学 1—2 年级的学生阅读能力和理解表达能力的限制，在调查问卷的填写中会有一定的困难，故此次调查对象为 3—9 年级的公立学校上学的农民工随迁子女，一共 1400 人。其中温州初中 4 所、小学 2 所学校，共 300 名学生；杭州初中 3 所、小学 2 所学校，共 220 名学生；武汉初中 3 所、小学 2 所学校，共 210 名学生；上海初中 2 所、小学 2 所学校，共 210 名学生；福州初中 3 所、小学 2 所学校，共 250 名学生；南昌初中 2 所、小学 3 所学校，共 210 名学生。此次调查采用随机抽样的方法，共发放问卷 1400 份，回收 1400 份，回收率 100%，有效问卷 1238 份，有效率 88.4%。之所以选公立学校的农民工随迁子女为研究对象，是因为更容易发现融合教育问题，更有利于研究融合教育。

样本基本情况如表 3－1 和表 3－2 所示。本次调查的青少年样本分布在 6 座城市，具体分布见表 3－1。之所以要选择这些城市是因为这些城市处于我国东部、中部，农民工随迁子女较多且公办学校接纳农民工随迁子女。此外是考虑这些是我国沿海、中部经济发达城市、比较发达城市、中等城市，来自全国各地的农村流动人口比较多，这样样本选取比较有代表性。

表 3－1　调查样本的区域分布（n＝1400）

	频数	百分比（%）
温州	300	21.4
杭州	220	15.7
武汉	210	15.0
上海	210	15.0
福州	250	17.9
南昌	210	15.0
合计	1400	100

---

① 黄兆信、李远煦、万荣根：《“去内卷化”：融合教育的关键——进城务工人员子女融合教育的现状与对策》，《教育研究》2010 年第 11 期。

表3－2反映被调查农民工随迁子女的个人基本信息，被调查样本年龄多在13岁以上；性别分布上，男生略多于女生，其中非独生子女所占比重较大；年级分布上，以小学及初中为主。他们中的大部分在城市生活了较长时间，其中在城市生活了5年以上的占总调查人数的51.9%。

表3－2 调查样本的个人基本信息

	频数	百分比（%）		频数	百分比（%）
年龄			就学阶段		
12岁及以下	233	17.0	小学3—4年级	214	17.3
13—14岁	621	50.2	小学5年级	244	19.7
15岁及以上	406	32.8	小学6年级	216	17.4
性别			7年级	166	13.6
男	690	55.7	8年级	392	31.7
女	548	44.3	9年级	4	0.3
是否独生子女			在城市居住年限		
是	345	27.9	不到1年	48	3.9
否	893	72.1	1—3年	240	19.4
			3—5年	308	24.8
			5年以上	642	51.9

第一节 农民工随迁子女心理融合现状调查研究

一 心理融合的含义及意义

随迁子女与留守儿童和城市子女不一样，他们是一个具有流动性质的群体，而且相比之下，随迁子女是生在农村长在城市或者生在城市长在农村，是经过了两种社会的更替，也是连接着两个社会生活的群体。对自我的认知归属呈现出模糊化、多元化的特点，基本上分为以下4种，“既是城市人也是农村人”、“是城市人不是农村人”、“既不是城市人也不是农村人”、“不是城市人是农村人”。潜意识里存在自我与城市群体的划分，推进农民工随迁子女的心理融合，对于城市融合具有重要意义。

（一）心理融合的含义

关于随迁子女的心理融合问题，研究领域基本持两种观点，一种观点认为心理融合程度较低，社会适应状况不容乐观。另一种观点则对随迁子女心理融合前景持积极态度，心理融合在个体的社会融合过程中具有极其重要的意义。随迁子女在城市中，受户籍、政策、经济条件等各种因素的限制，面临着社会关系、社会福利、观念等各方面的排斥，成为这个社会的弱势群体，这就在一定程度上影响随迁子女的心理健康发展，阻碍社会融入。而后者则认为虽然当前随迁子女存在自卑、排斥等心理，但是总体的城市生活适应呈良好趋势。[①] 我们从心理融合在城市融合中的重要作用出发，认为当前心理融合存在一定程度上的缺陷，阻碍社会融合。随迁子女的心理融合主要包括两个方面，一方面是个体对归属于哪个社会或者群体的认同，另一方面则是群体或者社会对随迁子女的接纳。随迁子女的心理融合是个体与社会群体互动，并不是单纯的个体心理调节融入问题。因此，我们认为心理融合是指随迁子女经过长期的社会生活和教育学习活动以及与周围社会群体的互动，形成的对自我身份以及周围社会文化生活的对比认知，从而塑造自己的社会属性以及判断自己的社会归属。

（二）推进农民工随迁子女心理融合的意义

无论是国外学者对移民问题的研究还是国内城市融合问题的探索，都将融合教育看成是一个长期的、重要的发展过程，身份、心理以及文化的融合是这一过程的三个重要方面，并相互依赖、不可分割。心理融合是其他两个方面的基础，是身份融合的内在表现，是文化融合的重要推动力。首先，推进心理融合能够增加个体自信心，自我认同感。随迁子女进入父母所在的务工城市，在穿着、饮食、居住条件等各个方面与当地儿童均存在较大差别，心理存在自卑情绪，及时帮助随迁子女正确理解这些外在的差别，进行必要的心理疏导，树立正确的价值观和自信心，养成自尊、自信、自强的精神是十分必要的。其次，推进随迁子女的心理融合有助于随迁子女的社会化塑造。社会化是指学习社会生活技能和行为规范，以便成为其所属社会合格成员的过程。儿童时期是社会化的关键阶段，这段经历

① 王毅杰、高燕等：《流动儿童与城市社会融合》，社会科学文献出版社 2010 年版，第 225—250 页。

对其一生的发展都有极其重要的影响，从农村流入城市，生活环境、社会环境发生了很大变化，这很可能影响随迁子女社会化的形塑与进展。推进心理融合，能够及时调节随迁子女的心理状态，减少排斥情绪，更快地融入城市，成为合格的社会公民。最后，心理融合是城市融合顺利实施的前提。随迁子女在城市学习生活，其行为规范是心理思想的外化表现，在城市融合的过程中经常表现出情感失落、自我封闭以及自卑内向的情绪状态，这种内在的“阴暗”情绪，外化为行动，表现为叛逆、破坏、报复社会等极端行为，长久下去不仅不利于城市融合，而且还会破坏城市的社会规范，阻碍城市治安发展。

二 农民工随迁子女心理融合问题及归因分析

流动人口与城市社会之间绝非简单、线性、单向的关系，而是多元、多向、动态性的复杂关系。[①] 因此，进城务工人员子女在复杂关系之下产生复杂心理情绪时，可能会产生情感失落、自我封闭和自卑、内向等心理与情绪。这些消极的情绪与农民工随迁子女所接触到的陌生的环境有重要的关系，如人际关系、家庭生活等影响随迁子女心理融合的进程。

（一）人际关系影响随迁子女的心理融合

据心理学研究，人际关系是人与人在交往过程中建立的直接的心理上的联系。[②] 它影响着人们在生产和生活活动中的行为选择。表现在情绪上有积极和消极之分。随迁子女的人际关系包括师生关系、同辈群体以及家庭交往的关系，这些人际关系都会影响到随迁子女的行为选择。

1. 师生关系影响随迁子女的心理融合

在调查过程中，我们发现农民工随迁子女对教师态度的感知影响随迁子女对教师的亲近程度。调查中，40.9%的农民工随迁子女反映班主任对自己非常好，对自己好的占39.4%，认为班主任对自己态度一般的占17.9%，不好的占0.8%，非常不好的占1.0%。另外，调查中发现，33.1%的农民工随迁子女非常喜欢他们的老师，46.4%的喜欢老师，18.6%的认为既不讨厌也不喜欢老师，1%的表示讨厌老师，还有1%的表示非常讨厌老师。根据数据可知，大部分的随迁子女在调查过程中认为自己的老师对自己态度好（含非常好和好），与此相对应，79.5%的学生

---

① 王毅杰、史晓浩：《流动儿童与城市社会融合：理论与现实》，《南京农业大学》（社会科学版）2010年第2期。

② 百度百科，http://baike.baidu.com/view/26060.htm?fr=Aladdin。

比较喜欢他们的老师，这表明一种良性的师生互动。深入挖掘数据我们发现，认为班主任对自己非常好的农民工随迁子女往往对老师有更积极的感受，表现出喜欢老师的比例更高，而与此相反，认为班主任对自己不好的农民工随迁子女对老师的感受更为消极，表现出不喜欢老师的比例更高。从表3-3我们可以看到，认为班主任对自己非常好的农民工随迁子女中，喜欢老师（含非常喜欢和喜欢）的占到94.9%，而这个比例在认为班主任对自己非常不好的农民工随迁子女中只占16.7%。不喜欢（包括有点不喜欢和很不喜欢）老师的比例在成绩非常好和成绩好的农民工随迁子女中均为零，而在成绩非常不好的农民工随迁子女中这个比例高达66.7%。这表明，师生关系良好的群体中，学生的表现也呈现积极的状态。

表3-3　对班主任对自己的态度的感知和喜欢老师与否（%）

	喜欢老师吗？（N=1238）					
	非常喜欢	喜欢	一般	有点不喜欢	很不喜欢	合计
非常好	60.1	34.8	5.1	0.0	0.0	506
好	18.5	66.3	15.2	0.0	0.0	486
一般	7.2	31.5	56.8	4.5	0.0	224
不好	0.0	40.0	20.0	0.0	40.0	10
非常不好	0.0	16.7	16.7	16.7	50.0	12
Z=23.554　p=0.000						

除此以外，师生关系影响农民工随迁子女学习成绩和师生交往。调查中发现，33.1%的农民工随迁子女非常喜欢他们的老师，46.4%的喜欢老师，18.6%的认为既不讨厌也不喜欢老师，1%的表示讨厌老师，还有1%的表示非常讨厌老师。总体来看，农民工随迁子女接受了他们的老师。深入挖掘数据发现，非常喜欢老师的农民工随迁子女在课堂举手发言的积极性要高于不喜欢老师的农民工随迁子女。从表3-4可以看到，非常喜欢老师的农民工随迁子女课堂常常（含经常和较多）举手发言的占39.1%，很少举手发言的占27.8%，从不举手发言的仅占2.9%，而这些比例在讨厌老师的农民工随迁子女身上分别为0、33.3%和33.3%，在非常讨厌老师的农民工随迁子女身上为20%、60%和20%。可以看到对老

师的态度直接影响农民工随迁子女的课堂表现的积极性。另外调查显示，农民工随迁子女越是喜欢老师，他们遇到问题提问的主动性也越高，反之主动性越低。

表3-4　　喜欢老师与否和课堂举手发言（%）

	你在课堂上会举手发言吗？（N=1238）					
	经常	较多	有一些	很少	从不	合计
非常喜欢	22.0	17.1	30.2	27.8	2.9	410
喜欢	12.2	11.5	35.2	35.9	5.2	574
一般	5.2	8.7	34.8	40.9	10.4	232
讨厌	0.0	0.0	33.3	33.3	33.3	12
非常讨厌	20.0	0.0	0.0	60.0	20.0	10
Z=8.250　p=0.000						

	你在街上遇到老师会与他打招呼吗？（N=1238）					
	经常	较多	有一些	很少	从不	合计
非常喜欢	52.5	19.6	15.2	11.3	1.5	410
喜欢	30.3	24.0	21.6	20.6	3.5	574
一般	26.5	26.5	19.5	24.8	2.7	232
讨厌	33.3	0.0	16.7	33.3	16.7	12
非常讨厌	20.0	20.0	20.0	20.0	20.0	10
Z=7.889　p=0.000						

在农民工随迁子女和老师互动的调查中显示，36.7%的农民工随迁子女在街上遇到老师经常会与老师打招呼，22.6%的在街上遇到老师，与老师打招呼比较多，19.1%的在街上遇到老师有时会与老师打招呼，18.3%的在街上遇到老师很少会与老师打招呼，3.3%的在街上遇到老师从不会与他打招呼。那么是否喜欢老师是不是也对农民工随迁子女与老师的互动有影响？进一步分析发现，非常喜欢老师的农民工随迁子女在街上遇到老师经常打招呼的比例为52.5%，较多的为19.6%，有一些的为15.2%，很少和从不的分别为11.3%和1.5%；而讨厌老师的农民工随迁子女中，经常打招呼的比例为33.3%，较多的比例为零，有一些的比例为16.7%，

很少和从不的比例分别为33.3%和16.7%，远远地高于前者。从表3-4我们可以看到，随着农民工随迁子女对老师喜欢状态的下降，他们和老师主动打招呼的比例也随之降低，从不打招呼的比例不断上升。

综上分析，农民工随迁子女如果感知到教师对自己的态度较好，便会主动地融入学习以及师生关系中，表现出积极的融入态度。而如果感知到教师对自己的态度较消极，则不愿与教师互动，学习成绩也较差，存在自卑、叛逆心理。

2. 同辈关系影响随迁子女的心理融合

交往是人类特有的存在方式和活动方式。与城市儿童或同学交往是农民工随迁子女认识城市社会、适应城市生活、融入城市的重要途径，也是融合教育取得成效的重要明证。如果农民工随迁子女感受到城市的冷漠，感觉到被排斥，受到歧视，就会导致他们难以融入城市中。虽然他们身在城市，但只会觉得这个城市与我无关，对之心存隔阂。

在交往中不良的体验还会导致交往中断，更为重要的是会影响农民工随迁子女对流入城市的认识和感受，加大农民工随迁子女与城市同学的距离，长期的不良情感引发他们的不满，阻碍他们对城市的融入。调查显示，对农民工随迁子女在与本地同学的接触过程中，有5.5%的农民工子女认为本地同学对外地同学存在非常严重的歧视现象，12.3%的认为歧视现象有点严重，48.7%的认为歧视现象不太多，偶尔发生，认为从来没有歧视外地同学的有33.6%。由此可见，目前在大多数随迁子女与本地学生交往过程中，较少存在歧视行为。但是歧视现象还是存在的，这种交往的歧视经历和体验，往往造成农民工随迁子女情感受挫。导致他们自愿与城市同学保持距离，与城市同学交往不主动，且更愿意将自己的社会关系和群体情感投向熟悉的外地同学群体身上，形成一个内卷化的社会关系网。在这种内卷化的社会关系网中，他们共同建构“老乡”、“外地群”等自我小团体。

经过深入分析，本地同学对农民工随迁子女是否有歧视也影响农民工随迁子女对就读班级的态度。认为从来没有歧视现象的农民工随迁子女中，非常喜欢班级的占43.3%，喜欢的占38.5%，两者占到81.8%，高于其他三种情况的74.9%、65.8%和61.8%。总体来看，本地同学歧视行为越少，农民工随迁子女对就读班级的评价越积极，在班级融入以及同学互动等方面表现出良性发展趋势（见表3-5）。

表3－5　同学有无歧视和对班级的感受（%）

	喜欢班级吗？（N＝1238）					
	非常喜欢	喜欢	一般	讨厌	非常讨厌	合计
有，非常严重	29.4	32.4	17.6	14.7	5.9	68
有，还有点严重	25.0	40.8	31.6	1.3	1.3	154
不太多，偶尔发生	21.1	53.8	20.7	3.7	0.7	600
从来没有	43.3	38.5	14.9	2.9	0.5	416
Chi－square＝118.811　p＝000						

（二）经济差异影响随迁子女的心理融合

随迁子女跟随父母从农村进入城市，受经济条件影响，在穿着、饮食、学习用品以及居住环境等方面都与本地学生存在一定差异，这就会给随迁子女带来复杂的心理落差，影响交友类型和主动性。

从表3－6中我们可以看到，首先，家庭经济条件不同的农民工随迁子女他们的交友类型存在显著差异，条件非常好的农民工随迁子女他们的交友类型包括“本地同学”和“外地来的同学”两大类，而随着家庭条件的变差，我们可以看到，与“本地同学”交朋友的比例越来越低。家庭条件非常不好的农民工随迁子女他们与“本地同学”交友的比例为零，而他们主要的朋友是农民工随迁子女和亲戚家的孩子以及通过其他方式认识的朋友。这在一定程度上反映出城乡学生在交往的过程中，受经济条件影响会表现出群体划分的意识。

表3－6　家庭经济条件和交友类型（%）

	你最要好的朋友是（N＝1238）					
	本地的同学	与我一样从外地来的同学	现在邻居家的孩子	亲戚家的孩子	其他方式认识的朋友	合计
非常好	47.6	42.9	4.8	4.8	0.0	42
好	37.5	34.4	4.2	8.3	15.6	192
一般	36.9	31.6	8.2	6.1	17.2	886
不好	29.6	48.1	7.4	1.9	13.0	108
非常不好	0.0	50.0	0.0	25.0	25.0	10
Chi－square＝37.824　p＝0.002						

其次，随迁子女感受到自身与当地同学之间经济条件差异的另一个表现就是个人穿着。通过随迁子女对本地人的穿着打扮的感受，在一定程度上反映出自身对城市的感受。表3－7显示，家庭条件不同的农民工随迁子女对本地人衣着打扮的感受不同，家庭条件非常好的农民工随迁子女中，喜欢（含非常喜欢和喜欢）当地人的衣着打扮的占42.9%，家庭条件好的农民工随迁子女喜欢当地人衣着打扮的占51.5%，家庭条件一般的农民工随迁子女喜欢当地人的衣着打扮的占40.9%，而条件不好的农民工随迁子女喜欢当地人衣着打扮的占27.8%，在这四个水平上，呈现随着家庭条件下降而对当地人的衣着打扮的评价降低的趋势，但是到了家庭条件非常不好这一项，我们发现，喜欢的比例上升到75%。分析原因我们认为，家庭条件非常好和好的农民工随迁子女，他们在城市生活水平和城市孩子差异不大，在很大一个程度上他们的衣着打扮也向城市孩子趋同，喜欢当地人的衣着打扮其实很大水平上是对自己的肯定，而对于家庭条件非常不好的农民工随迁子女而言，他们希望能和城里人有一样的穿衣打扮，非常喜欢当地人的衣着打扮也是他们向往城市生活的一种表现，同时也显示出心理融合的积极主动性。

表3－7　不同家庭经济条件和对本地人衣着打扮的感受（%）

	你喜欢本地人的衣着打扮吗（N＝1238）					
	非常喜欢	喜欢	一般	讨厌	非常讨厌	合计
非常好	14.3	28.6	52.4	4.8	0.0	42
好	12.6	38.9	45.3	2.1	1.1	192
一般	8.6	32.3	54.6	2.7	1.8	886
不好	9.3	18.5	66.7	1.9	3.7	108
非常不好	50.0	25.0	25.0	0.0	0.0	10
Chi－square＝42.930　p＝0.000						

（三）制度差异阻碍随迁子女心理融合

人际关系以及家庭经济条件的存在对随迁子女的影响是直接的表现形式，而影响随迁子女心理融合的根源是制度的差异。首先，“消极”的户籍制度的存在。我国实行城乡二元化户籍管理制度。户籍制度的存在使得随迁子女在就学过程中，不能平等地享受到城市的社会资源等，不能享有很多城市子女的权利，这就使得随迁子女在心理上对城市存在排斥。尽管现在有些城市实行“积分入户制度”，但是这种制度对于外来务工人员的家庭来说是消极的入户制度，大部分外来务工人员受学历、技能的限制，很难进入本地户籍。这在另一方面更唤起了随迁子女的自卑心理。其次，地方公办学校以及民办学校的划分。我国实行“国务院领导下，地方负责，分级管理”的体制，地方政府出于地方保护主义的初衷，要求进入公办学校的农民工随迁子女缴纳高昂的借读费，大部分的随迁子女只能进入民办的民工子弟学校，被打上“外来人员”的标签。有些公办学校虽然招收随迁子女，但是对其单独编班，减少了与城市学生交往机会，让随迁子女潜意识里与本地学生进行划分。最后，社会保障制度的缺失，社会福利覆盖面小。当前社会保障制度都与户籍制度相挂钩，随迁子女进入城市读书，不能享受城市的社会保障制度，在就医、社区服务等社会福利方面都受到限制。以上各方面都使得随迁子女认识到自身与当地学生之间的差异，这在一定程度上就会对城市产生排斥心理，没有归属感和认同感。

三 推进农民工随迁子女心理融合的对策

融合教育是使我们对随迁子女在务工城市的教育提出的教育方针，目的是为了营造团结、友爱、互助、包容的社会氛围，打破城乡限制，促进城乡群体的互动，让随迁子女积极融入城市社会，增强对城市的归属感和认同感，成为城市社会的“新公民”。

（一）应全方位开展农民工随迁子女心理健康调查

随迁子女本身最大的特点就是具有流动性，从农村流入城市，生活环境与社会环境都发生了很大变化，加之儿童时期是社会化的关键时期，因此，这个社会适应的阶段将是世界观和价值观形成的重要阶段，关系到随迁子女的未来社会走向，要加强对随迁子女的社会心理调查，帮助随迁子子女调节心理变化，适应城市社会生活，及时做好疏导防范工作。首先，由当地政府牵头，成立随迁人员专门办公室，聘请儿童心理咨询专家，成立儿童心理辅导志愿者队伍。对进入迁入地的流动人口做好登记统计，由社区协助，帮助随迁家庭适应当地生活，对于城市“水土不服”的随迁子女及时疏导。其次，学校配合政府做好心理辅导。对于入学的随迁子女，老师要多予以关心，并注意随迁子女的情绪变化，帮助随迁子女适应课程教学，鼓励同辈群体互助，培养学校归属感。最后，社区委员会要积极培养随迁子女的社区归属感。社区是城市的窗户，是随迁子女的“城市环境”，社区的情感氛围影响随迁子女的城市情感归属。因此，社区要发挥社区委员会的作用，了解随迁家庭的需要，了解随迁子女的心理适应状况，缓解随迁子女的心理困惑。

（二）拓展城市社会人际支持网络

布劳在《不平等与异质性》一书中提出核心假设之一：与其他群体和阶层的交往推动和促进向这些群体流动，在我们对流动儿童的研究中再次验证了这一假设。随迁子女如果能获得更多与城市居民交流的机会，那么他对自我“城市学生”身份的心理认同感就更高。首先，政府要颁布政策规定随迁子女就近入学，对招收随迁子女的公办学校予以财政支持。相比民办学校而言，公办学校的流动儿童获得了更多与城市儿童及其家长接触的机会，他们与城里人的交往频率也更高，因而更有可能冲破身份、制度的藩篱，从结构上实现与城市的社会融合。① 其次，学校要把随迁子女的课业成绩和活动表现作为教师绩效的“特殊加分”，教学绩效推动教师与随迁子女互动。调查显示，随迁子女对教师态度的感知影响师生人际关系以及情感归属，因此，鼓励教师多与随迁子女交流，在一定程度上有利于提高随迁子女对学校的认同感。最后，鼓励同辈互助。混合编组，加强城乡学生之间的合作与互助，提高彼此互动率。有助于城乡学生通过交流，相互学习，了解对方，改变城乡子女对彼此所处的社会的刻板印象，这对农民工随迁子女认同城市、融入社会具有重要意义。除此以外，学校和社区居委会要加强城乡家长的交流互动，拓展外来人员家庭的人际交往范围，努力营造一种互相尊重、互相理解、促进融合的浓厚氛围和环境，促进城乡群体的融合发展。

（三）实行积极的流动人口制度

据调查，随迁子女的情感归属和自我认定呈现出一致性的特点，如果自我认定倾向于城市，那么城市情感归属也向城市倾斜。因此，实行积极的人口流动制度，推动随迁子女的心理融合，有助于提高随迁子女的城市情感归属。首先，实行积极的户籍制度。当前我国实行的积分入户制度对于大多数没有学历以及技术的农民工来说，是消极的积分入户制度。当地政府要实行积极的积分制度，不要局限于学历和证书，对农民工家庭所从

---

① 王毅杰、高燕等：《流动儿童与城市社会融合》，社会科学文献出版社2010年版，第301—302页。

事的职业要予以倾斜，肯定农民工对城市的贡献。其次，实行积极的社会福利制度。受户籍和家庭经济条件的限制，农民工居住条件差、看病难以及随迁子女入学难。这些问题都是随迁家庭对城市予以排斥的主要原因。针对这种情况，当地政府要携手社区以及社会公益部门，给予随迁家庭适当的社会福利，解决看病难以及入学难的问题，提高社会温暖指数。

第二节　农民工随迁子女城市文化适应现状调查研究

改革开放以来，大量的农村人口涌入城市，让随迁子女融入城市文化，享有更好的生活和教育成为社会各界关注的问题。从农村到城市，农民工随迁子女的生活、学习、周围环境发生了巨大的变化，在“熟悉社会”建立起的行为规范、价值标准和生活方式都要发生改变，“熟悉社会”的规则不一定都适应“陌生人社会”，他们要学习、接纳所在地的生活方式、文化价值观念。格尔茨（GEERTZ）则认为，文化认同包括：血缘、语言、宗教、习俗，也许还包括基本文化价值观念五个成分。为此本节从语言、风俗、基本生活方式来考察农民工随迁子女的文化认同状况。社会认同更多的是一种主观意识和感受，流动人口对流入地是否有认同，既取决于他们对当地有没有一种家的感受，又取决于当地是否把他们当作自己的成员看待，这两方面的结合才足以衡量社会认同状况，缺一不可。

一　农民工随迁子女与城市子女文化差异的原因

农民工随迁子女从小所生活的环境、接受的教育以及周围的文化氛围等都与城市子女有着很大的不同，这些不同潜移默化地影响着随迁子女的交往方式、思维方式以及生活方式等。了解城乡群体之间成长的文化差异，对于促进随迁子女的城市文化融合具有重要意义。

（一）生活环境的文化差异

狼孩的故事告诉我们，生活环境很大程度上影响着个人特质向群体特质的融入，群体特质会渗透到个人特质中。城乡子女的成长均受到周围群体特质的影响，并潜移默化地表现在个人特质中。首先，交往环境的差异。农民工随迁子女生活在农村，交往圈子仅限于父母、同村人以及周围的伙伴，这些群体具有农村社会的典型特质，行为处事还是具有小农意识。而城市子女的周围人群，文化水平相对较高，文明程度也较高。其次，家庭条件的差异。经济条件是导致城乡差异的主要原因之一。大部分农民工家庭教育支出仅学校教育支出这一项，而城市家庭条件比较优越，比较重视子女的多方面发展，大部分从小就接触特长培训，如参加乐器培训班、舞蹈培训班等。除此以外，接触视野差异。相比城市子女经常外出旅游、参加培训等，农民工随迁子女多数假期都是在家度过，接触范围较窄，视野受到限制，比如，有农民工随迁子女的假期日记仅仅是围绕家庭的生活小事或者走亲戚的事情进行。

（二）家庭教育的文化差异

家庭教育指家庭中父母及成年人对未成年孩子进行教育的过程。[①] 家庭是孩子教育的第一场所，父母是第一任老师，且是孩子成长的“标本”，孩子成长中的行为习惯和思维方式都受到父母的影响。在家庭教育方面，城乡父母存在较大差异。首先，父母教育方式不同。城市父母大多重视与子女的沟通，在孩子的成长过程中，及时做到倾听孩子的想法，并与孩子进行交流。而农民工父母大多忙于家庭生计，很大程度上忽视了对孩子的心理辅导，对于孩子的调皮等表现，经常予以体罚或者冷暴力。其次，父母自身文化差异。农民工父母大部分文化程度不高，多为初中及以下文化水平，受自身文化水平的限制，在孩子的作业辅导等课业成绩方面表现得比较无助。不能及时地为子女提供帮助。再加上有些父母受“读书无用论”等错误观念的影响，对子女的成绩存在忽视的态度。除此以外，农民工父母与城市父母在情感表达上也存在差异。农民工父母不擅长沟通，不经常对子女进行表扬和鼓励，而城市父母在孩子教育方面较多地使用精神及物质奖励。

（三）学校教育的文化差异

学校教育是个人受教育最重要的部分，在这里系统地学习科学文化知识。但当前我国教育资源分配不均，学校教育存在文化差异。首先，课程开设的差异。与素质教育推广实施的城市不同，农村多注重应试教育，只开设与考试相关的科目，而忽视学生德、智、体、美的发展，也未能及时拓展学生的实践技能。除此以外，农村受财政支持等各方面的限制，在小学未开设英语课程，相比城市的双语教学，农村学生的英语水平较差，且

① 雒红芳：《论家庭教育对儿童成长的重要性》，《现代阅读》（教育版）2012 年第 9 期。

只注重应试而忽略应用技能的培养。其次，师资力量的差异。受经济发展水平和工资水平的差异，大部分大学毕业生选择进入大城市工作，而农村多是专科毕业生或者乡村教师，因此农村师资力量比较薄弱，很多教师片面追求成绩而忽略学生的全面发展。最后，硬件设施的差异。受财政拨款的影响，农村学校的建设水平远低于城市学校，农村学校规模较小，且多数缺少多媒体教学设备，即使有也很少使用，成为一种“教学摆设”。除此以外，农村学校只是进行教学的场所，大部分缺少学生娱乐设施。

二　农民工随迁子女城市文化融合的现状

文化融合指外部文化和内部具有的不同特质的文化通过相互接触、交流进而相互吸收、渗透，融为一体的过程。文化融合的一般过程为接触、撞击和整合。由于进城务工人员子女还处于吸收文化的成长期，所以，文化融合的过程对他们而言集中于接触和吸收的过程。

（一）城市生活经历和心理感受

关于农民工随迁子女在城市的生活体验，23.3%的民工子女觉得每天都感到非常快乐，39.9%的感到比较快乐，31.5%的则感到一般，不快乐的有3.6%，非常不快乐的为1.8%。当他们离开现在生活的城市时，17.8%的农民工随迁子女会非常想念自己现在生活的城市，46.0%的会想念城市，25.8%的觉得一般（无所谓想念），6.4%的基本不想念，4.0%的觉得自己不会想念。由此可见，农民工随迁子女对城市的认同度比较高，这样有利于农民工随迁子女的城市融入。

农民工随迁子女城市生活心理感受涉及4个方面：城市生活自豪感、父母身份地位认同感、自我身份认同感以及城市归属感。研究采用李克特量表的形式，选取5个农民工城市生活心理感受测量语句，运用“非常同意”、“比较同意”、“一般”、“不同意”、“很不同意”五个维度，让农民工随迁子女对自己和父母在城市生活的地位和感受进行自我评价。

表3－8　城市生活心理感受（%）

	非常同意	比较同意	一般	不同意	很不同意	合计
我为在这个城市学习、生活而自豪	22.3	29.8	35	8.7	4.2	1238
城市只是我们暂时居住的地方	20.5	27.4	25.9	19.2	7.1	1238
我的父母是城市的建设者	17	18.7	30.2	19.6	14.4	1238
我不喜欢别人称呼父母为“农民工”	42.1	11	16.5	10.2	20.2	1238
我不喜欢别人称我为“农民工子女”	40.3	9.6	20.2	8.6	21.6	1238

从表3－8我们可以看到，22.3%的农民工随迁子女选择了“非常同意”我为在这个城市学习、生活而自豪，29.8%的选择了“比较同意”我为在这个城市学习、生活而自豪，35%的选择了“一般”我为在这个城市学习、生活而自豪，8.7%的选择了“不同意”我为在这个城市学习、生活而自豪，4.2%的选择了“很不同意”我为在这个城市学习、生活而自豪。20.5%的非常同意城市只是我们暂时居住的地方，27.4%的农民工随迁子女比较同意城市只是我们暂时居住的地方，25.9%的“一般”同意城市只是我们暂时居住的地方，19.2%的“不同意”城市只是我们暂时居住的地方，7.1%的“很不同意”城市只是我们暂时居住的地方。我不喜欢别人称呼父母为“农民工”，42.1%的农民工随迁子女非常不喜欢别人称呼父母为“农民工”，11%的比较不喜欢别人称呼父母为“农民工”，16.5%的一般不喜欢别人称呼父母为“农民工”，10.2%的比较同意别人称呼父母为“农民工”，20.2%的很同意别人称呼父母为“农民工”。40.3%的非常不喜欢别人称我为“农民工子女”，9.6%的不喜欢别人称我为“农民工子女”，对别人称我为“农民工子女”的20.2%感觉一般，8.6%的喜欢别人称我为“农民工子女”，21.6%的完全赞同别人称我为“农民工子女”。

从以上可知，农民工随迁子女喜欢自己目前所生活的城市，而且生活快乐，心里为能生活在城市而感到自豪，认同父母对城市的建设作用，但他们对“农民工”、“农民工子女”这样的称呼比较反感，而且对城市的定位很多农民工随迁子女将其定义为“暂时居住的地方”。

我们认为出现农民工随迁子女这样的心理和他们在城市的经历有关。从调查来看，在与本地人的交往过程中，1.3%的农民工随迁子女的父母经常受到歧视，3.9%的父母遭到歧视“比较多”，16.3%的父母有过被歧视的经历，但不多，61.1%的农民工子女其父母没有受到歧视，不知道自己的父母是否遭到歧视的比例为17.4%。而1.3%的农民工随迁子女经常遭到歧视，3.9%的农民工随迁子女有过较多的被歧视经历，23.9%的虽遭到歧视，但不多，没有受到歧视的农民工随迁子女占58.6%，不知道是否有被歧视经历的农民工随迁子女为12.3%。

在交往过程中，17.0%的农民工随迁子女觉得当地人对自己非常友好，37.2%的认为本地人对自己友好。35.4%的认为当地人对自己的态度一般，2.3%的则认为本地人对自己比较不友好，8.3%的则认为非常不友好。因而，24.7%的农民工随迁子女非常喜欢本地人，38.9%的比较喜欢本地人，对本地人感觉一般的占30.9%，3.7%的农民工随迁子女比较不喜欢本地人，1.8%的则讨厌本地人。从总体上看，城市本地居民对农民工随迁子女的歧视并不严重，正逐渐接纳农民工及其子女，城市的包容性正在增加，但必须看到歧视现象仍然存在。农民工随迁子女对城市居民的态度比较友好，认为城市本地人的素质高，但仍有一部分对城市本地人态度一般，有些甚至讨厌。

（二）城市方言认同

语言是文化认同和融合的重要内容，是农民工随迁子女融入城市的重要载体。在当今社会虽然不懂、不会讲城市方言不太会影响与本地人交流、沟通，但很容易被划入“外地人”的范畴，或被城市人“另眼相看”，不懂、不会讲城市方言在一定程度上会成为农民工随迁子女融入城市的一道屏障，反过来也可以说成为农民工随迁子女融入城市的一个判断标准。

调查显示，24.2%的农民工随迁子女能全部听懂所生活城市的方言，33%的大部分听懂，听懂少部分的占30.0%，一点都听不懂的为11.6%，没听过的占1.2%。

20.8%的农民工随迁子女能讲很多所生活城市的方言，54.4%的农民工随迁子女能讲一些，但不是很多，不能讲的占24.8%。因而非常想学方言的农民工随迁子女为27.0%，想学的占29.4%，学方言的愿望一般强烈的为27.0%，不想学方言的占11.8%，非常不想学的占4.8%。从这里可以发现，绝大部分农民工随迁子女对学习城市方言的积极性比较高，当然也有一部分同学对城市方言不认同、抵制。

我们深入分析性别、就读年级对城市方言的学习和掌握状况，统计发现，不同性别在“能否讲你所生活的城市的方言”和“能否听懂所生活城市的方言”这两个问题上不存在显著差异；而在“是否想学所生活城市的方言”这个问题上存在显著差异。

表3-9　不同性别和是否想学城市方言（%）

	想学你所生活城市的方言吗（N=1238）					
	非常想	想	一般	不想	非常不想	合计
男	23.6	29.2	29.2	12.8	5.2	690
女	31.1	30.0	24.5	9.9	4.4	548
Chi-square（4）=11.636，p=0.020						

从表3－9，我们可以看到，女生想（包含非常想和想）学方言的比例为61.1%，男生的比例为52.8%，不想的比例男生为12.8%，女生为9.9%。总体来看，女生学习城市方言的愿望要比男生更强烈些。

另外，在就读年级上，不同年级的农民工随迁子女在能否听懂城市方言和是否想学城市方言上存在显著差异。表3－10显示，不同年级能听懂城市方言的比例不同。对于高年级学生他们能听懂城市方言的比例要高于低年级的学生。随着就读年级的升高，农民工随迁子女听懂城市方言的比例逐渐上升。另外，在是否想学方言这个问题上，不同年级的农民工随迁子女也有不同的态度。总体来看，随着就读年级的上升，想学方言的比例逐渐下降，3—4年级中，非常想学城市方言的比例为36.4%，而这个比例到了8年级、9年级学生中下降至18.7%。

表3－10　　不同就读年级和城市方言（%）

	能听懂你所生活城市的方言吗（N＝1238）					
	全部听懂	大部分听懂	听懂少部分	一点都听不懂	没听过	合计
3—4年级	7.5	38.7	35.8	16.0	1.9	214
5年级	25.4	30.3	32.0	12.3	0.0	244
6年级	13.0	17.6	44.4	24.1	0.9	216
7年级	32.5	36.1	21.7	8.4	1.2	168
8年级、9年级	35.4	38.9	21.2	3.5	1.0	396
Chi－square＝175.356，p＝0.000						

	想学你所生活城市的方言吗（N＝1238）					
	非常想	想	一般	不想	非常不想	合计
3—4年级	36.4	36.4	18.7	4.7	3.7	214
5年级	35.2	26.2	25.4	5.7	7.4	244
6年级	23.1	38.9	17.6	13.0	7.4	216
7年级	27.7	26.5	32.5	10.8	2.4	168
8年级、9年级	18.7	23.7	35.4	18.7	3.5	396
Chi－square＝108.874，p＝0.000						

（三）城市风俗认同

风俗习惯指个人或集体的传统风尚、礼节、习性，是特定社会文化区域内历代人们共同遵守的行为模式或规范。

14.7%的农民工随迁子女非常了解所生活城市的特有的风俗习惯，53%的农民工子女了解一些，对城市特有的风俗习惯一般了解的比例为22.1%，不了解的为10.2%。15.7%的农民工子女觉得这些风俗习惯非常好，认为好的为35.4%，认为一般的为42.6%，5.8%的农民工子女觉得自己所生活城市的特有的风俗习惯有些不好，觉得非常不好的比例为0.5%。

有24.4%的农民工子女在日常生活中，会按本地风俗习惯办事，29.9%的农民工子女仅与本地人交往时才遵守，选择不知道的为37.5%，从不遵守本地风俗习惯的为8.2%。从以上数据显示，农民工随迁子女对城市风俗的认识、态度、遵从反映出他们对城市风俗不太认同。

我们认为，不同的家庭经济状况在城市中的生活质量不同，他们接触或者说学习城市风俗习惯的机会也不同，那么这样的差异是否显著？表3-11显示，家庭经济条件越好，农民工随迁子女对城市风俗习惯的了解也就越多。家庭经济条件非常好的农民工随迁子女中了解（含非常了解和了解一些）城市风俗的比例为80.9%，而家庭经济条件好的农民工随迁子女了解城市风俗的比例为74%，家庭经济条件一般的为65.9%，而家庭经济条件不好的了解城市风俗的比例为66%，家庭经济条件非常差的该比例为75%。总体来看，随着家庭经济状况自评的升高，农民工随迁子女对城市风俗的了解状况增多。

表3-11　家庭经济状况和了解城市风俗（%）

	你了解你所生活城市的特有的风俗习惯吗（N=1238）				
	非常了解	了解一些	一般	不了解	合计
非常好	23.8	57.1	4.8	14.3	42
好	18.8	55.2	19.8	6.3	192
一般	13.5	52.4	24.4	9.7	886
不好	15.1	50.9	15.1	18.9	108
非常不好	0.0	75.0	25.0	0.0	10
Z=2.836，p=0.005					

另外，家庭经济状况不同的农民工随迁子女对城市风俗的评价不同，存在显著差异。从表3-12中我们可以看到，家庭经济状况好的农民工随

迁子女对城市风俗的评价要优于家庭经济状况差的农民工随迁子女。家庭经济条件非常不好的农民工随迁子女对城市风俗的评价集中在非常好到有些不好之间。

表3-12　　家庭经济状况和对城市风俗习惯的评价（%）

	你觉得城市的风俗习惯好吗（N=1238）				
	非常好	好	一般	有些不好	非常不好
非常好	23.8	38.1	33.3	4.8	0.0
好	16.7	38.5	39.6	4.2	1.0
一般	15.1	36.1	42.9	5.6	0.2
不好	15.1	24.5	50.9	9.4	0.0
非常不好	25.0	25.0	25.0	25.0	0.0
合计	194	438	526	72	4
Z=2.517，p=0.012					

（四）城市社区活动参与

社区是融合教育的重要场所，是城市文化集中体现的地方，也是农民工随迁子女与城市本地居民接触、交往的场所，是农民工随迁子女认识、体验城市的生活方式、文化价值观念的"窗口"、"场域"。从农民工随迁子女对社区公共活动的认知与参与，可以看出其对城市生活方式、城市活动的参与和认同，也在很大层面上反映了他们的融入状态。

对于你居住的小区发生的事情，你感兴趣吗？5.2%的农民工随迁子女对自己所居住的小区发生的事情很感兴趣，26.5%的有些兴趣，不确定的为21.6%，不大感兴趣的为34.1%，毫无兴趣的为12.6%。

农民工随迁子女对公共娱乐、少儿活动场所的熟悉程度，从表3-13中我们可以看到，78.7%的农民工随迁子女去过游乐场，18.6%的听说过，但没有去过游乐场，2.8%的不知道有游乐场。74.8%的农民工随迁子女去过肯德基或麦当劳，21.3%的听说过，但没有去过肯德基或麦当劳，3.9%的不知道肯德基或麦当劳。67.1%的农民工随迁子女去过电影院，29%的听说过，但没有去过电影院，3.9%的不知道电影院。80%的农民工随迁子女去过动物园，17.7%的听说过，但没有去过动物园，2.3%的不知道有动物园。59.4%的农民工随迁子女去过儿童公园或少年宫，34.3%的听说过，但没有去过儿童公园或少年宫，6.3%的不知道有儿童公园或少年宫。75.7%的农民工随迁子女去过城市公园，15.9%的听说过，但没有去过城市公园，8.4%的不知道有城市公园。通过分析不难发现，较多农民工随迁子女都能有意或者无意地参与到社区活动中去。

表3-13 社区公共场所熟悉程度（%）

	去过	听说过，没去过	不知道	合计
游乐场	78.7	18.6	2.8	1238
肯德基或麦当劳	74.8	21.3	3.9	1238
电影院	67.1	29.0	3.9	1238
动物园	80.0	17.7	2.3	1238
儿童公园或少年宫	59.4	34.3	6.3	1238
城市公园	75.7	15.9	8.4	1238

（五）关于本地与家乡的比较

流动人口生活过的乡土社会与现在生活的城市社会，在社会组织方式上存有很大差别。虽然当今乡土社会正在不断经受“现代性”的冲击，但仍具有一种明显的熟人或“半熟人社会”特性。① 以“差序格局”为基调的人际关系仍具有相当的影响力。② 在对本地人的评价上，被调查者中42.4%认为本地人穿戴整洁、行为文明，素质高；19.3%认为本地人很势力，看不起农村人；13.5%认为本地人和农村人没什么区别；24.0%回答不了解。关于家乡情结，被调查者中42.6%非常想念家乡，31.0%想念家乡，21.1%一般想念，5.3%不想念；17.9%认为离开城市后会非常想念城市，而47.4%会想念，24.4%认为一般想念而已，7.6%不会想念，2.7%的觉得基本不想念。在进城务工人员子女的眼里，家乡的优点在于“风景美丽”、“广阔”、“空气好”、“物产丰富”。当问及“家乡和城市更喜欢哪个”时，仅有12.8%的学生认为城市好，61.7%的学生认为都一样，25.0%的学生认为待在家乡好。相对上一辈而言，进城务工人员子女对乡村呈现出天然亲近的心理，但同时又表现出对城市生活的渴望

① 贺雪峰：《论半熟人社会：理解村委会选举的一个视角》，《政治学研究》2000年第3期。

② 费孝通：《乡土中国 生育制度》，北京大学出版社1998年版，第90页。

和城市文化的尊重。

三　推动农民工随迁子女城市文化融合的对策

文化差异带来文化融合教育需求。不同的社会结构需要用不同的文化规则进行维持，由于我国城乡社会文化差异的广泛存在，作为乡村文化的接受者，农民工随迁子女早期的文化习得与城市文化之间存在较大异质性，如城乡语言文化、城乡生活习惯和城乡社会礼仪等方面均存在显著差异。因此，当他们进入城市时，必然面临文化差异带来的适应和压力问题。人类学家雷德菲尔德认为：文化适应是指个体从一种文化转移到另一种与其当初生活的文化不同的异质文化中后，个体基于对两种文化的认知和感情依托而做出的一种有意识、有倾向的行为选择和行为调整。[①] 依据理论，文化适应是个双向过程，也即是接触的两个群体的文化模式都要发生变化的过程，农民工家庭的城市文化融入过程是城乡文化的碰撞融合。

（一）宣传农民工家庭的正面形象，转变社会偏见

虽然现在城市的包容性正在增强，歧视现象不严重，但必须指出，部分城市居民对农民工及其子女仍然心存歧视，排斥他们。要改变这种排斥状况，营造起一种互相尊重、互相理解的氛围和环境，就必须加强对城市各个社区以及各个城市群体对农民工群体及其子女的宣传认识，同时应增强群体间的互动对改变城市社会对农民工群体及子女的刻板印象，这对农民工随迁子女融入城市、认同社会具有重要意义。首先，政府应通过正确的舆论导向，让城市居民认识到农民工是城市建设的参与者，是城市财富的创造者。同时，“政府应通过宣传教育让城市居民明白城乡融合是社会发展的趋势，农民工也应享有社会文明和城市文明的正常权利，应关爱他们，关心他们子女的教育，不仅要让他们的子女‘上得起学’，而且要‘上好学’，对农民工随迁子女适应城市、融入城市、健康成长给予必要的支持关心”。[②] 其次，城市报刊、网络、广播电视等舆论媒体应本着积极的、客观的态度宣传优秀外来农民工及其外来农民工子女代表人物的事迹，以培育、增强城市居民对外来农民工及其子女的认同感和亲近感，纠正城市居民对农民工及其子女业已存在的偏见，在报道农民工新闻、事件

---

① 张霜：《民族学校教育中的文化适应研究——贵州石门坎苗族百年学校教育人类学个案考察》，民族出版社 2012 年版。

② 黄兆信、万荣根：《社区：融合教育实施的重要场域》，《教育发展研究》2008 年第 23 期。

过程中，媒体除了客观、公正报道外，还应给予农民工更多的尊重和重视，呼吁城市社会共同关注农民工问题以及其子女城市社会适应问题，关心他们成长，对于城市居民排斥、歧视农民工及其子女的行为应给予批评和劝导，努力营造一种互相尊重、互相理解、促进融合的浓厚氛围和环境，消除城市居民对外来农民工及其子女的排斥和拒纳，为农民工及其子女融入城市、认同社会、认同自我，创造良好的条件。

（二）积极开发融入地的方言校本课程，推动相互融合

方言多样化是文化多元化的最明显表现之一，但是外地方言也成为外来人员的“标签”，农民工随迁子女进入迁入地学校之后，自己“不一样”的地方，最有可能加重自身的心理负担，积极开发融入地的方言校本课程，有利于对外来人员“去标签化”。同时对比迁入地与迁出地方言之间的区别，发现两者之间的联系，从而使全体学生看到城市与农村的联系，认识社会的全面性。也从语言上展现城市文化的多样性。其次，学校对个别年纪大的老师，并不做硬性的普通话要求，地方方言校本课程的设立，可以使农民工随迁子女更好地听懂老师所授的课程。除此以外，培养“共同语言”是交友的重要途径之一。学习方言校本课程，可以使农民工随迁子女更好地融入到本地学生之中，在一定程度上有利于融合教育的开展。

（三）学校开展活动，推进习俗文化融合

首先，学校应培育农民工随迁子女的“内生力”，培养他们的自主意识以及自强、自立、自信等内在的精神品性。让学生享受到公平待遇，并获得充分发展，培养随迁子女在流入地和就读学校有归属感。其次，学校联合社区开展“城市是我家”等一系列活动。让城乡学生主动收集了解城市的风俗习惯，并在活动现场介绍乡村的风俗习惯，不仅能增强学生对城市风俗习惯的了解，还能在活动中找到城乡文化的同一性，从而增强对城市文化的认同感。最后，学校可以组织各种校外游玩活动，让学生参观、考察、研究城市的重要名胜古迹、古今名人、风俗习惯、特色小吃，让农民工随迁子女零距离接触城市历史风貌、城市人的精神面貌，了解城市的文化，加深对城市的了解和喜爱。除此以外，学校应开设“城乡文化融合教育”的校本课程，校本课程的内容应包括城市和乡村文化介绍，城市部分应侧重介绍城市学校的规章制度和城市的社会文化，帮助农民工随迁子女熟悉学校和城市的文化特质与基本要求，并顺利内化为自身的行为规范。乡村部分侧重介绍农村社会的文化传统、生活习俗、行为特征，

让城市教师与学生了解城乡文化差异，进而理解农民工随迁子女一些独特的习惯行为、思维方式，并从内心接受这些农村的文化、知识。①

（四）加强社区、家庭等非正式网络的积极作用

首先，社区教育是融合教育的重要组成部分，除学校之外，社区是农民工随迁子女的第二课堂，社区内居住城市市民的多少与农民工随迁子女获取的社会资本高低成正比，因而社区是影响农民工随迁子女融合的重要因素。社区的硬环境（物质环境）和软环境（文化氛围环境）是决定农民工随迁子女与城市市民接触的重要条件，如环境良好的小区设有公共的体育设施、花园，并会相应组织一些社区活动，农民工随迁子女在这样的环境下，很容易融入社区生活，进而加速城市融合。因而，社区应当加强自身建设，尤其是低档或者群居的社区，社区工作者应当在软件和硬件设施方面加大力度，创造良好的环境，这是城市化过程中的必经阶段。其次，农民工家庭除了强化经济地位外，还应当学习城市文化，重塑形象，为其子女创造良好的家庭环境。家庭对儿童的社会化有着特殊而重要的意义，父母对城市的融合态度也会影响其子女的态度。但目前大部分农民工家长将重点放在如何赚钱进而获得更高的经济地位上，而忽视了城市融合的过程。与他们的子女不同，农民工拥有深厚的乡村记忆，农村的社会规则、信息沟通方式、邻里间的互动方式，以及在乡村中的义务与信任等与城市截然不同，他们在两相比较之后，更容易倾向于乡土文化，对城市文化产生天然的排斥感，这种排斥感很容易感染或复制给他们的子女，阻滞农民工随迁子女的城市融合。

总之，城乡文化是我国文化的重要组成部分，城乡文化之间既存在差异，又共荣共生。推进农民工随迁子女城市文化融合，要保持在城乡文化平等共存的基础上，增加对双方文化的理解和认同，推动城乡群体互动。

第三节　农民工随迁子女身份融合现状调查研究

20 世纪 80 年代，我国开始抛弃“反城市化”的观念，改革并推进城

① 李红婷：《城区学校农民工子女文化适应的人类学阐释》，《湖南师范大学教育科学学报》2009 年第 2 期。

市化。1982年，我国逐步推进市场经济体制，并明确提出“允许农民进城”。农民工这一流动性群体就是我国社会经济转型的产物。与80年代的农民工不同，如今进城务工的农民工摒弃了“单飞”模式，变成“携家”外出。农民工随迁子女便成了新的社会群体，它不同于老一辈父母群体，这一辈人对家乡文化并不存在深厚的感情，但对城市生活又不完全适应，成为城乡生活的“中间人”，他们生长在城市，但是户口在家乡。在城市居民心中，他们是农村人，但是在农村同辈群体中，也没有他们相应的同辈地位。城市的生活学习环境对于农民工随迁子女而言是“熟悉与陌生的交叉”，也是推进社会融合的障碍。因此，农民工随迁子女的身份融合成为社会融合的首要问题，也是学术界关注的问题。

一 身份融合的含义及其意义

据互动百科解释身份的含义：“人的出身和社会地位，在中国，身份制作为意识形态是中国民族文化精神的主要部分和重要的道德行为规范准则，它对中国人的作用是持续的，这种持续作用在他们心理层面的深处也凝成一种情结。”[①] 正如上文解释的，受中国传统文化的影响，“身份”的存在即意味着主观以及客观的认同，在一定程度上明确的身份（即自我和社会认同）对于身份主体的行为具有促进作用，这一理论同样适用于农民工随迁子女的研究，如果农民工随迁子女这一群体受到来自自身以及社会的认同，就有利于培养农民工随迁子女对这个城市的认同感和归属感。因此，推进农民工随迁子女的身份适应、融合势在必行。

（一）身份融合的含义

在传统的中国社会，身份包括人际关系的定位、阶级意识、功名情结等，身份制是意识形态的重要组成部分，社会成员的生存资源主要依据身份及身份之间的关系而配置[②]，这种身份情结隶属于我国传统文化的一部分，具有持续性和持久性的特点。促进身份融合，首先要达成两大群体的身份认同，“社会学领域中的身份认同意味着，主体对其身份或角色的合法性的确认，对身份或角色的共识及这种共识对社会关系的影响。”[③] 农民工随迁子女这一新的社会群体，只有达成明确的自我认识，树立自我角

---

① http://www.baike.com/wiki/%E8%BA%AB%E4%BB%BD.

② 黄兆信、李远煦、万荣根：《“去内卷化”：融合教育的关键——进城务工人员子女融合教育的现状与对策》，《教育研究》2010年第11期。

③ 张淑华、李海莹、刘芳：《身份认同研究综述》，《心理研究》2012年第1期。

色的自信，才能更好地融入城市。而这一自信的支持来源于父母的身份、自身的学习成绩、所享受的经济条件（住房、设施）等，这些硬件设施在一定程度上都影响着农民工随迁子女对自身家庭的身份认同和有意识的身份融合。因此，本节将身份融合的含义定义为：受家庭经济条件、社会关系以及自身因素影响，对自我进行明确定位，在这一过程中明确自我权利和责任，获得与融入地相同的行为准则，从而融入当地社会，达到心理上的健康和心灵意义上的归属。

（二）推进农民工随迁子女身份融合的意义

农民工随迁子女进入城市成为城市"新公民"，他的健康成长不仅关系到城市将来的建设，也关系到祖国民族的未来，是我国宏伟蓝图的主要描述者和建设者。推进农民工随迁子女身份融合具有重要意义。首先，推进身份融合有利于社会融合。2003 年欧盟在对社会融合的报告中，曾对社会融合进行定义，它指出社会融合是一个过程，这些弱势群体在融合的过程中，获得必要的资源和机会，"能够全面参与经济、社会和文化生活以及享受正常的生活和在他们居住的社会"，因此，推进社会融合需要身份所代表下的机会和资源。农民工随迁子女只有达成对自我身份的认同，才能更快地融入城市，促进社会融合。其次，推进身份融合有利于推进农民工随迁子女的心理融合。农民工随迁子女跟随父母来到务工地就学，受周围环境和思想意识的影响，虽然并不是十分的明确，但是他们也已经意识到自我群体与城市居民之间的差异，这种思想上的差异简单划分为"是农村人"、"是城里人"、"是农村人也是城里人"以及"不是农村人也不是城里人"，[①] 这种自我认定表现为模糊性、多元性，但其中的任何一种都在农民工随迁子女的行为选择上起到十分重要的影响作用。因此，帮助农民工随迁子女适应城市环境，推进身份融合，有利于增强他对城市的归属感，提高自信心。最后，推进身份融合有利于农民工随迁子女城市文化融入。奥尔波特提出的自我发展理论中，"他认为自我状态是逐步发展的，其发展过程是从生理的自我到社会的自我，再到心理的自我。"[②] 农民工随迁子女在身份融合过程中，经济生活的条件、自我发展的状态以及当地社会对他的接纳程度都将会影响到农民工随迁子女在这个城市的文

① 王毅杰、高燕等：《流动儿童与城市社会融合》，社会科学文献出版社 2010 年版，第 301—302 页。

② 张淑华、李海莹、刘芳：《身份认同研究综述》，《心理研究》2012 年第 1 期。

化融入，因为生理的自我、社会的自我是心理自我的前提。1943年马斯洛提出的需要层次理论也适用于农民工随迁子女对城市的融入状态，只有满足了生理上的需要、安全上的需要、情感归属需要，才有更多机会或者资本进行文化融入。

二 农民工随迁子女身份融合现状及归因分析

（一）父母身份影响随迁子女自我社会身份的认同

父母是孩子的第一任老师，也是在子女成长过程中，相处时间最长和影响最深远的人，父母的性格或者处事方式都会潜移默化地对子女的认知带来一定的影响，本节立足于父母的职业以及文化水平，分析其对农民工随迁子女的影响。

1. 父母的职业影响随迁子女的自我社会身份的认同

在职业的分布上，父亲的职业属制造业（16.1%）、个体户（23.5%）、建筑业（12.5%）的比例较高，母亲的职业属制造业（13.8%）、个体户（23.5%）和家政服务业（9.1%）的比例高。从携带资源来看，他们是携带劳动力资源。而根据2014年国家统计局公布的《2013年全国农民工监测调查报告》显示，制造业、建筑业、批发零售业以及服务业仍旧是农民工解决就业的主要途径。农民工家庭进城务工，受自身文化程度的影响，所从事的工作是这个城市最苦、最累的职业，但是收入以及社会地位在城市却是最低的。据调查，59.7%的进城务工人员子女不愿意继续从事父母的职业，70.7%的进城务工人员子女认为自己家庭条件一般，他们中的大部分人虽然并未因为家庭条件不好而感到丢人或脸上无光，但仍有14.8%的人会因此而自卑，1.1%的人这种负面情绪反应得十分强烈。农民工随迁子女虽然在生活中表现出懂事的一面，但是在内心受父母职业及收入的影响仍旧存在自卑意识，再加上与班级周围同学的对比，这种意识会使得农民工随迁子女认为城市是一个有生活距离感的地方，不愿主动与城市居民交往，对城市存在排斥感。

2. 父母的文化水平影响随迁子女的自我社会身份的认同

社会学和教育学的研究早已证明，父母文化水平的高低与家庭教育水平紧密相关。一般而言，文化水平高的父母往往在子女教育上更为科学、合理、有效。[①] 而农民工的文化程度普遍偏低，父亲的文化程度以初中

① 沈茹：《城市农民工子女家庭教育问题及对策》，《中国农业大学学报》2006年第3期。

(51.7%)、高中(23.9%)为主，母亲的文化程度以初中(41.2%)、小学文化程度(42.6%)为主；这种普遍较低的文化水平无疑会严重制约农民工家长的家庭教育观念、能力和方法，并影响其在子女心目当中的教育权威性。务工地对农民工随迁子女而言是一个陌生的地方，他的行为准则来源于模仿父母以及周围的邻居，其中受父母影响最大。父母的思想观念直接影响到随迁子女对自身的身份认同。在“您经常检查孩子的家庭作业完成情况”选项中，61.04%的父母选择了“偶尔”，32.47%的父母选了“每天”，还有6.49%的父母选了“从来没有”。在询问原因的回答中，一些父母提到是因为自己没有多余的时间，但更多的父母表示是因为自身文化水平有限，没有足够的能力来辅导、检查孩子的作业完成情况。可见，受到自身学历水平的限制，农民工父母对子女的家庭教育是心有余而力不足，这在一定程度上就使得子女的学业水平受到影响，进而影响子女的自信心以及自我认同感。

表3-14　　调查样本的家庭基本信息

		父亲		母亲	
		频数	百分比(%)	频数	百分比(%)
文化程度	小学及以下	232	18.7	526	42.6
	初中	640	51.7	508	41.2
	高中或中专	296	23.9	166	13.4
	大专及以上	70	5.7	38	3.1
职业	家政服务业	22	1.8	112	9.1
	制造业	196	16.1	170	13.8
	餐饮业	60	4.9	90	7.3
	交通运输业	84	6.9	20	1.6
	个体户	290	23.8	288	23.5
	采掘业及环卫	10	0.8	14	1.1
	娱乐业	6	0.5	12	1.0
	建筑业	152	12.5	16	1.3
	旅馆服务业	8	0.7	26	2.1
	其他	410	33.1	490	39.6

(二)随迁子女对城市学生身份适应情况

农民工随迁子女进入城市，除了在生活中成为社区“新公民”以外，也担任着学生的角色，学校是农民工随迁子女生活学习时间仅次于家庭的地方。随迁子女能否认同自我社会角色，融入社会生活，学校教育具有重要影响作用，本节从教学适应状况、自身学习状况以及学习目的三个方面分析随迁子女对城市学生这一身份的适应状况。

1. 学校教学适应状况影响随迁子女城市学生身份认同

关于进城务工人员子女城市学生身份适应状况的调查，我们主要从进城务工人员子女对学校的课程内容设置、教师的教学方式和教师的语言表达是否适应等方面展开（见表3－15）。数据显示，对于学校的课程内容设置，将近80%的农民工随迁子女表示适应（包括“非常适应”和“适应”）；75%以上的农民工随迁子女表示适应（包括“非常适应”和“适应”）老师的教学方式；70%以上的农民工随迁子女表示适应（包括“非常适应”和“适应”）老师的语言表达。从调查来看，绝大部分农民工随迁子女学校适应良好，不适应城市学校学习的只是少数。学校教学状况在一定程度上也影响着学生对学校的认知，优越的教学条件会给学生留下好的印象，减轻学生对陌生环境的排斥心理，让随迁子女能够主动接受学校教学，在学校融入方面也能够起到积极作用。

表3－15　　进城务工人员子女学校教学适应状况（%）

	适应学校吗（N＝1238）				
	非常适应	适应	一般	有点不适应	完全不适应
课程内容	20.7	58.3	18.3	2.4	0.3
教学方式	25.7	50.4	17.9	5.0	1.0
语言表达	31.2	40.3	19.7	5.0	1.1

进城务工人员子女的流动性仍比较大，通过分析可知，转学在四次及以上的进城务工人员子女，对学校课程内容的适应程度最低，“非常适应”的只占8.3%，远远低于没有转学经历的进城务工人员子女“非常适应”的24%的比例，也低于一次转学的（17.8%）和两次转学的（18.7%）以及三次转学的（20%）。总体而言，随着转学次数的增多，进城务工人员子女对课程内容的适应程度逐渐下降。流动性是农民工群体的一大特点，农民工群体在选择务工地的时候，经济待遇是首选条件，对

经济利益的追逐造成了他们流动性的特征之一，这在一定程度上也影响了随迁子女的融入状况。由数据分析可知，转学次数越多，对学校教学的适应状况就越差，这在一定程度上就会带来排斥情绪，阻碍身份融合。

2. 自身学习状况影响随迁子女城市学生身份认同

自身学习成绩是随迁子女在学校的主要表现之一，也是老师及同学评价随迁子女的一个重要评判标准。学习成绩好、课堂表现好等就会在一定程度上引起老师跟同学的关注，甚至会有本地学生主动亲近交流，这都会增强随迁子女的自信心，从而更好地适应学校生活，融入学校生活。从调查来看，进城务工人员子女学习成绩自我评价“非常好”的占2.6%，“比较好”的占19.4%，绝大多数同学的成绩一般，其比例为62.7%，“不好”的占14.5%，成绩“非常不好”的比例为0.8%。再来看农民工随迁子女的学习压力感受，11.7%的农民工随迁子女“经常”感到学习上有压力，15.8%的农民工随迁子女感到学习上压力“比较大”，40.5%的感到学习上“有一些”压力，20.8%的农民工随迁子女“很少感到学习上有压力”，11.1%的农民工随迁子女“从不感到学习上有压力”。从中可以看出，绝大多数农民工随迁子女的学习成绩并不理想，学习的压力不小，这会影响他们在班级的地位和在一定程度上影响他们的自信，也会影响他们主动与同学交流的想法，从而影响同学之间互动的平等性。

从课堂发言统计中，我们可以看到，成绩非常好的农民工随迁子女他们在课堂上举手发言多的（含经常和较多）占62.6%，高于成绩好的占46.6%，高于成绩一般的占23.4%，也高于成绩不好的占10%和成绩非常不好的为0。而从不举手发言的比例来看，成绩越好的农民工随迁子女，从不举手发言的比例越低，在成绩非常不好的农民工随迁子女中有60%从不举手发言。也就是说，农民工随迁子女在课堂上的发言和他们的成绩呈正相关，成绩越好，举手发言越积极；成绩越差，举手发言越少。而在不同成绩与主动提问的调查中，成绩非常好的农民工随迁子女他们学习上主动问老师多的（含经常和较多）占62.6%，高于成绩好学习上主动问老师多的为42.5%，也高于成绩一般的为17.2%，也高于成绩不好的为5.5%和更高于成绩非常不好的为0。而从不主动向老师提问的比例来看，成绩越好的农民工随迁子女，从不主动向老师提问的比例越低，在成绩非常不好的农民工随迁子女中有20%从不主动向老师提问，很少向老师提问的占60%，这两个比例远远高于其他成绩水平的农民工随迁子女。也就是说，农民工随迁子女在学习主动性上和他们的成绩呈正相关，成绩越好，学习的主动性越高，有问题也越趋向于主动向老师提问；而成绩越差，主动向老师提问的积极性就越小。从以上统计也可以看出，成绩越好的随迁子女对自身自信心越高，对自身认同程度越高，学校融入状况越好。

从以上各项数据分析可知，进城务工人员子女在身份融合方面存在这一现象：身份中涉及父母或家庭条件方面的原因，都不是阻碍其身份融合的直接因素，而但凡涉及自身如学习成绩、见识广度等原因可能直接催生进城务工人员子女的自卑意识，阻碍积极主动的身份融合。大部分学生还未将进城务工人员子女的标签深深烙在自己身上，可能在其成长过程中，社会舆论、父母教导方式或人际交往会负向地加深他们对进城务工人员子女这一身份的认知和接纳程度，而逐渐失去积极正向的身份认知。这样一来，就会在一定程度上阻碍城乡学生的积极互动，进而影响农民工随迁子女的社会融合。

三 农民工随迁子女身份融合的对策研究

农民工随迁子女在务工地社会融合问题是当前我国经济社会转型时期付出的社会成本，但这种社会成本不能由农民工家庭独自承担，虽然融合教育强调农民工随迁家庭主动向城市社会"靠拢"，但更需要外界力量一起，共同帮助随迁家庭完成身份融合，促进社会融入。

（一）加强宣传，提高农民工职业的社会地位

农民工进入城市务工，受自身文化水平和科学技能的限制，只能从事城市中最累、最苦的职业，但是这些群体却是城市社会建设的不可缺少的力量，他们承担起了城市的建筑、环境以及服务业等，但是城市中仍旧存在一部分人群，对这些务工群体不理解，这就要求加强对务工群体的正面宣传，传播正能量。首先，加强对务工群体的正面宣传。在对随迁子女的调查，我不喜欢别人称呼父母为"农民工"一项中，42.1%的农民工随迁子女非常不喜欢别人称呼父母为"农民工"，11%的比较不喜欢别人称呼父母为"农民工"，16.5%的一般不喜欢别人称呼父母为"农民工"，10.2%的比较同意别人称呼父母为"农民工"，20.2%的很同意别人称呼父母为"农民工"。可见随迁子女大部分比较在意父母的身份，对父母的身份的认知在一定程度上影响随迁子女对自我身份的认知。这说明很多随迁子女想融入城市，摒弃随迁子女的社会角色。我们要加强对农民工个人形象的正面宣传，对其所从事的社会职业进行高度评价，改变社会群体的

看法。其次，政府要对外来务工人员实行“积极落户制度”，提高外来务工人员所从事的职业加分标准。我国实行的城乡二元化体制，是阻碍城乡群体融合的最根本的制度，也是社会资源不平等分配的制度根源。当前我国很多城市开始推行“积分落户制”，但是，这种制度对于外出务工群体来说，是“消极的”、“不平等的”落户制度，制度的条例细节以及加分项目对于农民工群体来说，是不公平的，甚至是一辈子在务工地打工就业，也不可能获得当地户口，而且务工人员所从事的基本是脏、累、差的工作，对人体伤害较大。因此，我国政府要积极修订落户细节，放宽对务工群体的落户要求，可以适当对农民工群体所从事的职业进行加分。

（二）开办社区家长学校，提高农民工父母的思想文化水平

经过上文分析，我们知道父母的文化水平影响家庭教育，父母的观念影响子女的社会观念，父母的认知也在一定程度上影响子女的自我认知和社会认知。因此，有必要提高父母的文化水平。首先，开办社区家长学校。社区是融合教育的第二场所，融合教育不仅针对随迁子女而且也有必要针对农民工父母，父母的观念影响子女的观念，加快农民工父母的社会融入，在一定程度上有利于随迁子女的社会融入。开办社区家长学校，鼓励社区中城乡家长群体相互交流、相互学习。不仅能让他们相互学习教育孩子的方法，另一方面也能够帮助务工人员拓展自己的人际关系网。其次，为参加学习的家长开设心理教育课程，当然这里的心理教育要与实际生活相关。随迁子女在陌生的学习和生活环境下，难免会存在排斥心理和情绪，这就要求父母能够及时地进行心理辅导，帮助他们形成正确的身份认知，更快地融入到当地生活。最后，开设专业技能培训课程。外来务工人员进入城市，所从事的都是简单重复的体力工作，比如清洁工、建筑工人等，工作流动性大，家庭收入也相对较低。鼓励社区学校开设技能培训课，可以由当地政府牵头，与企业进行合作对接，对于需要大量工作人员的岗位进行短期的学习培训，学习一项技能，进入企业工作。

（三）加大教育支持，提高随迁子女个人能力

根据数据调查，阻碍随迁子女积极身份融合的最直接原因，就是随迁子女个人的自身因素，比如学习成绩、见识度等。加强对随迁子女的教育支持，提高个人素质以及能力，在一定程度上能够帮助随迁子女进行积极的身份融合。首先，学校开展帮扶活动。流动性是随迁子女的一大特点，根据调查，转学次数越多，对课程的适应性就越低。这在一定程度上也使

得随迁子女的功课暂时会出现落后现象，因此，学校要重视对随迁子女教学的安排，可以鼓励课堂帮扶或者一对一帮扶，鼓励城乡学生结对学习，一方面有利于城乡学生互动，另一方面在交流中了解对方，从而增强对彼此的认同感。其次，社区志愿者进行课后辅导。社区是融合教育的第二场所，也是随迁子女生活的主要场所。充分利用社区的作用，鼓励在校大学生或者教师等人员参加社区志愿者队伍，帮助随迁子女进行课后辅导或者作业辅导，一方面可以帮助农民工家庭节省一部分教育开支，另一方面志愿者可以利用自己的专业知识，及时帮助随迁子女进行心理辅导，从而更快地融入城市。最后，鼓励阅读，拓宽知识面。调查发现，知识面广，见识度高的同学在与他人相处过程中，会受到更多来自外界的肯定，更加自信。学校和社区要联合起来举办读书会活动，鼓励学生阅读书籍，并进行交流。除此以外，社区可以在假期的时候，举办“认识城市”活动，带领社区城乡子女去城市博物馆等地参观，加深对这个城市的了解。

（四）树立正确的观念，增强自信

农民工随迁子女对自我身份的定位和认同，是直接影响其个人融入当地社会进行身份融合的最重要的方面。Deaux 在定义身份认同时指出，这是个人对自己归属哪个群体的认知，这是自我概念中极其重要的一个方面。[①] 黄钤指出，身份认同是个人对所属群体的角色及其特征的认可程度和接纳态度。[②] 由此看出，农民工随迁子女在自我角色认同方面尤为重要，只有树立正确心态，增强自信心，才能更好、更快地融入当地社会。首先，树立正确的价值观。在我的父母是城市的建设者一项的调查中，30.20%的一般认同我的父母是城市的建设者这种看法，34%的随迁子女不同意（不同意和很不同意）父母是城市的建设者。有部分随迁子女对父母的职业存在自卑感，不能明确地肯定父母对城市的贡献。因此要帮助农民工随迁子女树立正确的价值观，树立父母的权威性。只有正确肯定父母，才能更好地肯定自身的身份。其次，学校建立心理咨询辅导中心，帮助随迁子女树立自信心。调查显示，有49.9%的随迁子女不喜欢（非

---

① Deaux K.，Reconstructing social identity，Personality and Social Psychology Bulletin，1993，19：4－12.

② 黄玲：《我国中小学心理教师身份认同感现状分析》，《云南教育》（继续教育版）2007年第8期。

常不喜欢和不喜欢）别人称他为“农民工子女”。这说明对于农民工随迁子女这一社会角色存在自卑感，而且在心里将农民工划在城市身份之外，潜意识里有排斥感。因此，适当地帮助随迁子女进行心理辅导，正视并肯定父母的贡献，能够在一定程度上树立自信心，增加对自我身份的肯定。

第四章　农民工随迁子女融合教育的影响因素研究

本章所要讨论的是有哪些因素影响着融合教育的实施，它们对融合教育实施的影响到底何在？研究这些问题主要是为探讨融合教育的实施对策服务。根据对文献的梳理，我们认为家庭环境、学校环境、城市环境（包括社区生态、电视媒介、政府政策）三个大因素共同制约融合教育的实施，影响着融合教育实施效果。

第一节　家庭环境

家庭是构成社会的基本单位，是由夫妻关系和子女关系结成的最小的社会生产和生活的共同体。[①] 家庭是一个人所有社会生活的基础，是人社会化的最初基地。[②] 对农民工随迁子女来说，家庭是其生活、成长的摇篮，也是他们社会化的第一场所。家庭对其子女在文化知识、道德品质、行为规范、心理情感、价值观念等方面都会产生重大影响，而且这些会影响其终生，对农民工随迁子女而言，家庭是他们融入城市的基本依托，其重要性不言而喻。为此，我们将从家庭社会条件、家庭氛围和家庭教育三个大的方面来分析农民工随迁子女家庭对融合教育的影响。

一　家庭社会条件

（一）父母职业地位较低

职业和行业在当今社会已经能够成为划分家庭背景好坏的一个重要指标，职业是构建社会地位等级的主要分类标准，它与每个人的经济地位和

---

① 朱强：《家庭社会学》，华中科技大学出版社 2012 年版，第 38 页。

② 潘旦、王新：《基于融合教育视角的农民工子女家庭教育研究》，《社会科学战线》2010 年第 4 期。

教育背景密切相关，父母职业地位的高低直接影响到家庭教育中的权威性。一般来说，农民工从事的职业大多数是文化要求较低、技术含量不太高的职业。据调查，农民工的职业主要集中在服务、制造、建筑三个行业，服务业比例达到44.16%、制造业比例为35.06%、建筑业比例为14.28%、其他职业比例为6.50%。较低的就业层次使他们无法拥有丰富的政治资本、经济资本、文化资本和社会资本，无法为子女提供优越的学习条件和重要的学习机会，从而在子女的家庭教育上无法树立积极良好的榜样，进而影响家庭教育中的权威性和有效性。此外，过多的劳动时间和过强的劳动力度使其花在家庭教育上的时间和精力极其有限。[①] 有一些农民工甚至需要子女帮忙完成其工作任务，或让子女完成家务，这占据了农民工随迁子女的大量的课外时间，还有，农民工职业流动性大等，这些都不利于子女的学业成绩的提高和学习习惯的养成，也不利于其子女建立自信。另外，农民工所从事脏、累、差的职业，这些职业的社会地位较低，所以他们往往易受到城市居民的歧视，这种情况在媒体上屡有报道，“公交车上遭受呵斥”，甚至被“公交司机又踢又打将其赶下车”，[②]“在商场钱包太瘪，遭受白眼”，[③]“坐地铁再度被歧视”，在一些公共服务领域里，工作人员对农民工的服务态度差，甚至很恶劣。这种受歧视的经历、体验，如果告知他们的子女或被他们的子女看到，必定对他们的子女产生较大的影响，引起这些人对社会的不满，甚至痛恨，影响到他们对城市的认知，影响到与城市居民及子女的交往，也易使他们中的一些人感到自卑，受到心理伤害。这种情况显然不利于农民工随迁子女的城市融入，也给融合教育带来不必要的消极影响，融合教育者需要花费不少的时间和精力来消除农民工随迁子女自卑、不满。

（二）经济收入较差

一个家庭经济收入的高低对家庭的生活质量，尤其是对子女的家庭教育起到决定性作用。在被调查的农民工对象中，其中，41.56%月收入在1000—1500元，23.38%在1500—2000元，20.77%在2000元以上，月收入在1000元以下的占到了14.29%。尽管在该选项中大多数农民工的月

① 潘旦、王新：《基于融合教育视角的农民工子女家庭教育研究》，《社会科学战线》2010年第4期。

② 山东网络电视台，http：//v.iqilu.com/jcdb/xw/2014/0103/3988170.html。

③ 东莞阳光网，http：//news.sun0769.com/comment/dg/t20100705_ 872390.shtml。

收入都高于1000元以上，跟务农收入相比有所增加，但是由于身处城市这一高消费的社会环境，其交通、住房、饮食、衣着等生活成本都比农村高，大大制约了他们在子女身上的教育投入。在“除学校相关教育收费外，每月用于子女教育方面的经费”这一选项中，46.75%的父母选择了“平均300元左右及以上”，37.66%的父母选择了“平均100元左右”，而选择“平均50元左右”的为11.69%，另外有3.90%的父母选择了“几乎无这方面的支出”。而选择“平均300元左右及以上”的农民工父母，他们的月收入大多处于1000—2000元之间，而月收入在1000元以下的父母对子女的教育支出则大多在50元左右及以下，可见收入与家庭教育费用支出间有较高关联性，家庭收入的有限性直接影响了农民工父母对子女家庭教育的投入。①

虽然农民工进城务工的收入与自己在老家的劳动收入相比有较大的提高，生活条件也有了改善，但是与城市居民相比差距较大，他们的家庭经济资本相对匮乏。这种情况会影响到农民工对子女教育的选择，由于经济收入较低，大部分农民工难以支付“择校费”，他们特别钟情于免费的、用来统筹安排的公立学校或者只好把自己的子女送到收费较低的民工子女学校，可见经济资本较低，其子女接受优质学校教育资源的机会变少，导致其子女处于发展不利的处境。家庭经济收入较低，大多数农民工为其随迁子女只能提供基本的学习用品、学习工具，购买课外书不多，当然，请家教、送子女进入各种培训班学习、参加夏令营这种教育投入是不会有的。还有经济收入较低，其子女的零花钱数量较少，从对温州的农民工随迁子女访谈来看，他们父母一般给五元零花钱，有的从来就不给，要用钱可以向父母要，多的一般一个星期给十元，有的给三元、五元，零用钱太少，他们在与城市学生交换零食方面的机会就大大减少，当然，我们也不赞同这种交往太多，但在城乡学生之间这毕竟也是一种交流、交往方式，增强城乡学生情感交流的一种渠道，应该说经济收入较低对影响农民工随迁子女的社会融合，给融合教育带来一定限制。在放假期间，一部分农民工随迁子女会带其子女到免费或者费用不高的市区或城市郊区的风景区游玩，有的则照常工作，而城市家庭大多带自己的孩子去远足旅行，在假日

① 潘旦、王新：《基于融合教育视角的农民工子女家庭教育研究》，《社会科学战线》2010年第4期。

休闲方面，农民工随迁子女与城市居民的子女消费相差较大，显然会加大两者的隔阂，不利于融合。经济收入较低，同样也会导致农民工随迁子女因为费用问题拒绝参与学校的收费活动，浪费了城乡学生在共同的学校活动中相互了解、增进感情的机会，不利于融合教育的实施。总之，经济收入较低，影响到教育投入，影响到农民工随迁子女的活动参与，影响到农民工随迁子女的经验、经历、兴趣以及他们的心态，在一定程度上影响到城乡学生之间的接触，甚至会成为个别城市学生歧视农民工随迁子女的理由，影响到融合教育的实施。

（三）父母文化素质较低

社会学和教育学的研究早已证明，父母文化水平的高低与家庭教育水平紧密相关。一般而言，文化水平高的父母往往在子女教育上更为科学、合理、有效。而农民工的文化程度普遍偏低，初中程度的占到55.84%，小学程度的占19.48%，高中或中专的占15.58%，文盲或半文盲占到5.19%，大专及以上的仅占3.91%。文化素质较低一方面影响着农民工职业的选择，这种普遍较低的文化水平无疑会严重制约农民工家长的家庭教育观念、能力和方法，并影响其在子女心目当中的教育权威性。在“您经常检查孩子的家庭作业完成情况”选项中，61.04%的父母选择了“偶尔”，32.47%的父母选择了“每天”，还有6.49%的父母选择了“从来没有”。在询问原因的回答中，一些父母提到是因为自己没有多余的时间，但更多的父母表示是因为自身文化水平有限，没有足够的能力来辅导、检查孩子的作业完成情况。可见，受到自身学历水平的限制，农民工父母对子女的家庭教育是心有余而力不足。①

布迪厄认为，文化资本是行动者对某种文化资源的占有，文化资本在再生产社会等级的过程中发挥着重要作用。② 如果我们按照布迪厄文化资本的观点来分析，父母的文化素质较低，说明家庭拥有的文化资本不足，这显然对农民工随迁子女的学业成绩会产生重要影响，布迪厄的研究发现，“分析出身于不同社会阶级的孩子取得不同学术成就的原因时发现，出身于不同阶级和阶级小团体的孩子在学术市场中获得的特殊利润，是对

① 潘旦、王新：《基于融合教育视角的农民工子女家庭教育研究》，《社会科学战线》2010年第4期。

② 宫留记：《布迪厄的社会实践理论》，河南大学出版社2009年版，第110—150页。

应于阶级与阶级小团体之间的文化资本的分布状况的”。[①] 也就是说，农民工随迁子女在进入学校受教育之前，其拥有的家庭文化资本不一，其学术成绩深受影响，最后导致社会阶层的再生产。父母文化素质较低，也会影响到家庭教育的其他方面，比如一些农民工对其子女的教育期望较低，如果成绩不好，升不了学那就早点去打工，免得浪费金钱，即使上了大学，费用也是个大负担，况且不一定能找到个好工作，读书没有多大用处，这势必影响其子女的学习兴趣和动机，也影响着农民工自己对教育的投资。由于文化水平有限，一些农民工采用的教育方法简单、粗暴，沟通、说理不够，责骂、惩罚较多，也影响着亲子关系以及其子女的人际处理方式以及良好家庭教育氛围的营造。总之，父母文化水平较低会影响农民工随迁子女的文化资本的积累，在文化再生产处于不利地位，与城市儿童的文化资本存在着较大的差异，这种差异不利之处在于“这种变相的贫困文化在农民工随迁子女身上进行着复制并传递，文化的贫困加大了其城市生活、学习和城市社会融合过程的难度”。[②]

（四）居住环境

由于经济收入较低，房价对大多数农民工来说难以承受，能买得起房子的很少，绝大多数农民工在城市都买不起房子，他们只能选择单独租房，有的还与他人合租。农民工为了省钱一般都在城乡接合部租用价格相对便宜的房屋，或者在“城中村”租房（那些虽然在城市中但多为旧式的房屋，这些地方多为农民工聚居区，故名为“城市中的农村”），大多数农民工随迁子女就生活在这样的环境中。无论是居住在城乡接合部还是“城中村”，农民工随迁子女居住环境鱼龙混杂，他们中的一些人易受环境的影响，沾染上不良社会风气，他们居住的社区与城市儿童居住区在空间上存在着区隔，这些都不利于农民工随迁子女与城市儿童的交往。由于农民工随迁子女居住在外来人口聚集区，其家庭社会网络多由亲戚、老乡或父母的同事构成，其接触的周边人群也都为农民工及其子女，他们的背景趋同，社会认同相似，易成为交往圈子，可见农民工随迁子女居住环境和人际交往具有同质性，这样易导致农民工随迁子女交往的封闭性，受其家庭的影响，农民工随迁子女基本生活在他们自己的世界里，与城市社会

① 包亚明译：《文化资本与社会炼金术》，上海人民出版社 1996 年版，第 193 页。

② 王毅杰、高燕：《流动儿童与城市社会融合》，社会科学文献出版社 2010 年版，第 89 页。

存在一定的隔离、隔阂，自己居住地房屋破旧、设施简陋、空间狭窄，气息繁杂，虽然这个城市有高楼大厦、霓虹闪烁、时尚繁华、生机勃勃，但这一切与我有何干，我父母就是这个城市的一个打工的，我就是一个打工的后代，这些区隔会影响到农民工随迁子女的城市归属感。由此可知，由于农民工及其子女由于居住环境与城市儿童存在着较大差距，存在着空间区隔，使得他们之间成为相对隔绝的群体，农民工随迁子女是一个与城市相对隔绝的群体，城市儿童是一个与农民工及其子女相对隔绝的群体，这样阻碍了双方的交往，不利于融合教育的实施，不利于农民工随迁子女融入城市社会。由于区隔的存在，农民工仍然依靠传统的血缘、地缘、事缘关系构成社会网络，农民工随迁子女社会交往也多限于农民工及其子女群体，他们在这个同质的社交关系网络中找到情感的慰藉。这种人际交往的"内卷化"，再加上空间区隔所造成的心理隔阂，他们往往缺乏与外界沟通和交流的冲动，对城市缺乏归属感，对城市社会活动不关心、不参与，疏离感强烈，[①] 这不利于他们融入城市社会，也不利于自身的健康成长，这些无疑增加了融合教育的难度。

二　家庭氛围

（一）亲子关系较疏远

所谓亲子关系就是父母与子女之间的人际关系，它是家庭中最重要的一种关系，具有情感性、不可替代性等特点。良好的亲子关系是子女健康成长的前提，对子女的情感的发展、性格的养成、品德的培养、价值观的形成、人际关系的处理、社会的认知等产生深远的影响。相反，不良的亲子关系则容易对子女产生心理问题，行为不端、价值混乱、情绪不稳、人格扭曲等，阻碍其成长。

从家庭教育的角度看，亲子关系是家庭教育中的中心问题，是子女成长极为重要的因素。积极的亲子关系，会使孩子形成对自己、他人和周围环境积极、乐观的认识和期望，乐于与父母及其他人交流；消极的亲子关系，则会使孩子对自己和他人及周围环境形成消极体验，影响与父母及其他人的交流。而营造积极亲子关系中最为关键的一点是父母与子女间良好的沟通，沟通的品质决定了亲子关系的品质。如何测量亲子关系，风笑天

① 罗仁朝、王德：《上海市流动人口不同聚居形态及其社会融合差异研究》，《城市规划学刊》2008年第6期。

（2007）认为应从“理解、信任、互动、冲突等侧面”来进行测量，借鉴这些指标，我们从父母与子女间的直接交谈、理解、冲突、对亲子关系的评价四个方面来考察农民工随迁子女的亲子关系及其对融合教育的影响。我们调查发现，在“您每周与孩子沟通交流的时间”的问题中，55.84%的父母回答与子女的沟通时间为“2 小时以下”，“2—4 小时”的占到14.29%，“4—6 小时”的为 15.58%，“6 小时以上”的只有 14.29%。在“孩子是否有和您谈论学校里的事情”这一问题中，51.95%的农民工父母选择了“偶尔提到”，38.96%的父母则为“经常谈起”，还有9.09%的父母选了“从来不说”。在提到“是否理解自己的子女”时，非常理解的为33.3%、比较理解的为28%，不太理解的占30.6%，很不理解的占8.1%。当问及“一个月内与自己的孩子发生冲突的次数”时，没有发生冲突的占51.1%，冲突1—2 次的占34.5%，冲突3—4 次的占8.3%，冲突发生5 次以上的占6.1%。认为亲子关系很好的占49.3%，认为亲子关系一般的占37.8%，认为亲子关系不太好的占9.4%，认为亲子关系很差的占3.5%。可见，大多数农民工父母与子女的交流沟通时间普遍较少，不足以让双方建立亲密的亲子关系，疏远的亲子关系使父母难以了解子女学习和思想情况，对子女的困扰和压力无法及时加以干预，从而影响了家庭教育效果。① 当然我们应该比较容易理解农民工随迁子女的亲子关系现状，由于农民工的职业特点的缘故，其工作时间长、劳动强度大，与子女交流的机会、时间十分有限，每天累得够戗，哪有什么精力来跟子女交流，能睡个好觉，恢复一下体力就不错了。没有交流的量作为基础，交流的质也难有保障。父母最关心的还是农民工随迁子女的在校学习、生活状况。交流的内容围绕这些方面展开，至于其他心理状况、情绪、情感状况、人格发展基本不涉及，除非出了明显的问题。由于沟通不足，亲子间的理解还是会出现点小问题，父母与子女发生摩擦在所难免，“缺少父母这个天上的向导，农民工随迁子女在与城市接触、认识、融合过程中，就缺少了可汲取的有效资源，与城市儿童相比处于劣势”，② 由于亲子关系的质与量都不够理想，其产生的问题，必定会随着其子女入学而带到学校

① 潘旦、王新：《基于融合教育视角的农民工子女家庭教育研究》，《社会科学战线》2010年第4期。

② 王毅杰、高燕：《流动儿童与城市社会融合》，社会科学文献出版社 2010 年版，第94页。

学习、生活中，尤其是农民工随迁子女由于与父母沟通、交流不够，易产生隔阂，导致其对周边的环境、人产生消极的认知和体验，为此，对融合教育来说，必须要解决交流不畅所带来的情感问题以及交流能力的培养问题。

（二）家庭气氛

家庭气氛是指家庭成员在日常生活的相互关系中所形成的稳定的心理和行为环境。它近乎无形，但能从多种不同的角度影响家庭成员的心理和行为。[①] 家庭气氛潜移默化地影响着子女性格的形成、生活的态度、精神追求等，影响着子女融于城市。

目前大部分农民工随迁子女的家庭物质生活比在自己老家的生活有所改善，但其精神生活比较贫乏，整个家庭学习氛围不够浓厚，这个特征在他们的闲暇生活中表现明显。农民工随迁子女家庭住房面积狭小，根本不可能提供书房为子女读书之用，不少家庭饭桌就是书桌，有个折叠书桌就算不错了，如果父母是做小生意的，家里更是拥挤不堪，这样的环境不能满足农民工随迁子女的基本学习需求。物质条件艰苦不算，那精神生活如何呢？一些农民工闲暇时间在看电视、看录像、打扑克、搓麻将、喝酒、聊天或睡觉，有的甚至赌博，自己不太爱学习，也没有养成学习习惯，读书看报的很少，“拿到书本就想打瞌睡”，即使读书看报，大多为消遣娱乐类的，他们中的许多人也没有想通过学习来改变处境，比如学习新手艺、找一个好一点的工作，多挣一点钱，毫无疑问，这种心态、这种氛围对子女的进取心产生不良影响。此外，虽然许多父母都很关心子女的学习，但很多农民工随迁子女的课外书籍屈指可数，有的甚至连一两本课外书籍也没有，更不要说买电脑了，买电脑的只是少数家庭。农民工随迁子女的闲暇时间又是怎样度过的呢？他们大多数人在完成教师布置的作业、帮父母干活、带自己的弟妹、看电视、听音乐、上网、看课外书、开展体育活动比如跳绳、下飞行棋、踢毽子、在自己居住小区玩群众健身器材或与同学玩耍，由于时间不允许，再加上农民工自身的认识不足，许多父母很少与子女一起参加活动，很少带自己子女去市区逛书店、公园、博物馆等。从目前来看，农民工家庭缺乏必要的文化氛围，农民工随迁子女的闲暇活动属于“发展型、学习型、劳动型、消遣型和沟通型五类”，其中劳

① 陈玉焕：《大学生心理健康教育导论》，河南人民出版社2009年版，第37页。

动型、学习型、消遣型常见，发展型、沟通型不足，他们的闲暇内容基本以娱乐为主，而那些融于城市生活的闲暇活动太少。总的来说，城乡家庭氛围差距较大，城乡学生之间的闲暇活动不一，这不利于城乡学生之间的交流与融合，增强城乡学生之间闲暇活动的相近性，通过加强农民工随迁子女的精神需求引导影响其家庭氛围，对于融合教育来说具有足够的挑战性。

三 家庭教育

（一）家庭教育内容

家庭教育内容和学校教育内容是一致的，即德育、智育、体育、养成习惯育和劳动教育 5 个方面，尤其是德育、养成习惯育等方面更多地需要在家庭环境中进行。调查所得数据显示，农民工父母较关心子女的智育和德育，而在养成习惯育和劳动教育方面关注较少。在“您对孩子进行家庭教育时，教育内容主要集中在哪方面”的选项中，49.35% 的父母选择了“智育”，36.36% 的父母选择了“思想道德教育”，仅 13.19% 的父母选择了“养成习惯育和劳动教育”，1.1% 的父母选择了“体育”。这种重智育的选择是与整个社会教育理念紧密联系的。需要说明的是，在调查中发现多数农民工父母都将智育简单地理解为学习成绩，他们把子女的分数看得特别重，希望子女能够在学历上有较大突破，而忽视能力和思维等其他方面的发展。绝大多数人对子女学历的期望是大学学历、硕士和博士研究生学历，三者合计达 89.61%。这种高期望体现了农民工复杂的心理。首先，反映了他们对社会人才需求趋势的一种正确判断以及对知识的尊重和敬畏之情。其次，反映了他们的“代偿”转移心理。出于对自己生活现状的否定，他们将人生的失败归结为教育的缺失，并寄厚望于下一代，希望子女能取得较高的学历，从而攀登自己没有达到的人生高度。正是由于上述原因，他们在家庭教育方面特别重视学习成绩，希望子女能够在学历上有所突破，离开现有的生活环境。

（二）家庭教育方式

家庭教育方式是指父母在日常教育子女时常用的方式、方法及教养行为、态度。家庭作为孩子的第一所学校，父母的教育方式对孩子的影响是至关重要的，它直接关系到子女的心理健康、性格发展、智力成长等。在调查中，在“当孩子成绩达不到您的理想要求时，您会采取什么做法”这一选项中，92.20% 的农民工父母选择了“与孩子进行交流沟通”，而只有1.30%和6.50%的父母选择采取“不管不问”和“责怪、打骂”的方式来对子女进行教育。从这一选项中我们可以很欣喜地看出，那种对子女放任型和粗暴型的教育方式已经大大减少，而与子女进行沟通交流式的民主型家庭教育方式越来越受到农民工父母的重视。虽然农民工父母们认同民主型的家庭教育方式，但是对于如何实施却不甚明确。在“您有没有经常表扬您的孩子”选项中，58.44%的父母选择了“没有”，41.56%的父母选择了“有”。从心理学角度来分析，每个人都需要表扬，表扬实际上是一种投入少收益大的感情投资，是一种驱使人奋发向上、锐意进取的动力源泉。对农民工随迁子女而言，家庭内部正面的评价尤为重要，因为他们在城市中感受到巨大的心理落差，经济收入的差距、文化背景的差异、学习环境的差异，无时无刻不在将他们的自我评价导向负面，以至于一些孩子产生了严重的心理障碍，从而容易走向过度的攻击性或强烈的自卑感两种发展趋势。当孩子在外部接收到负面评价时，如果家庭内能够给予正面评价，就能够形成一定的平衡力，缓解孩子内心的焦虑和不安。可现实情况是，农民工父母给予子女的正面评价很不够。导致这种情况的原因是多方面的。首先，农民工父母工作时间长、劳动强度大，无暇关注孩子。其次，农民工父母自我评价也较低，负面情绪下艰难生活的父母很难给子女经常性的表扬。

（三）家庭教育面临的困难

在“家庭教育的过程中遇到了哪些困难”的调查中，50.65%的父母认为“不知应从哪些方面进行教育”，25.97%的父母选择“无法与子女良好沟通”，14.29%的父母认为是“夫妻之间意见不合”，只有9.09%的父母认为在家庭教育过程中没有遇到困难。数据说明大部分的农民工父母在教育方法方面存在认知空白，面对一些教育问题，无从下手。而在“您希望了解哪方面的家庭教育知识”选项上，选择“科学教育子女的方法”的父母占到了91.9%，说明农民工父母希望能够了解正确的教育方式和途径，以便更好地对子女进行家庭教育，解决一些家庭教育问题。

当然，农民工家庭也有利于其子女融于城市社会的一面，即对融合教育产生积极影响的一面。首先，从教育资源来看，农民工把其子女带到城市，与自己的老家农村相比，尤其是对那些边远山区的农村，城市的教育资源相对来说还是比较良好的，尤其是那些进入公立学校的农民工随迁子女，他们选择、拥有了老家同龄人没有的教育资源，虽然与优质的城市教育资源来比差距较大，但这对农民工随迁子女的发展来说也是个有利条件，此外，还有不少的社会爱心人士为他们提供物质帮助，尤其是志愿人员、社会工作者提供各种公益活动、夏令营，包括各科学习、心理辅导、手工制作、艺术创作、歌舞训练、科技体验、日常礼仪、安全、环保常识、户外拓展等方面的援助，这些“城市化”的活动，既让农民工随迁子女满足其愿望、学习到各种技能，树立其自信，又能开阔其视野，增长其见识，丰富其精神，享受到快乐，引发其梦想，同时为他们融于城市生活提供必要的帮助。

其次，城市环境为农民工随迁子女发展提供异彩纷呈的外部条件。与“日出而作，日落而息”静态的农村相比，城市的街道华灯璀璨、热闹繁华，丰富着人的感官世界，城市科技发达、信息丰富多彩、文化活动多姿多彩等，尤其是城市多样的公益文化、各异的人文景观、丰富的演出文化、怡情的休闲文化，这些文化活动极大地开阔了农民工随迁子女的视野，增加了他们的见识，滋润着他们的精神世界，给他们以精神享受，也为他们的发展提供了充足的养料。随着农民工随迁子女在城市生活时间的增长，城市的生活方式、城市社会的为人处世规则、城市的精神气质都对他们产生潜移默化的影响，他们的兴趣爱好、衣着打扮、行为举止、文明礼仪、思维方式、价值取向都趋于城市化，这些都有利于农民工随迁子女融于城市，有利于融合教育的开展。

最后，城市给农民工家庭带来的变化也有助于他们的子女融于城市社会，为融合教育的实施奠定基础。农民工进城务工后，其家庭收入比在农村有了较大的增长，这客观上能为其子女发展提供相对丰富的物质资源、优越的生活环境，他们把子女带进城市与自己一起生活，其目的就在于能为自己的子女成长尽可能提供一个良好的环境。与此同时，农民工在城市工作、生活中也在悄悄地发生改变，尤其是他们的家庭教育、他们的教育观念和教育方式也在静悄悄地发生着改变。龚雯（2007）通过调查发现：农民工家长比流动前更加重视子女的学习，同时也注重子女多方面素质的培养，农民工家长改进了教育方法，同时也注重亲子沟通，也慢慢变得民主，农民工家长更新了教育观念，以及增强了素质教育的意识。城市文化特质和生活方式以及农民工的经历和体验促使农民工随迁子女家庭教育向城市家庭教育接近。对这种情况我们不难理解，由于自身从事的工作甚是艰苦，为此，他们希望自己的子女不再从事这种工作，走自己的老路，他们自然而然把希望寄托在教育身上，希望自己的子女接受更好的教育，拥有较高的学历，将来能找个体面的工作。

毫无疑问，城市生活吸引着农民工随迁子女，增强了他们留在城市的意愿，这都有利于他们融于城市社会，有利于融合教育的开展。但是我们也必须看到，农民工家庭的经济条件还不理想，他们居住的环境还有待改善，他们的文化程度还有待提高，家庭文化氛围还有待增强、家庭教育的科学性、艺术性还有待进一步提升，这些家庭条件都不利于农民工随迁子女融于城市社会，也为融合教育的实施带来不小的难度。

第二节　学校环境

农民工把其子女带到城市，除了监护、满足子女情感交流需要外，还有一个重要的想法就是让自己的子女受到良好的教育。学校是农民工随迁子女城市生活时间最多的场所，也是城乡学生交流的重要场所，也是农民工随迁子女认知城市社会的窗口，也是融合教育的重要阵地。所谓的学校环境就是“围绕在学校成员周围一切事物的总和”，学校环境是“青少年学生生长、发展的微观环境，也是学校教育、教学活动能够顺利开展的重要条件。”[①] 但我们必须看到，学校环境中同样存在融合教育的不利和有利条件，所包含的因素很多，本书并不系统分析，只从融合教育视角择其一二探讨。

一　学校层面

（一）融合教育意识不够清晰

为什么存在一些招收农民工子女的学校实行单独编班的现象，尽管教育主管部门、学校解释这不是歧视农民工随迁子女，而是帮助他们更好地适应学校、适应城市。撇去争议不说，我们可以发现，单独编班反映出主管部门、这些学校管理者眼中只有“适应”，没有“融合”，他们并没有意识到不同文化地域的孩子之间需要融合，城乡学生之间需要融合，他们的融合教育意识模糊甚至缺失。这种情形也比较容易理解，毕竟融合教育是目前学界在研究农民工随迁子女教育时提出的一个概念，其内涵、功

① 俞国良：《学校文化新论》，湖南教育出版社1999年版，第103页。

能、目标、内容、实施等方面探讨并没有形成一个统一的看法，研究力量还不够，对其研究还不成熟，缺乏标志性的研究成果，融合教育的提法在学界虽有探讨，但反响也不够大，在教育界反响那就更不用说了，还远达不到上升到教育政策层面，因而对一线学校的影响更为孱弱。在学校任务比较繁重的当前，缺乏必要的教育行政命令，学校是不会主动去实践融合教育的，除非学校觉得到了非做不可的境地。对学校来说，毕竟学生成绩的提高、教学质量的提升才是头等重要的大事，这是学校的生命线，是他们的生存之本，尤其对这些比较薄弱的学校来说，更是如此，如果成绩不好，社会声誉不佳，融合教育做得再好，也是枉然，家长不认可，一切都是白忙活。反过来说，如果学校教学质量高，就是融合教育不做也对学校没有任何不良影响，因此，接纳农民工随迁子女的学校其融合教育意识模糊也是正常的。由于对融合教育缺乏敏感性，这些学校的管理者们往往把精力全部放在紧抓学生的成绩和促进教师成长上，忽视融合教育的开展。当然，我们不能排除接纳农民工随迁子女的学校的一些做法就是融合教育的做法或者他们的日常许多做法有助于融合教育，很可能学校做了，自己并没有意识到。此外，融合教育意识模糊不利于融合教育目标、内容的有意识建构，也很可能会浪费融合教育的时机。

（二）融合教育的内容缺乏系统

融合教育到底要做些什么，在教育实践中如何操作，学者的理解不同，说法也不一，没有一个统一的界定，也没有研究出一个有说服力的框架，对于一线学校来说，这就意味着缺乏理论支撑，再加上大部分学校的融合教育意识比较模糊，当然，他们也就不会有意识地去建设融合教育内容，更不用说要去建构融合教育课程了。这种情况容易导致学校仍然根据以往的常规教育来开展工作，如安全教育、革命传统教育、文明礼仪教育、环保教育、各种艺术节活动、外出参观游览等，当然这种做法也没有什么不妥，在客观上也有助于城乡学生之间的融合，在某种程度上某些方面倒也可能无心插柳柳成行，也能做到很好地渗透融合教育，但复杂的融合教育大厦工程不能建立在没计划的基础上，否则整体上的效果会大大降低。毕竟这些常规的教育与融合教育内容还是有较大的区别的，其侧重点是不同的，融合教育的侧重点在城乡学生之间融合、城乡文化的相互吸收、共融。而这些常规的内容则有着各自的目的和内容，比如了解安全知识、规则，传授、体验主流价值观念，养成良好的行为举止、卫生习惯，锻炼、展示自身的才艺、参观游览、体验城市的美与文化等，这些都有助于农民工随迁子女融入城市，但如果教师缺乏融合教育意识，没有融合教育的眼光，极有可能浪费资源，不能很好地挖掘这些教育内容所承载的融合教育功能，尤其不会有意识挖掘农民工随迁子女这个群体所承载的乡村文化资源，为融合教育服务，更不可能把这些教育与融合教育有机结合起来，当然实施效果不一定俱佳。

还有一种情况就是，融合教育内容缺乏有意识、有计划的建构，学校就容易“头痛医头，脚痛医脚”，学生如果出现了什么问题，学校就采取措施来解决这些问题，当然这些问题不一定就是融合教育问题，即使是属于融合教育内容，从整体上看，学校的做法也大多随意、分散、不系统，甚至凌乱，缺乏融合教育这根线，就无法实现“艰难一跃”，那些散落的珠子无法成为一条精美的项链，虽然学校终年辛苦劳作，但收获却有限。融合教育内容非常广泛，包括心理、文化、身份等方面，这需要学校了解本校农民工随迁子女的特点，把握他们的需求，结合本校、本地、本社区的各种资源，按照方案，有意识地去开发这些资源，这样才能把这些内容形成一个整体，才能取得最佳效果。

（三）融合教育实施财政支持不足

为了消除户籍制度给农民工随迁子女带来的制度性障碍，解决农民工随迁子女在城市入学难的问题，国家出台了一系列有关农民工子女义务教育的政策，尤其是“两为主”政策以及农民工子女异地中考、高考政策的颁布、实施，为农民工随迁子女在城市就学提供了政策支持。但我们必须看到，这些教育政策的提出虽然拆除了户籍制度对农民工随迁子女读书、升学、高考方面的樊篱，尽管国家在解决农民工随迁子女的义务教育问题方面取得了很大进步，但由于其中关键是没有解决教育经费的问题和教育财政体制的改革问题，农民工子女义务教育及义务后教育问题其实并没有得到根本解决。我国实行的是“地方负责、分级管理”的义务教育财政体制，农民工随迁子女到了流入地就学，但其义务教育经费仍在流出地，而流入地的城市政府从财政中划出的经费是专供自己所管辖区内、拥有户籍的城市居民子女接受义务教育之用，不包括农民工随迁子女。如果流入地要贯彻落实“两为主”的政策，而流出地却不承担教育财政职责，这样一来，势必加重流入地市、区、县政府的财政负担，对流入地来说“这种只有付出，没有回报”制度安排难以接受，导致流入地市、区、县政府采取各种行为规避教育经费负担，必定设置种种条件提高门槛以挡住“蜂拥而来”的农民工随迁子女，尽力把他们挡在门外，或通过不给或少给农民工随迁子女学校提供财政补助，以减轻自己的财政负担。这样一来，接纳农民工随迁子女学校的教育经费必然紧张，毫无疑问，学校也难以从有限的教育经费中抽出部分来进行融合教育，更不用说来进行需要大量人力、物力、财力的融合教育内容开发了。

二 教师层面

教师是学校融合教育的具体实施者，也是学校融合教育实施的中坚力量，其意识的有无、态度的好恶、能力的高低决定着融合教育实施进程的快与慢、结果的好与坏。为此，在学校层面，教师是影响融合教育的一个重要因素。从目前来看，不少教师在意识、态度、能力方面面临着不小挑战，不太适应融合教育。

（一）教师的理念

思想是行动的先导。融合教育缺乏必要的新闻媒体宣传，也没有上级文件的下达，学校也缺乏必要的热情，不少教师自然也就缺乏融合教育意识，他们头脑中并没有明确的融合教育的概念，融合教育需要教师做什么也不清楚。融合教育对于一些埋头苦干的教师来说大都是个新鲜玩意儿，对不少教师来说，完成学校布置的教育教学工作任务，并取得好成绩，获取必要的荣誉才是王道，才是学校、家长们所需要的、所认可的，才是自己工作的重心所在，如果这些没有做好，反而会影响到自己的生存，因此融合教育对他们来说纯属多余，没有必要，即使有必要也并不十分重要，许多教师还没有认识到融合教育的重要性，也没有意识到其对城乡学生成长的重要性，虽然农民工随迁子女这一群体已经接触到，有所了解、熟悉，但这些教师的理念受习惯所左右，仍然停留在“知识、成绩”为中心层面而没有转向农民工随迁子女的可持续发展问题上来，当然也就不会热衷于探讨如何针对这个群体实施“因材施教”，更不会针对城乡这两个学生群体之间主动性实施融合教育了，除非这两个群体给教师的中心工作制造“麻烦”，否则教师不会去想办法解决它。

（二）教师的态度

从教师对农民工随迁子女的态度来看，应该说大部分教师对农民工随迁子女态度友好，能对农民工随迁子女一视同仁、平等对待，有的对农民工随迁子女充满同情，他们认为农民工随迁子女家境不好，吃了不少城市学生没有吃的苦，有些教师还给予他们无私的帮助。但是也有一部分教师对农民工随迁子女存在厌恶的态度甚至歧视。在访谈中他们大多在抱怨农民工随迁子女，他们学习基础差、学习习惯差，作业不能按时完成，上课纪律差，喜欢讲话、卫生习惯差，随地吐痰、乱扔纸屑，刚到学校时衣着很脏，有时候还会打架等，这些老师在学生面前虽然没有表露出来他们的态度，但在心里没有完全接纳农民工随迁子女，所以这部分教师对农民工随迁子女的态度不会太好，这种不太好的态度导致师生关系的疏远，对学校、对城市产生疏离感，当然，这部分教师肯定不会对农民工随迁子女进行融合教育。即使有教师心里不排斥农民工随迁子女，但也大多不太愿意接受有农民工随迁子女的班级，毫无疑问，管理有农民工随迁子女的班级太费精力了，“动不动给你弄点事情，太麻烦了”（温州S小学教师），再加上他们教育教学任务繁重，一般的教师工作量大多在16节课左右，繁重的教学任务使他们往往很难抽出时间和精力对学生开展融合教育。

（三）教师的能力

从教师的能力来看，由于融合教育本身的特点、再加上又没有可供参考的教育经验，这对教师来说是一个很大的挑战。众所周知，融合教育的有效实施，将使城乡学生、城乡文化实现有机融合，使学校教育与家庭教育实现有机融合，进而使学校管理、家庭管理与社区管理有效融合起来。然而，在我们追求优质教育的同时，也对教师的专业素质和教学行为提出了更高的要求。

（1）教师教学技能面临的挑战。这主要体现在两个方面。一方面，城乡教育质量的差异给孩子跟上学习进度、融入班级造成了困难。在我国，农民工随迁子女主要来自教育水平和质量不发达的农村地区，其中许多人的学习基础比城市原住民子女差。因此，在适应城市学校学习方面农民工随迁子女出现了较大的困难。他们经常遭遇学习问题，如不能流利使用普通话，基本没有学过英语，中途转入后很难跟上学习进度，知识面相对狭窄，许多孩子缺乏信息技术教育的基础等。另一方面，农民工的工作不固定，要经常变换工作地点和工作种类，转学对于进城农民工随迁子女来说就成了家常便饭。由于农民工家庭本身的流动性，流出地和流入地的课程内容不同，农村学生的学习习惯与本地学生有较大差别等，不利于农民工随迁子女学习的稳定性和连贯性，教师的工作量大大增加了。

（2）教师思想教育能力面临的挑战。孩子的健康成长离不开良好的人际关系和和谐的学习氛围。然而在公立学校学习期间，很多农民工随迁子女遭到城市孩子的排斥，甚至有意地谩骂、羞辱、孤立。受他人影响或迫于压力，有些城市小孩也对农民工随迁子女无意地疏远或冷淡或不敢与农民工随迁子女交往。毕竟农民工随迁子女在公立学校占较少比例，心理支持力量薄弱，从而会不自觉萌生“异类感”。由于与城市学生交往中存在着“身份意识”，农民工随迁子女受到不同程度的排斥甚至是歧视，处于城市学生交往“主流圈子”的边缘。这使“他们宁肯回到流动人口子弟学校与自己熟悉的孩子在一起，也不愿在歧视与冷落中学习和生活。”[①]甚至还有流动人口子女因为受到同学的歧视和欺负而自杀的情况发生。[②]如果教师能够采取适当的思想教育措施，这些农民工随迁子女就不会产生此类感受，也不会再出现类似悲剧。

（3）教师课堂管理能力面临的挑战。课堂应该是师生美好生活的一部分，是一段能够焕发生命色彩的人生经历。可是，不少教师有这样的抱怨：自从学校接收了农民工随迁子女，课堂管理比较混乱，学生间的冲突增多，常把课堂搅得一团糟。与此同时，由于学生动向具有分散性与流动性的特点，班级凝聚力建设失去了空间依托和时间保障。课堂管理关键在教师。其实，没有哪个孩子天生爱捣乱。正像没有哪片树叶会拒绝阳光一样。每个学生都渴望亲近老师，感受学习乐趣。只不过由于一些教师不善于课堂管理，缺乏管理意识、技巧和情感，致使课堂混乱失控，教学也就沦为了师生双方备受煎熬的心灵苦役。面对这种异质性较高的班群体，教师如果不能实施有效的管理策略，将会造成部分学生游离于课堂环境，降低课堂教学时效。

（4）教师心理疏导能力面临的挑战。流动人口子女处于人格形成和发展的重要时期，进入新的环境后，他们本应与城市本地子女一样，得到应有的关怀和良好的教育培养，顺利发展，但社会分层的必然结果是，他们在社会性资源分配上成为具有经济利益的贫困性、生活质量的低层次性、家庭结构的不完整性和承载力的脆弱性等特点的社会弱势群体，[③]使

---

① 陈玉云：《流动人口子女教育问题综述》，《教育探索》2004 年第 2 期。

② 王映：《给流动人口子女以真正的教育平等——由晓岚的悲剧引发的思考》，《教育导刊》2004 年第 1 期。

③ 杨素萍：《社会转型时期农民工子女教育问题探析》，《现代中小学教育》2004 年第 6 期。

他们应有的权益受到损害，在不同程度上引发了他们新的心理发展危机，给他们人格的健康发展带来不利影响。城市对流动人口的一些歧视、排斥也会进一步加剧人格发展中的心理危机。在与城市学生交往中，有些农民工随迁子女的情绪波动较大，或心情低落，或消极抵抗，用不友好的言语和行为对待同学，或冷漠地与同学隔离开来，使同学们不乐意与之交往。社会的发展要求学校重视学生的全面素质，而社会大环境的教育背景正日趋复杂。因此，面对这种要求和这种背景下的青少年，教师越来越需要用心理学的知识和技巧来教育孩子。如果老师无暇或无力关注这一现象，给予合适的引导，长期消极心理状况势必影响他们的人格健康发展。①

三　学生层面

（一）农民工随迁子女的流动性

由于是家庭迁徙，农民工随迁子女是跟着父母流动而流动的，一般来说，农民工随迁子女的父母大都没有稳定的工作，他们经常变换工作地点的可能性很大，流动是他们生活的常态，因而也导致农民工随迁子女也经常流动。这在私立农民工随迁子女学校更为明显，年级越低农民工随迁子女人数越多，年级越高人数越少，有的学校 7 年级凑成一个班，8 年级流走一半，9 年级只有 8 名学生。据搜狐报道，春苗学校是武汉目前唯一有固定校址的打工子女学校，含小学和初中，该校每学期平均流动学生 10%，毕业班流动性更大。从小学一年级坚持上到 9 年级的，全校不足 30%。也就是说，全校综合流动率在 70% 以上。② 所以媒体把他们称为“候鸟”。农民工随迁子女流动的频繁性，对公立学校来说，带来不少的管理麻烦，因为农民工随迁子女要即时插班和随时转走，有的父母不打招呼就把自己的子女带走，这常打乱学校的招生计划，影响着教育教学，这显然也不利于融合教育实施，这种流动的频发性往往导致学校的融合教育半途而废，对教师来说，当自己辛苦制定好相应的融合教育计划并满腔热血地实施时，常常出现计划还没有实施完毕，就出现学生流失的情况，这使得融合教育很难实施下去，常给实施者带来失落感。我们在对一些温州农民工子女学校的教师访谈时发现，一部分教师抱怨“教农民工子女没有成就感”（温州 W、J 中学教师），因为这些学生流动性大，在

---

① 黄兆信、郭丽莹：《农民工子女融合教育：教师职业能力面临新挑战》，《教育科学》2010 年第 2 期。

② 搜狐教育：《多次转学流动大　许多农民工子女上学没学籍》2007 年第 3 期。

他们刚进学校时，老师认认真真地工作，对他们的学习、生活进行关照，也准备做出一番成绩来，可工作刚刚有起色，有些农民工子女就走了，有的中途走了，有的快到毕业时走了。打一个不恰当的比方，这就好像园丁自己一直辛苦改良土壤、除草、种树、施肥、捉虫，好不容易等到果子成熟了，可是摘果子的人不是自己，是别人。总之，农民工随迁子女的流动性，常造成学校融合教育的中断，难以看到其实施的具体效果，也给教师带来失落，感到工作没什么意义，导致教师融合教育工作热情趋于平淡，缺乏应有的激情。

（二）同伴的交往

融合教育是一种城乡学生互动、城乡文化双向交流的过程。要真正把融合教育变成这样的一个过程而不是向农民工随迁子女单向传输的过程，城乡学生就必须接触、必须交往。对农民工随迁子女来说，与城市同学的互动，人际交往则是互动的核心，它既是融合教育的表现，也是检验融合教育的一个重要指标。从理论上说，青少年时期最重要的人际关系就是同伴间的关系。良好的人际关系能让交往双方的爱与尊重的需要得到满足，彼此接纳并建立起纯真的友谊，能从同伴中获得支持，获得安全感和归属感。当然城乡学生的交往对融合教育来说更具有重要意义。城乡学生的接触、交往，能增进彼此的了解，在文化、价值等方面能彼此借鉴，相互学习，相互促进，共同成长，从而缩小城乡学生之间的知识与能力的差距，尤其是能缩小城乡学生之间心理距离，从而促进融合。城乡学生的交往有助于去除农民工随迁子女交往的“内卷化”，扩大双方的社会交往网络，增加交往异质性，有助于增加双方的交际能力，从而有助于融合教育的实施。我们去访谈发现，农民工随迁子女大多期望自己有一个知心朋友，希望获得友谊，但是由于家境原因或是交往过程中不良体验，他们的心理比较敏感，他们渴望得到尊重，但更害怕被别人取笑自己的成绩不好、家境条件不好，怕被人瞧不起自己，故交往的主动性缺乏，不敢主动与别人进行交往，因而他们更愿意选择与自己有相似经历的、条件差不多的外地同学作为交往对象，这样可以减轻因条件相差太大而产生的交往压力，况且，他们比较容易找到共同的话语和话题，这样的交往呈现“内卷化”的特征。相反，大多数城市学生则不太愿意与农民工随迁子女交往，即使有交往也不够深入，城乡学生之间还是存在一定的隔阂，主要是兴趣、爱好不太一样，自然就玩不到一块了，当然不排除城市学生对外地生有一定的排斥心理。总之，从同伴交往来看，农民工的交往频率比较高，但城乡学生之间的交往还需进一步增强，这种人际交往不利于融合教育实施。正因为如此，城乡学生之间的交往成为融合教育需要着重解决的问题，成为融合教育的重要内容。

第三节 城市环境

城市环境是农民工随迁子女随父母进城后所面临的一种全新的生活环境。城市与乡村相比，城市是一个人口高度集中、功能多样、设施齐备、环境复杂的地方，城市社会具有法治性、多元性、开放性，[①] 农民工随迁子女就是生活在这样一个人口规模大、设施便利、阶层多样、组织遍地、职业难数、文化多元、追求变化、人群陌生、温情稀薄、高度异质的社会环境。这种环境对农民工随迁子女来说既新鲜好奇，有吸引力，又把握不定，略带一丝恐惧。这样一个社会环境对农民工随迁子女的认知如何、态度如何？对融合教育会产生什么影响？

一 社区环境

农民工进城后，居住在流入地的一些社区内。社区是农民工及其子女的居住空间，是他们生活或工作的场所，也是他们与城市人接触最多、进行交往的场所，是农民工随迁子女成长、交往、学习和接受教育的社会化区域。流入城市是农民工随迁子女生活的大环境，社区则是农民工随迁子女生活的“小环境”。这种小环境为农民工随迁子女提供一个交往异质性的空间，从理论上有助于农民工随迁子女融入城市，为融合教育提供了物质基础。具体来说：

（一）提供接触平台

尽管农民工及其子女与城市居民存在着空间区隔，但一个社区全部为农民工群体这种情况还是较少的，以温州为例，城市居民与农民工群体混居情况还是较为常见，尤其是在老城区。虽然城市本地居民和农民工两个群体的文化背景不同，存在着一定的隔阂，但他们生活在同一个社区里，

① 刘杨等：《2013年流动儿童社会处境、发展状况及影响机制》，北京大学出版社2013年版，第55—60页。

正所谓同在屋檐下，抬头不见低头见，总会有接触的机会，他们对社区里的人和事情总会有共同点，有共同利益之处，比如社区的环境卫生问题、公共安全问题、基础设施问题、防火问题等。如果社区居委会、社区志愿工作者能及时地发现城乡居民共同存在的问题和需要共同协商解决的问题，并以这些问题解决为切入点，开展社区活动，在活动中，积极穿针引线，引导两个群体同心协力一起解决社区共同的问题，那么毫无疑问，社区、社区活动就是一个给城市居民和农民工、城市学生和农民工随迁子女提供接触机会的平台，能增加两个群体之间的交流与沟通，打破两个群体之间的隔阂、促进两个群体之间的了解与互动，为城乡学生的成长构建一个和谐、融洽的社区环境，为融合教育的开展奠定了前提条件。

（二）促进社会融合

农民工这个群体其实也存在差异，他们大都来自全国各地，也就意味着他们身上承载的文化也来自全国各地，这就表明城市混居社区集中了来自祖国各地的文化。毫无疑问，这些来自全国各地的文化是宝贵的文化资源、教育资源，为此，城市社区应充分开发、利用这些文化资源，开展各种才艺秀，比如歌唱、舞蹈、器乐、曲艺、戏曲、杂技、劳动技能、生活技能等，这些表演可以是单独的、小组的，更鼓励城乡居民合作表演，让城乡居民把各自的才艺、文化特色淋漓尽致地表现出来，这样既可以丰富城乡居民的闲暇生活，又提供了共同学习、相互交流、支持的平台，还能展示农民工的文化形象，改变城市居民对农民工群体的认识，有助于培养城乡居民从积极的、多元的角度看问题，促进城乡文化相互吸收、融合，与此同时，还能培养良好的社区文化氛围，形成文化特色社区，增强社区成员的社区归属感，有利于城乡居民、城乡学生之间相互接纳、相互融合。

当然，社区还可以组织一些节日活动、各种体育活动、青少年创意活动、社区生活服务等，以这种互动活动为载体，以各种喜闻乐见的形式，吸引农民工及其子女和城市社区居民及其子女来参加活动，在开展社区服务和文化娱乐的过程中，让城市居民走出封闭的自我空间，与农民工及其子女这个群体进行交流，亲身感受到社区大家庭的温暖和快乐，这有助于在社区形成健康向上和相互关爱的文化氛围，促进生活融合。由此可见，社区既可以为融合教育开展营造良好的氛围，也具有融合教育开展具有特色的各种资源。但是由于主客观种种原因，社区融合教育实施并不令人满意，对温州市一些社区的调查后，我们发现，社区在融合教育方面的不足具体表现如下：

1. 融合教育意识的缺失

虽然国家专门针对社区自治出台了相关文件，但由于计划管理体制的影响，政府仍然习惯于对居委会的具体领导和业务指挥，导致在社区治理过程中出现严重的越位、缺位、错位，使得社区自治流于形式，居民委员会行政化倾向严重。具体说来，政府对待农民工子女教育重点放在“有学可上”，很少考虑如何让农民工子女融入城市等问题，融合教育尚未进入社区的视野，社区青少年教育活动开展的主体仍旧是城市的青少年，社区的外来农民工子女只是一些活动的“点缀”。[①] 我们从融合教育意识的缺失可以看出社区工作以“城市为中心”的观念或习惯在社区教育方面并没有得到彻底消除，这种意识的缺失易导致教育资源的闲置、浪费，容易忽视农民工及其子女这个群体的优势，从而导致教育效果不佳。

2. 融合教育内容的缺乏

当前社区青少年教育内容丰富，包括科学常识普及教育、环境教育、青少年维权、公民道德教育、革命传统教育、时事教育、道路交通安全法教育、消防宣传教育等，还有一些给贫困孩子送温暖活动等，这些活动虽然很必要，但对外来农民工子女融入城市来说仍有“隔靴搔痒”之感。并未有意识去关注、调查研究外来农民工子女真正的教育需要，没有为他们适应、融入城市开展一些有针对性的活动。这些内容体现了城市化倾向，其知识、规则是城市社会生活所必备的，在客观上也能为农民工随迁子女适应、融入城市社会服务，但缺乏为农民工随迁子女服务视角，缺乏融合视角，因而其效果有限，其实这些内容也可以承载融合教育的目的和任务，这就需要社区管理者、社区教育者树立起融合教育意识，具备“社区人”理念，才能把缺陷弥补。

3. 融合教育方法实施缺乏融合

首先，社区在开展教育活动时，并没有把这些活动作为实施融合教育的有效载体，而是对外来农民工子女、城市居民的学生分别实施教育，外来农民工子女、城市社区居民的学生很少互动，“隔离教育”痕迹明显。

---

① 黄兆信、万荣根：《社区：融合教育实施的重要场域》，《教育发展研究》2008 年第 23 期。

其次，社区内部实施教育的各方缺乏有机联系，大多数居民活动参与不足，甚至有排斥心理。再次，社区与社区所在的学校虽然有合作，但社区、学校各自为政局面仍然十分明显，两者缺乏有机融合，社区青少年活动目标的制定、参与活动对象、活动内容形式的确定等仍是社区的单独行为，而不是社区与学校共同协商的结果。

当然，我们不排除社区的一些做法有助于城乡学生之间的融合，但从整体上看，以上融合教育存在的问题，导致社区融合教育效果需要进一步增强。

二 大众传媒中的农民工随迁子女形象

我们没有去调查城市居民对农民工随迁子女的社会认知，一是对象不容易确定，二来更主要的是调查的真实难以确保。为此，我们决定采取媒介内容分析法，对网络上有关农民工随迁子女的报道内容进行分析，看看大众传媒中的农民工随迁子女形象如何？在我们看来，大众传媒代表了城市主流社会的声音，从而也可以认为大众传媒中的农民工随迁子女形象也就代表了城市主流社会对农民工随迁子女的社会认知。

（一）媒体信息选取

大众传媒是城市居民主要的信息来源，也是他们认识城市社会的“媒介现实”，浏览大众传媒信息成为城市居民生活中不可缺少的一部分。随着大众传媒的迅速发展，它们对城市居民的影响也日益增强，对城市居民的社会认知和价值观念等所产生潜移默化的影响也越来越大。“媒介通过描述说明而提出的对现实的解释有潜移默化其受众的作用。人们可以从所读到、看到和听到的内容发展出对物质现实和社会现实的主观及共认的意义构想。”① 大众传媒中的农民工随迁子女形象既反映了城市对其看法，同时也影响、强化城市居民对农民工随迁子女这个群体的认知以及农民工随迁子女群体对自身的意义的建构，继而衍生出对其所持态度。因而农民工随迁子女在大众传媒中的形象如何？值得我们去分析。

考虑到信息搜索的可得性、便利性，这次我们以网站为信息源进行信息检索。我们首先将“农民工子女”、“民工子女”、“进城务工人员子女”、“民工子弟”在百度、搜狐、360、网易等大众网站进行信息检索，

① 梅尔文·德弗勒、桑德拉·鲍尔：《大众传播学诸论》，新华出版社1990年版，第42页。

在网易搜到11.08万条，但是点开信息发现，其中有很多农民工的信息，在360网站搜索到信息534万条，在搜狐搜索到信息82204条，在百度搜集到相关信息828万条，但其省略了相似信息，只提供760条，由于百度网站提供了很多百度文库和论文，所以不以百度搜索信息为样本。虽然每个网站提供的信息数量有一些差距，但内容基本相似，所以，本次分析的样本取自360网的新闻搜索系统。

在搜索到的39.8万篇新闻中，有不少新闻与我们研究主题无关，也有不少是内容重复的新闻，为此，我们必须对这些新闻进行审核和筛选，剔除与研究主题无关的内容比如政策咨询、广告、学术论文等，把重复报道的内容删除后重新进行统计，我们实际共得到符合要求的新闻607条，作为本次内容分析的最终样本。随后我们对这些新闻进行编码，按照“框架理论”对新闻进行数量统计，对新闻报道内容的评价进行分类，最后概括出媒体中的农民工随迁子女形象。

（二）农民工随迁子女新闻内容统计

在对所有新闻标题进行浏览之后，我们发现对农民工随迁子女的新闻报道主要有：政策宣传类、公益援助类、社会问题类和媒介形象类，其中最有关联的是公益援助类、媒介形象类。见表4－1。

表4－1　农民工随迁子女新闻报道类型（%）

类型	频率	百分比	有效百分比	累积百分比
媒介形象类	60	9.9	9.9	9.9
社会问题类	65	10.7	10.7	20.6
政策宣传类	103	17.0	17.0	37.6
公益援助类	379	62.4	62.4	100.0
合计	607	100.0	100.0	

如果点开搜狐、网易、新浪、百度、360的新闻栏目，从总体上看，与其他时政、社会、军事、财经、娱乐、体育等新闻相比，我们会发现有关农民工随迁子女的报道很少，这表明在媒体眼中农民工随迁子女的事件的新闻价值不大，故不一定关注这个群体。如表4－1所示，从对2010—2014年的农民工子女新闻数量统计分布来看，对农民工随迁子女公益援助的新闻最多，其次就是有关农民工教育政策宣传类，社会问题类、媒介

形象类相对较少，尤其媒体以农民工随迁子女本身为主角的报道比较少，这不利于城市对农民工随迁子女的正确认知，不利于农民工随迁子女融入城市，也不利于融合教育的实施。由于对这个群体的信息较少，许多城市居民跟农民工随迁子女实际接触较少，他们对农民工随迁子女这个群体的认知基本上是根据媒体对农民工报道的形象而推演的一个“主观形象”，目前媒体中的农民工形象并不佳。

从现有的对农民工随迁子女的报道体裁来看，大多为消息类，比如河南关爱农民工子女木偶剧巡演活动在周口启动（人民网，2013 年 10 月 17 日）等，此类的消息报道占 90.1%，其次就是农民工随迁子女政策宣传报道角度占 17%，比如重庆下拨专项资金 9120 万元促农民工随迁子女接受教育（中国广播网，2013 年 9 月 2 日）。对农民工随迁子女的特写通讯、访谈、评论、调查性专题报道很少见于报端，这表明媒体对农民工随迁子女的报道还停留在浅层次上，媒体对这个群体现在的发展存在什么问题、未来的发展趋势如何、如何来认识这个群体、报道这个群体的目标到底何在、到底要报道这个群体的哪些方面以及如何报道这个群体等大都缺乏深层次的思考，尤其是缺乏社会学的视角，因而报道缺乏应有的深度，浅层的报道另一面也反映了媒体圈对这个群体缺乏深入了解的兴趣。

在对农民工随迁子女的报道内容中，34.5% 的新闻与教育有关，其次关爱农民工随迁子女的社会活动占 62.4%。如果继续阅读这些教育新闻，我们可以发现绝大部分教育新闻是对教育政策的简单报道，比如“兰州中小学下周一正式开课家长如遇违规收费可投诉”（甘肃新闻网，2014 年 8 月 23 日），另外就是农民工随迁子女中考、高考话题，比如海南外来务工子女获同等权益异地高考有望放宽（新浪海南，2014 年 8 月 5 日）等，对农民工随迁子女在学校教育中真正遇到哪些问题，学校、社会有没有解决这些问题及如何解决这些问题的等鲜有报道。此外，在各大门户网站上农民工随迁子女“金秋助学”的新闻铺天盖地，比如山东济宁启动金秋助学，农民工子女可申请助学金（济宁新闻网，2014 年 7 月 12 日），全国各地、从上到下、大城小镇都在向农民工随迁子女送温暖，从这有限的新闻报道中，可以看出社会对农民工随迁子女这个群体比较关注，城市爱心正在增强。把这些新闻标题作详细的划分并对这些报道内容进行统计分类，结果见表 4 - 2。

表 4-2　农民工随迁子女新闻报道内容（%）

内容	频率	百分比	有效百分比	累积百分比
心理问题	7	2.33	2.33	2.33
身份歧视	8	2.67	2.67	5.00
物质资助	58	19.33	19.33	24.33
外出体验	30	10.00	10.00	34.33
艺术培训	34	11.33	11.33	45.66
圆梦活动	60	20.00	20.00	65.66
夏令营	7	2.33	2.33	67.99
家庭情感	6	2.00	2.00	69.99
荣誉称号	2	0.67	0.67	70.66
参赛活动	5	1.67	1.67	72.33
文化培训	2	0.67	0.67	73.00
集体生日	2	0.67	0.67	73.67
游戏活动	4	1.33	1.33	75.00
感受城市	2	0.67	0.67	75.67
共享快乐	4	1.33	1.33	77.00
免费观影	9	3.00	3.00	80.00
七彩屋	9	3.00	3.00	83.00
运动会	2	0.67	0.67	83.67
义务家教	3	1.00	1.00	84.67
公益宣传	1	0.33	0.33	85.00
免费授课	7	2.33	2.33	87.33
免费辅导	4	1.33	1.33	88.66
家长学校	1	0.33	0.33	88.99
展示活动	5	1.67	1.67	90.66
书屋书库	6	2.00	2.00	92.66
乐园之家	2	0.67	0.67	93.33
违法犯罪	20	6.67	6.67	100.00
合计	300	100.0	100.0	100.00

从以上统计可知，有关农民工随迁子女的中国梦、梦想、圆梦的报道最多60起，占20%，其次爱心物质资助58起，占19.33%，艺术培训、外出体验活动64起，占21.33%，违法犯罪20起，占6.67%。从社会融合的角度来看，有关心理融合的报道有13起，其中心理健康7起和家庭情感6起，从报道的内容来看，农民工随迁子女的心理健康不容乐观，希望社会关注其心理健康问题，其家庭情感同样存在问题，比如父母没有时间与子女说话、交流情感，父母包办太多，不敢放手让自己的子女学会独立等问题，这些心理问题的存在不利于农民工随迁子女融于城市社会；身份融合方面，报道了8起涉及身份歧视的问题，比如引起较大反响的上学测智商问题；消费融合则鲜有报道，也许这种报道存在着歧视农民工随迁子女的风险，所以鲜有报道可以理解，不过我们从关爱行动的物质资助方面来看，政府、企业、爱心人士、志愿者他们捐助的主要是助学金、文具用品、服装、图书等，这些资助有助于农民工随迁子女缩小与城市学生的差距。从社会参与来看总共72起，其内容包括外出体验报道30起、免费观影9起、夏令营7起、参赛活动5起、展示活动5起、游戏活动4起、感受城市2起、集体生日2起、共享快乐4起、运动会2起、城乡学生互动游戏2起。从这些报道来看，农民工随迁子女的社会参与活动日益增多，则意味着社会提供给农民工随迁子女的活动机会增多，尤其是风景区、海洋馆、科技馆、博物馆等场馆的参观、免费看3D电影等，这些活动内容丰富、形式多样的社会大课堂活动给农民工随迁子女带来了全新的体验，开阔了他们的视野、增长了他们的见识，让他们的闲暇生活五彩斑斓，在相互交流、享受快乐中，尤其是在那些生存体验的参与活动中，能更好地融于城市生活。文化服务报道方面总共68起：其中艺术培训34起、七彩屋9起、免费授课7起、书屋书库6起、免费辅导4起、文化培训2起、义务家教3起、乐园之家2起、家长学校1起，从这些文化服务来看，艺术培训占主导，文化辅导其次，还有就是文化服务基地的建设，从这些报道来看，有关农民工随迁子女的文化服务活动也增多，这些文化服务一方面提高了农民工随迁子女的知识学习能力、艺术才能，另一方面有助于他们自信心的增强，缩小与城市学生的差异，赢得相应的地位，真正融入城市社会。而违法犯罪的新闻报道则不利于农民工随迁子女良好社会形象的建立，不利于他们融于城市。

（三）农民工随迁子女的媒介形象

相比之下，尽管总体上有关农民工随迁子女的新闻报道比较少，但从这些新闻报道中，我们仍然可以概括出农民工随迁子女的形象。总体上有以下六种：沐恩戴德者、逆境拼搏者、早熟懂事者、无知少识者、低人一等者和少年犯罪者。

"沐恩戴德者"：这类形象在媒体中最为常见。从上文统计分析可知，有关对农民工随迁子女送温暖、献爱心的活动报道是农民工随迁子女新闻中最多的，也是城市居民从媒介中接受到、感受到最多的农民工随迁子女的形象。这类新闻报道的模式大概是新闻事实+评论或是新闻事实+农民工随迁子女的感受。比如"北京农民工子女乐游海南体验本地风土人情"新闻报道，其事实报道是"北京18名蒲公英中学的师生到海口、兴隆、三亚度过了5天轻松快乐的海南之行"，其评论是"举办的目的为从未外出远行的青少年提供一个接触外界的机会，帮助他们为树立更高远的目标而努力"，农民工随迁子女的感受是"很幸运能够来到海南！"一位学生的心愿是"当一名将军，希望长大可以当海军，保卫海洋"（中国新闻网·海南新闻，2012年8月4日），"韩国CJ和首都机场携农民工子女体验航空魅力"，"逸夫小学农民工子女沐浴'雷锋'关爱"，"30名农民工子女荣获和平区'阳光少年'称号"等大都如此，体验结束后，农民工随迁子女表示要更加努力地学习，以优异的成绩来回报祖国、回报社会。从农民工随迁子女的话语、心愿、梦想中表达出的是他们对政府、对爱心人士的感恩之情以及自己此刻的幸福之情，当然，这些新闻事实、农民工随迁子女的心愿、希望、梦想报道都是真实的，也让受众看到了社会各界都在给予农民工随迁子女的各种关爱，与此同时，农民工随迁子女需要被同情、被关爱、被关怀、被庇护的形象也正被塑造。应该说"沐恩戴德者"形象符合主流媒体的需要，也传达了社会的正能量，也能够树立榜样效应，能使农民工随迁子女在成长过程中获得更多的社会支持，也有助于农民工随迁子女融入城市社会。

"逆境拼搏者"：这一形象在媒体报道中很少见。这类报道主要是报道农民工随迁子女生活在艰难的环境中，不怨天尤人，抓住机遇、努力进取、奋力拼搏，最终走向成功的故事。比如"农民工子女假期摆水果摊凑大学学费"（《辽沈晚报·鞍山版》，2014年8月29日），尤其是"一个农民工子女的留学路：被改变的命运"（人民网，2013年11月22日）

报道，这篇专访简短地记载了农民工随迁子女王新月在张铁超和“久牵志愿者服务社”的帮助下，通过自身十年的拼搏，结束了一度前途黯淡无光的生活，被世界联合学院（UWC）录取的奋斗历程，这是一个真实版的励志故事，生动形象，富有吸引力，报道中农民工随迁子女的“有时迷惘，但有梦想、能坚持、与命运抗争、用行动努力去改变自身、世界”的形象呼之欲出、跃然纸上。虽然取得王新月这种成绩的农民工随迁子女比较少，但“逆境拼搏者”这类型的农民工随迁子女比较多，可惜的是媒体报道并不多，逆境拼搏者类型不仅能给农民工随迁子女这个群体提供真实的榜样，为他们的人生改变注入强劲的动力，鼓舞他们克服困境，为梦想而努力，也能够为城市学生提供一个典型的榜样，激励他们前行。逆境拼搏能超越任何时代，能赢得城市社会的赞扬，改变农民工随迁子女在城市社会中的一些不良印象。

“早熟懂事者”：这一形象在媒体报道中比较常见。农民工随迁子女大多家境比较贫穷，父母辛苦养家，他们知道父母的不易，在这种家境中“穷人的孩子早当家”。比如“农民工子女的六一节心愿，女孩：希望爸爸腰不疼”，我们可以感知到这种形象。确实这种形象不是体现在个别学生身上，“班里的孩子们都能理解父母的不易，非常懂事”（搜狐滚动，2014 年 5 月 31 日）。在“农民工子女的城市梦挣大钱买好车给父母”、“一个农民工子女给妈妈的信：请让我多尝试”、“云南大理 13 名农民工子女举标语替父母讨薪”（凤凰网，2012 年 8 月 20 日）新闻报道中，我们都可以感受到农民工随迁子女确实懂得父母的辛苦，知道父母的不容易，孩子们的梦想大都是“买辆好车给父母，让他们少受风吹日晒；想长大了当中医，等爸妈老了可以照顾他们；希望父母不要太累，能像城里孩子的父母一样有时间带他去公园玩；长大了要当建筑公司总经理，把城中村修得像城市里一样漂亮，还让小伙伴们都有一个阔气的家；开一家早餐店，让和她一样的孩子每天都有很好吃的早餐；挣很多钱，为像他一样的孩子建一个游乐园”（新华网，2013 年 10 月 4 日）。这类形象的报道确实很感人，农民工随迁子女懂事得让人心疼，也让人感到这些对生活仍然充满希望和梦想，这类报道有助于改变一些城市居民对农民工随迁子女消极的形象，消除他们对农民工随迁子女的偏见，从而有助于农民工随迁子女融入城市，也有助于增强融合教育的力量。

“无知少识者”：毫无疑问，媒体一般不会直接把农民工随迁子女描述成“无知少识者”的形象，否则肯定会引来一片网络攻击。但是在阅读媒体对一些农民工随迁子女关爱活动的报道中，尤其从媒体描述农民工随迁子女的话语中，我们仍然可以感知到一些城市人眼中存在农民工随迁子女“无知少识者”的“负面形象”。在“农民工子女：阿姨，什么是羽绒服”的报道中，记者去郑州一所农民工子弟小学采访，问及农民工随迁子女的小梦想是什么，其中一个女孩说是羽绒服并问什么是羽绒服。记者报道的目的是想让民众知道民工子弟寒风中衣不蔽体，希望大家献爱心。但从这个报道中仍然可以发现：这个女孩子缺乏一些生活常识。在报道“农民工子女问警察：你们逻辑思维强是不是学了奥数”新闻中，我们仍然可以感知到这样的形象。这则新闻内容是说，成都市新空间青少年发展中心开展新市民子女其中一项“保护儿童”公益活动，让成都市菱窠路小学三年级的27名农民工子女“去派出所报案”。在参观派出所时，他们提了一些令人啼笑皆非的问题：“监控的电脑那么少，怎么够用？”“骗人犯了什么罪？”“警察叔叔逻辑思维这么强，是不是学了奥数？”对这些问题，潘所长表示很理解，孩子们认识城市、融入城市需要一个过程。“在整个媒介对农民工子女报道数量与题材相对来说较少的情况下，一些‘事实’将被聚集、放大甚至变异，从而在受众心目中构建出由媒介塑造的农民工子女可怜、无知、生活习惯不佳等形象，而这种形象是城市社会对其产生虽同情却歧视心理的主要来源。”①

“低人一等者”：由于处于弱势地位，在日常生活中农民工及其子女受到一些城市社会的组织机构、城市居民的歧视，这毋庸置疑。媒体当然自身不会歧视农民工随迁子女，媒体知道在社会日益追求公平、平等的今天，阶层歧视肯定受到批评，为此，作为有良知的媒体报道歧视事件，出发点是为农民工随迁子女打抱不平，比如“农民工子女来了，城里孩子走了”（《工人日报》，2013年4月20日），此新闻报道记者调查沈阳砂山四校学区家长舍近求远不愿让自己的子女就读砂山四校的原因，其中一些城市家长认为：“农村孩子大多脏、土、学习基础差”，“如果让自家孩子和农村孩子同窗学习，担心孩子成绩受影响，或者染上不良习惯”。报道也强调对于农民工及其子女，城里人要有欢迎和包容的心态，农民工子女有很多优点值得城里孩子学习，比如勤劳、朴实、自立等。城里孩子与

① 罗安平：《媒体在农民工子女报道中的作为与反思》，《中国记者》2011年第7期。

农民工子女在一起学习，可以互相取长补短，共同进步（《工人日报》，2013年4月20日）。农民工子女可在京考高职，仍“低北京人一等”的新闻，对北京市的农民工子女可报考高职，但不能报考普通大学、重点大学提出质疑。女农民工代表高锡华的“还是有人瞧不起农民工子女”声音被媒体报道，尤其是郑州市一小学农民工子女入学疑被“测智商”事件在网络上引起了很大反响，有关“测智商”事件新闻评论、转载总共640条，网上质疑声、骂声一片，郑州市教育局回应“测智商”事件是一个“纯粹的个案”。这些媒体报道目的是做好事，但很可能“误伤”农民工子女，那就是一些城市居民通过阅读这些“负面”信息真的对农民工子女形成新闻标题上所写的“低人一等”印象。

“少年犯罪者”：自2005—2014年网络媒体报道农民工随迁子女未成年人犯罪新闻共20起。其中有报道农民工随迁子女犯罪现状的，比如未成年人犯罪农民工子女占半（搜狐新闻，2007年4月24日）、厦门同安：未成年人犯罪农民工子女占半（青少年犯罪预防网，2014年8月19日）、孙云晓：城市未成年人犯罪中80%以上是农民工子女（人民网，2013年3月15日），有的强调社会应关注农民工随迁子女犯罪问题的，比如贵阳农民工子女犯罪亟待关注（贵阳生活·贵阳论坛·贵阳热线网，2006年12月25日）、农民工子女犯罪率增加亟待关注（新闻频道·和讯网，2013年3月11日）、警惕农民工子女犯罪率升高演变为社会问题（搜狐新闻，2008年9月6日），同时也有报道农民工子女犯罪原因的，有的新闻报道认为其原因是难以融入城市导致心理偏差而走上犯罪道路，比如关注农民工子女犯罪：难融城市致心理偏差焦点新闻（南方网，2013年4月2日），也有的新闻报道则认为家庭教育不当、父母太忙没时间管教应对农民工子女犯罪负责，比如农民工子女犯罪日趋严重，家庭教育失当是主因（湖北教育新闻网，2011年10月27日），也有农民工子女犯罪调查报告发布，比如广州、天津、厦门等。毫无疑问，农民工子女犯罪及其归因于其家庭教育失当的报道对农民工子女的群体形象及家长带来极其负面的影响，引发城市社会防范、排斥和歧视农民工随迁子女，易使农民工陷入“被污名化”的困境，其人际交往“内卷化”，对城市社会产生不满，影响对城市的认同，不利于融合教育的开展，也不利于其心理健康和融于城市社会。

有必要指出，从目前媒体的报道来看，农民工随迁子女群体的一些

“才能、才艺”被报道，也是有关农民工随迁子女报道的一个变化，即农民工随迁子女在这些报道中是主角。比如“农民工子女在厦比技能　小选手们创意理财获赞”、“30 名农民工子女荣获和平区‘阳光少年’称号”、“吉林省第三届农民工子女书画静品展作品选”。不过这些报道不多，也可能是这个群体的才艺不足，也可能是媒体对此不关注。总之，从媒体的报道来看，通过这些形象、这些新闻事实，我们可以看到农民工随迁子女正在努力“融入”到城市社会中，并乐此不疲，诸如走进大学、参观各种场馆、学书画、展才艺、参加夏令营、看电影、观戏剧等，这并没有什么不妥，但媒体对这个群体或个体所承载的乡村文化描述不够，鲜有报道，对这个群体的内心世界、喜怒哀乐，他们对这个世界、这个社会、周边人群的看法等这些报道还不够详细、不够深入，甚觉可惜。此外，从报道的视角来看，正如前文所述，媒体报道主要从政府、城市主流社会人群的视角出发，很少从农民工随迁子女的视角出发，表达的多是政府、主流人群的声音，即我们是爱你们的，我们并没有抛弃你们，掩盖了或难以听到农民工随迁子女自己具体的声音，从某种程度上说，也就掩盖了真正需要被关注、讨论与解决的深层次问题，这只有利于社会融入，不利于农民工随迁子女的社会融合，不利于融合教育的实施。

当然，无论是沐恩戴德者、逆境拼搏者、早熟懂事者、无知少识者，还是低人一等者，这些形象看起来是矛盾的，但实质上不矛盾，都是由农民工随迁子女处境不利、属于社会弱势阶层所衍生的，统一在农民工随迁子女这个群体或个体身上，只不过不同的记者眼中所关注的不一，所以媒体报道塑造的形象也不一，因而这些形象反映了城市社会对农民工随迁子女的形象认知，反过来，也影响着、强化着城市居民对这个群体的认知，从这些形象认知的性质来看，农民工随迁子女既有正面形象，也有负面形象，既存在赞同，也存在歧视，对融合教育来说，喜忧参半。

三　社会处境

社会处境是指社会成员在社会发展中处于怎样的境地。农民工随迁子女的社会处境是指农民工随迁子女这个群体在城市社会的生活、成长的境地。与城市学生相比，大部分的农民工随迁子女的城市社会处境不利。主要表现以下几个方面：

（一）社会歧视

所谓歧视，不是以能力、贡献、合作等为依据，而是以诸如身份、性别、种族或社会经济资源拥有状况为依据，对社会成员进行“有所区别地对待”，以实现“不合理”的目的，其结果是对某些社会群体、某些社会成员形成一种剥夺，造成一种不公正的社会现象。①

由于农民工随迁子女的父母在城市大都属于经济条件比较差、社会地位比较低，又受户籍制度的羁绊，他们往往处于社会底层，一些农民工自身文化素质低、环保意识差、个人卫生习惯不良、公德意识不够，再加上极少数人违法犯罪，导致农民工群体的形象不佳，甚至在某些城市居民的眼中成为“违法犯罪”的代名词。因而在农民工这个群体面前，一些城市居民觉得自己毫无疑问具有地利优势、具有优越感，并将他们的优势化为“歧视”，且将歧视扩大到农民工随迁子女身上。陈怀川（2006）的研究表明，就个体而言，农民工与城市居民虽然也有着不同程度的交往，但从整体来看，农民工群体与城市居民群体之间却很难相互融合，这种偏见和歧视的心理极易传递到农民工的子女身上。

我们应该看到，城市社会、城市居民都希望社会是一个“正义”、“公正”、“公平”“平等”的社会，这些先进的理念他们也都很认同，但这些理念在行为方面不一定就能落实，为此，在一些事情真正触及自身利益的时候，与自身利益相冲突的时候，他们就不遵循这些理念了。为此，我们就不难理解一部分城市居民对农民工及其子女存在矛盾的态度，既可能给予关爱，又可能排斥。从以上的媒体报道也可知，政府相关组织部门、不少城市居民、社会爱心人士对农民工随迁子女给予了物质、精神方面的援助，但我们也应该看到，城市社会对农民工随迁子女的歧视也确实存在，若隐若现。雷有光调查发现，高达 75.7% 的流动儿童在日常生活中感到被嘲笑和讽刺，其首要原因是“我是外地人”，还有“知识太少”、“我家太穷”。袁立新的研究结果也表明，67% 的流动儿童报告自己受到过校园歧视，57% 的流动儿童报告受到过校外歧视。这一结果与曾守锤调查结果一致，稍低于方晓义等研究结果，说明流动儿童遭受歧视的现象是非常普遍的（袁立新，2011）。刘霞、申继亮研究表明，流动儿童的个体

① 黄家亮：《论社会歧视的社会心理根源及其消除方式——社会心理学视野下的社会歧视》，《思想战线》2005 年第 5 期。

歧视知觉显著高于群体歧视知觉；打工学校的流动儿童、高年级的流动儿童和流动男孩的歧视知觉较多；随着流动时间的增加，流动儿童的个体和群体歧视知觉逐渐减少。刘霞、申继亮（2010）研究表明，流动儿童在学校、社会等方面普遍面临不同程度的受歧视现象，近1/4的流动儿童因受歧视而自卑（何桂宏，2009）。农民工随迁子女他们感受到的歧视来自同伴包括城市儿童、教师和城市居民。这种歧视感觉如果不能消除，将对农民工随迁子女的心理产生伤害，影响其自尊、主观幸福感、社会文化适应、心理健康水平等。

从融合教育的角度来说，研究表明，歧视对农民工子女城市适应具有显著的负向预测作用（刘杨、方晓义、戴哲茹、王玉梅，2012）。社会歧视让农民工随迁子女感受到不公平，导致他们对城市居民、城市学生的不满、反感、厌恶，农民工随迁子女与城市学生之间的接触、交往不畅通，"老死不相往来"，甚至发生冲突，这不利于农民工随迁子女在城市建立新的社会网络，加大城乡学生之间的隔阂，也容易导致农民工随迁子女对城市儿童的态度、举止看不惯，对其所代表的城市社会文化、价值观念进行排斥，不利于他们学习城市生活所必需的行为举止、价值规范，不利于其适应城市，融于城市社会，另一方面歧视也让城市的精神世界出现了不宽容和傲慢的"雾霭"，失去亮丽的色彩，城市学生也易陷入偏见的"泥潭"，心胸变得不够开阔，也阻碍了他们向农民工随迁子女学习，不利于自身成长，所以说歧视为融合教育的实施添了一道"隔离带"。

社会歧视会引发流动儿童的社会身份冲突，歧视程度越高，社会身份冲突状况越严重（刘杨、方晓义、戴哲茹、王玉梅，2012）。社会身份认同情境理论认为，社会身份的建构不仅仅取决于制度的分配，更取决于人所居住的情境与生活经历（王毅杰、王开庆、韩允，2009）。[①] 对于农民工随迁子女来说，户籍制度给他们的身份打上了天然的烙印，难以洗去，当然也没有必要洗去，而他们来到城市之后，农村的行为方式、价值观念、社会网络对其影响比较小，"农村人"逐渐变成了一个身份符号。他们在城市生活，受城市生活的浸染，城市的文化价值观、行为方式、处事原则、看事情的眼光相比之下对他们的影响更为深刻，他们应该属于

① 王毅杰、王开庆、韩允：《市民对流动儿童的社会距离研究》，《深圳大学学报》2009年第6期。

“城市人”，他们更愿意成为“城市人”。但是社会歧视让他们看到了现实的“骨感”，一方面自己不太认同“农村人”，另一方面又不被认为“城市人”，也较难以成为“城市人”，这就引发了农民工随迁子女社会身份认同的困惑，找不到归属感。对于这些处于社会身份冲突状况的农民工随迁子女，让他们感到迷惑的是，自己也不知道该依据哪个群体来习得和表现相应的社会行为，即他们的城市适应出现了不良。社会歧视引发农民工随迁子女身份冲突，为融合教育的实施砌了一道“柏林墙”。

（二）社会交往

社会交往是流动儿童与城市之间发生各种社会关系的中介变量。[①] 无论是社会适应、社会融合，还是融合教育都离不开社会交往，社会交往发生其中，并以此为基础而展开。因而探讨农民工随迁子女的社会交往很有必要。交往是指人与人发生社会关系的过程，所谓的社会交往是指农民工随迁子女在城市生活、学习的过程中，农民工随迁子女与教师、同伴群体（包括农民工随迁子女和城市学生群体）和城市其他人群之间的社会互动。这里的社会交往特指农民工随迁子女群体之间、农民工随迁子女与教师、城市学生、城市其他人群之间的人际互动。

表4-3　　与城市居民交往情况

你和城市居民打交道多吗?	频数	百分比（%）
非常多	118	9.5
多	137	11.1
一般	342	27.6
有点少	210	17
很少	431	34.8
合计	1238	100

很多农民工随迁子女愿意和城市人交往，但实际交往状况与其愿望存在较大的差异。调查显示，只有20.6%的农民工随迁子女与城里人打交道比较多，超过50%的农民工随迁子女表示很少与城市人打交道。与其

① 王毅杰、高燕等：《流动儿童与城市社会融合》，社会科学文献出版社2010年版，第200页。

交往意愿相比，客观的交往情况表明农民工随迁子女与城市居民的交往难以如愿。这种情形表明，由于种种主客观的原因农民工随迁子女与城市居民存在着“社会距离”，这不利于农民工随迁子女融于城市社会，从整体上看，农民工随迁子女的融合，极易变成单向的社会“融入”。

表 4-4　与同伴交往情况

	频数	百分比（%）
本地学生	448	36.2
与我一样从外地来的同学	431	34.8
现在邻居家的孩子	88	7.1
亲戚家的孩子	76	6.1
其他方式认识的朋友	195	15.8
合计	1238	100

调查显示，36.2% 的农民工随迁子女的朋友是“本地的同学”，34.8%的是“与我一样从外地来的同学”，7.1%的是“现在邻居家的孩子”，6.1%的是“亲戚家的孩子”，15.8%的是通过“其他方式认识的朋友”。由此可见，在农民工随迁子女的同伴交往中，“同学关系”占主导地位，与城市同学交往的比例略高于与外地同学交往的比例，两者差异不大，从中也可以看出农民工随迁子女渴望与城市人接触，成为朋友。私下的“朋友关系”薄弱或难以建立，表明交友不广泛。

表 4-5　与同伴交往的深度

有烦恼时，是否会向同学求助	频数	百分比（%）
经常	163	13.2
比较多	216	17.4
有一些	344	27.8
很少	270	21.8
从不	245	19.8
合计	1238	100

当农民工随迁子女遇到烦恼时，有多少人会向同学求助？调查显示，13.2%的农民工随迁子女选择“经常”会向同学求助，17.4% 的选择

“比较多”向同学求助，27.8%的选择“有一些”，21.8%的选择了“很少”，19.8%的选择了“从不”向同学求助。由此可见，虽然农民工随迁子女与城市同学、与自己一样都是外地来的同学之间成为朋友，但从遇到烦恼向谁求助时，他们并没有选择向“同学”倾诉，从这里可以看出，农民工随迁子女的交往深度不够，从中也可以看出他们在城市里建立起的社会交往网络关系不够亲密。

表4-6　师生交往情况

对教师的态度	频数	百分比（%）
非常喜欢	408	33
喜欢	574	46.4
不喜欢不讨厌	230	18.6
讨厌	13	1
非常讨厌	13	1
合计	1238	100

调查中发现，33%的农民工随迁子女非常喜欢他们的老师，46.4%的喜欢老师，18.6%的认为既不讨厌也不喜欢老师，1%的表示讨厌老师，还有1%的表示非常讨厌老师。总体来看，农民工随迁子女接受了他们的老师，师生关系可以说是良好的。

师生关系对其交往影响如何？正如第三章所述，农民工随迁子女对教师的喜欢度与其上课主动提问成正向关系，农民工随迁子女越是喜欢老师，他们遇到问题提问的主动性、积极性也越高，反之主动性越低。此外调查还显示，农民工随迁子女喜欢教师的比例与他们在校园外与教师打招呼的比例也成正向关系，喜欢教师的农民工随迁子女会主动与教师打招呼，向教师问好。由此也可以看出，师生关系好坏影响着师生之间交往的主动性、积极性。

（三）社区参与

有研究表明在共居状态下，城市居民与农民工关系多为房东与房客的“纯化”关系，双方基于这种租房契约关系而展开交往，具有较大的局限性、表面性，城市居民也不愿意与农民工深入交往，因此，双方的交往缺乏深入性、情感性，由此可见，“社会距离”真实地存在于本土居民与外来移民的社会交往中。[①] 虽然农民工随迁子女与父辈的交往特点不一样，但现实生活中，农民工随迁子女与城市居民交往同样很少，在社区的交往范围同样狭小、不深入，因而他们的社区归属感较低。

表4－7　对社区事情的兴趣

对居住小区发生的事情，你感兴趣吗	频数	百分比（%）
很感兴趣	64	5.2
有些兴趣	328	26.5
不确定	268	21.6
不太感兴趣	422	34.1
毫无兴趣	156	12.6
合计	1238	100

从表4－7可知，5.2%的农民工随迁子女对自己所居住的小区发生的事情很感兴趣，有些兴趣的比例占26.5%，不确定的为21.6%，34.1%的农民工随迁子女不太感兴趣，毫无兴趣的为12.6%。由此可见，对社区发生的事情不感兴趣的占大部分，感兴趣的也占1/3强。从他们对社区发生的事情的感兴趣程度也可以推断农民工随迁子女社区参与度不高，交往不多。

总之，社会交往是融合教育的内容，也是融合教育的手段，同时也是检验融合教育效果的指标。农民工随迁子女与城市学生之间要走向相融，农民工随迁子女要融于城市社会，就必须进行必要的社会交往，社会交往是走向融合的必经之路。从目前来看，农民工随迁子女与城市互动、交往并不理想，存在着不小距离，与同伴之间交往，与教师的关系虽不完美，但也令人欣慰。从局部来看，我们有理由相信学校的融合教育其结局应该比较乐观，城市社会虽然有丝丝爱心，但要消除长期以来二元户籍制度所带来的不良影响，尤其要拆除城市人心理、情感深处的那道"围墙"可谓任重而道远。城市社会唯有放低其姿态，抛弃那些苍白的偏见，丢弃那些如敝屣般的歧视，伸出友谊的双手，紧握住农民工兄弟那双布满老茧、有点灰尘但不肮脏的双手，这样一个可爱、和谐的社会才会到来，我们的融合教育才能大成！

① 狄雷、刘能：《异质性社区的社会交往与社区认同——北京沙村的个案研究》，《哈尔滨工业大学学报》（社会科学版）2014年第2期。

第五章　农民工随迁子女融合教育的实施路径

1982年在农村实行家庭联产承包责任制以来，农民开始从土地上解放出来，并大量涌入城市，形成了具有中国特色的农民工群体。近年来，农民工群体逐渐放弃了“单独外出”的务工模式，选择“举家迁徙”到务工地。这就衍生出了农民工随迁子女这一新兴群体。对于这一新兴群体如何适应城市生活，调节心理压力，接受学校教育成为社会各界关注的问题。2010年5月5日，国务院审议并通过了《国家中长期教育改革和发展规划纲要（2010—2020）》，这是我国进入21世纪的第一个教育规划纲要，该纲要高度重视务工人员子女的教育问题。纲要指出，要努力办好每一所学校，教好每一个学生，不让一个学生因家庭经济困难而失学，切实解决进城务工人员子女平等接受义务教育问题。正如前文所述，如何融入城市社会是农民工随迁子女目前面临的主要困境，如何解决这个问题，不同的研究者提出不同的策略，我们认为教育不失为一项好的策略，如何进行教育达到融合的目的，这需要政府、学校、社区、家庭各自发挥自身的作用并形成教育网络共同努力才能完成这项艰巨的任务。

第一节　学校融合教育

对于跟随父母进入到务工地的子女来说，作为城市的“新公民”，除了家庭，学校是他们生活时间最长的地方，也是与城市学生接触时间最长的地方，所以说学校是实施融合教育的主要场所，是帮助“新公民”快速健康地融入城市的重要途径，也是城市学生学习农民工随迁子女良好品质的场所。

一 学校：融合教育的主要场所

学校是融合教育的主要场所。学校教育的有效实施不仅对随迁子女快速融入迁入地，适应迁入地的生活具有重要意义，而且对于实现城乡文化大融合，构建社会主义和谐社会具有重要意义。首先，学校是融合教育的龙头。它是连接家庭和社会的桥梁，能够把它们紧密地联系起来，并牵头建立三方联动机制，及时反馈学生的学习生活现状，共同帮助随迁子女在新城市中健康成长。其次，学校教育能够融合城乡文化，形成新的文化理念。学校是一个大熔炉。虽然城乡子女分别代表两大群体的文化，拥有不同的生活习俗，但是，共同的学校生活能够让他们各自的文化观念进行碰撞，从而摒弃糟粕，融合优秀文化。再次，学校教育的有力实施，能够让城乡子女学习到科学文化知识，提高自身文化修养，树立正确的思想观念，改善自卑心理和情绪，慢慢融入到城市社会，在帮助随迁子女树立归属感的同时，也增加城乡双方的认同感。

二 学校融合教育的途径

教学是学校完成融合教育任务的重要途径，课程则是学校融合教育的主要载体。教学（包括课堂教学和课外活动）和课程是学校教育两条并行不悖的辙，共同支撑着学校融合教育的运行。

（一）课堂教学

课堂教学是学校教育得以进行的主要阵地。毫无疑问，课堂教学主要完成“传授科学文化知识，提高学生的思想文化水平”任务，但是我们认为课堂教学也是进行融合教育的一条重要途径，在融合教育的过程中，课堂教学起着十分重要的作用。课堂是城乡学生展示自己知识和能力的一个重要场所，也是城乡学生两个群体进行交流和相互学习的地方。首先，在课堂学习的过程中，教师要充分利用自己的课堂，对不同文化背景下的学生进行多元文化，摆正自己的观点和认识，在尊重文化多样性的基础上，传播科学文化知识，让城乡学生树立城乡文化平等观念，互相尊重、互相学习。其次，课堂是一个展示学生文化修养、提高个人素质的地方。教师要鼓励城乡学生积极展现自我，让两个不同文化背景的学生进行交流。在交流过程中相互学习，认识到对方的优点。但是在课堂交流过程中，不同的文化观念和文化习俗在课堂中进行相互学习和相互碰撞，容易产生分歧也容易出现创新。这就要求教师做好导航者、引领者，帮助城乡学生树立正确的思想观念，创造新的优质文化。

（二）课外活动

据辞典解释："课外活动是指学校在教学计划和教学大纲范围之外对学生实施的各种有计划、有组织的教育活动。是在课堂教学之外，由学校组织指导或由校外教育机关组织指导的，用以补充课堂教学，实现教育方针要求的一种教育活动，是根据受教育者的需要和自己的努力以及教育教学的需要，在教育者的直接或间接指导下，来实现教育目的的一种活动。"课外活动是学校教育的另一种方式。对学生的影响具有内隐性和持久性。课外活动不仅涉及学生知识水平的展示，更主要的是综合素质的展示。充分组织和利用课外活动时间，可以加强城乡学生之间的交流，提高他们的团队协作精神和合作意识。比如打篮球，打篮球是帮助促进城乡学生团结融合的课外活动之一，在篮球比赛过程中，鼓励城乡学生混合组队，互相帮助积极配合，在篮球比赛过程中互相打气，这就使得城乡群体在活动中认识到对方的必要性和重要性。融合教育的有效实施，要依赖于课外活动的开展。课外活动能够潜移默化地转变城乡两大群体的排斥观念，使他们认同并接受对方的文化，甚至在活动的开展过程中能够主动地了解对方的文化背景。除此以外，课外活动是学生兴趣、爱好的展示，通过城乡学生的活动交流，能够加强城乡群体互动，从而找到共同爱好，更快地融入对方，只有互动融合才能更快融合。

（三）课程开发

课程是学校教学的有效载体，是老师讲授知识的基本依据，课程制定和开发的趋势以及导向决定着学生接受知识的广度和深度。为了增加课程的多样性和适切性，满足不同学生的实际发展需求，新一轮基础教育课程改革实行了三级课程管理，即"国家课程、地方课程和学校课程"。由于国家课程和地方课程更多的是考虑学生共同的基本素质要求，在课程设计上很难照顾到城乡学生的差异性和多样性问题，农民工随迁子女的一些特殊的实际需要往往得不到满足。因此，校本课程开发就为融合教育的实施提供了重要手段与载体。校本课程开发可以更好地完成融合教育任务，有助于缩小学生素质差距、促进文化融合。增强农民工随迁子女归属感，促进身份融合，以及促进心理融合。当然，接收农民工随迁子女的城市公办学校，也应该抓住校本课程开发这个机遇，根据学校的办学理念和实际情况，自主开发一部分课程，从而更好地满足学生发展需求，进而提升学校办学特色。

三　学校融合教育的困境

农民工随迁子女在迁入地学校接受义务教育，不同文化背景下成长的两大群体，实际上代表着两种具有差异性的文化，这两大群体之间不断地互动、妥协以及融合，学校作为融合教育的主要阵地，就面临着不同文化碰撞产生的问题。

（一）城乡校园文化冲突

“文化作为人类的生活方式，是一种承载历史又昭示未来的变迁过程，它往往与特定的生活方式、社会行为密切相关。”[①] 文化影响人的交往方式和交往行为，文化对人的影响具有潜移默化、深远持久的特点。农民工随迁子女与城市子女长期的生活环境以及生活方式受家庭经济条件以及其他因素的影响，具有差异性，这些差异性通过他们的思想认知、行为方式以及生活态度外化在共同的学校生活中。首先，表现在穿着、卫生等表层文化上。农民工随迁子女受家庭经济条件的影响，穿着相对“土气”，卫生习惯相对较差，而城市子女穿着较时髦，因此，形成两个较鲜明的穿着群体，随迁子女可能认为城市子女爱打扮、浪费奢侈，而城市子女则认为农村孩子土气、不注意卫生。其次，表现在语言方式、生活规范等中层文化上。随迁子女进入城市之后，长期的语言习惯并未改变，带有浓重家乡口音的普通话，往往引起城市学生的嘲笑，再加上随迁子女本身的生活环境流动性相对较大，使得他们从小对规章纪律的概念模糊，因此在学校生活学习中容易忽略学校规范守则。再次，表现在观念认知、身份意识等深层文化上。农民工随迁子女进入城市，成为城市的“新公民”，但是在农民工随迁子女的潜意识里，仍旧将自己定义为“外来人员”、“城市的寄居者”，在观念认知方面缺乏对城市的归属感。而某些城市子女也受父母家庭观念的影响，认为农民工随迁子女是“讨生活”的外来人员，素质低。

（二）城乡学生互相排斥

“同伴依恋”是指青少年儿童随着年龄的增长，开始与父母之间存在距离感，这个时候他们便从外界寻找新的依恋对象，一般为自己的同龄伙

---

① 程仙平：《城乡文化差异与城市农民工子女学校融入问题探析》，《教育理论与实践》2011年第12期。

伴。据调查，同伴依恋对青少年心理适应的重要性甚至远大于父母。[①] 但是，在城乡融合教育实施的过程中，同伴群体之间却存在沟通障碍，相互排斥。首先，语言差异。随迁子女进入学校之后，虽然也是讲普通话，但是家乡口音较明显，在与城市学生的交往过程中，有时会因为带有家乡口音的普通话而引起嘲笑，长此下去，随迁子女就不敢也不愿与城市学生交流。其次，知识储备的差异。当前教育的课程教学实行的是“一纲多本”的教材模式，因此，就面临着教材不统一的问题。特别是中途插班生，要重新温习教材，就增加了自身学习压力。同样，启蒙教育城乡也存在一定的差异，例如英语课的学习，城市一年级甚至幼儿园就开始英语接触及学习，而农村低年级并没有开设英语课程。知识储备的暂时落后，在一定程度上使得随迁子女在课堂上不敢回答问题，不愿展示自己，部分城市学生误认为农民工随迁子女“笨”，不屑于与其交往。除此以外，由于家庭条件及父母观念的差异，城市孩子基本都会学习特长，这不仅使得学生具有一技之长，在孩子眼中也是可以展示的“资本”，而这特长上的“巨大”差异，更容易造成城市学生在随迁子女眼中“高不可攀”的形象，使其不敢接近。这些差异，使得有些本地学生拒绝与农民工随迁子女交往，不愿意与随迁子女同桌。甚至有些调皮的孩子还会欺负随迁子女，给随迁子女起外号等。更别说主动地与农民工随迁子女沟通和交往了。

（三）教师职业能力面临挑战

学校教育的有效实施，使得城市文化与农村文化不断交流融合，促进城乡两大群体的互动融合。但是，教师在融合教育的过程中，专业素质和教学行为都面临着极大挑战。首先，教师教育观念面临的挑战。在社会教育关系中实现公平、公正，历来是教育家、思想家和政治家们竭力倡导的价值目标和借以发挥著述的传统领域。但是，很多教师仍旧无法做到真正的教育公平。据调查，普通公办学校和农民工子弟学校教师均对农民工随迁子女存在内隐偏见，并且两者的偏见不存在显著差异。[②] 这主要表现在教学态度、教学行为等方面。其次，教师教学技能面临的挑战。这主要表现在农民工随迁子女进入学校之后，由于城乡学校之间教学质量、教学要

① 张迎黎、张亚林、张迎新等：《修订版青少年依恋问卷中文版在初中生中应用的信效度》，《中国心理卫生杂志》2011 年第 1 期。

② 谈晨皓、李子健、王雪、徐冰倩等：《学校教师对农民工子女内因偏见研究》，《南昌教育学院学报》2013 年第 1 期。

求等存在差异性，农民工随迁子女知识面较窄。除此以外，农民工家庭具有很大的流动性，农民工随迁子女接受的课程也具有变换性，流入地与流出地的教学课程差异，也给农民工随迁子女的学习造成压力。这一切都在一定程度上加重了老师的工作量。再次，教师心理疏导能力面临的挑战。在公立学校学习期间，很多农民工随迁子女遭到城市孩子的排斥，甚至有意的谩骂、羞辱、孤立。本来就缺少同伴支持，心理支持力量薄弱，就会不自觉萌生“异类感”。如果老师无暇或无力关注这一现象，给予合适的引导，长期消极心理状况势必影响他们的人格健康发展。最后，农民工随迁子女的流动性特征以及生活环境也决定了他们本身的纪律性、规范性相对较差，教师课堂管理能力面临的挑战。除此以外，教师思想教育能力也面临挑战。[①]

（四）农民工随迁子女自身存在不足

拉德（Ladd）在 1996 年对“学校适应”一词进行了定义，并被后来的研究者所采纳，他指出“学校适应就是在学校中愉快地参与学校活动并获得学业成功的状况”。[②] 而农民工随迁子女在进入学校后，离开了以前的生活环境，就面临着学校适应的问题。首先，自卑意识强烈。由于家庭条件的差异，随迁子女的穿着与城市子女存在差异，经济生活的不同在一定程度上使得随迁子女有一定自卑感。除此之外，带着家乡口音的普通话以及暂时落后的成绩等，都在一定程度上唤起了随迁子女内心的自卑意识。表现为自我封闭、情感失落等。这种情况下，他们不愿意与城里的同学交流，“被动地接受教育，被动地接受交往”。[③] 遇到烦恼和问题的时候，总是闷在心里，不愿意主动告诉家长和老师等。所以在新的陌生环境中，随迁子女有较大的心理压力。长此以往，甚至会导致一些不良的心理，如孤僻、逆反以及不满等。其次，农村的孩子表现力和交往能力相对较差。再加上他们在新的环境下，面对新的邻居、老师以及同学，表现出不知所措的情绪，他们不愿也不敢主动地去表现自我。受封建传统文化或者家庭教育的影响，“矜持”意识或者自我封闭意识过强，在面对新的面

① 黄兆信、郭丽莹：《农民工子女融合教育：教师职业能力面临新挑战》，《教育科学》2010 年第 2 期。

② 杨雪梅：《儿童的学校适应研究综述》，《四川心理科学》2002 年第 2 期。

③ 黄兆信、李远煦、万荣根：《“去内卷化”：融合教育的关键——进城务工人员子女融合教育的现状与对策》，《教育研究》2010 年第 11 期。

孔的时候，农民工随迁子女多表现得异常“安静”，多是远远“关注”小伙伴的活动，不知道该怎么去加入其中。再次，接受能力相对差。“流动性”的特点，使得农民工随迁子女的知识“跨度大”。农民工本身就是一个“流动性”较大的群体，因此，农民工随迁子女也就具有了这个特点。再加上他们在迁入地随班就读，就必须跟随班级进度，各地课堂课本版本不一，进度不一，不同地域课堂“跨度大”，这就使得农民工随迁子女知识功底较差，因此，在课堂上不敢表现，接受力较低。

（五）迁入地默认“隔离教育”，减少了城乡学生互动的机会

国家出台“两为主”政策后，农民工随迁子女本应有更多机会进入城市公立学校接受教育，但我国义务教育阶段实行的是“国务院领导下，地方负责，分级管理”的体制。在这种情况下，当地城市居民子女的教育需求优先满足，农民工随迁子女只能被安排在农民工子弟学校或者教育相对薄弱的公办学校，在新生代农民工随迁子女的调查发现，“有67.5%的随迁子女在民办学校读书”①。学校环境也时刻体现出“农民工子弟”学校的特征。诸如学校的宣传栏上写满“别人和我比父母，我跟别人比明天”等类似的鼓励语，橱窗内贴满展现着社会名人或者各级领导慰问、资助学生的照片。使学生的身份“标签化”，在一定程度上降低了随迁子女对自己“城市人”身份的认同感。与此同时，正如本书第二章所论述的，除了农民工随迁子女在就学安排方面存在着“隔离教育”现象，在某些公立学校也存在“随迁子女班”或者“借读班”等。对农民工子女单独编班，使其与本地学生分开，并对该班单独管理。这过分强调学生遵守学习秩序，在一定程度上减少了农民工子女与城市学生的互动机会。此外，在班级管理上，班委成员多由本地学生组成，农民工随迁子女的班级管理参与权遭忽视，或者将借读生“划区而治”，这不仅伤害了孩子的自尊心，而且增加了学生对学校教育的排斥，降低了随迁学生与本地学生“打成一片”的愿望，更谈不上城乡文化的碰撞。

四　学校融合教育的对策

随迁子女在迁入地接受教育的过程是一项系统工程。学校教育是建设这个系统工程的主要路径，要充分发挥学校这个主阵地的作用，让学生、

---

① 雷万鹏：《新生代农民工子女教育调查与思考》，《华中师范大学学报》（人文社会科学版）2013年第5期。

教师以及各种资源充分参与到学校融合教育的构建过程中。

（一）开展校园文化活动，促进城乡文化互动

1988年，费孝通先生在“泰纳讲演”中，发表《中华民族的多元一体格局》，他提出中华民族的文化具有地域性、多样性，但是也具有统一性、平等性。我们在校园文化的建设中，立足于城乡文化平等性的基础上，正视城乡文化的差异性。首先，鉴于我国实行三级课程体系建设，学校可以积极利用自身优势，开发体现城乡文化的校本课程，在课堂上给学生讲述城乡文化的共同点以及各自的优势，让学生们在文化中找到共同语言；其次，举办走进乡村、学校的春游等活动，不要局限于城市的动物园、图书馆以及博物馆等，也可以带着学生们去农村感受乡村风光，这不仅能让学生看到漂亮的乡村风景，也能让城市学生感受到农村生活的不易以及农民的朴实，从而改变城市学生对农村学生不讲卫生、无知等偏见；再次，举办城乡习俗交流会。让学生们积极展示各自家乡的文化习俗，并讲述习俗背后的寓意，使学生在认识到祖国文化博大精深的同时，树立尊重彼此习俗文化的观念。除此以外，学校要重视塑造校园的内在价值，淡化城乡差异的观念，让随迁子女树立“学校是我家”的价值观，在潜移默化中淡化学生“外来人员”的意识，增强对学校的归属感以及对自己的认同感。校园是一个大熔炉，开展多样的校园文化活动，让城乡文化在碰撞中融入彼此，共同营造新的校园文化理念，在多元文化中实现创新。

（二）鼓励朋辈群体互助，有效推动相互融合

朋辈群体又叫同龄群体，朋辈群体与其他群体一样具有凝聚力，其强弱决定着整个群体的发展状态，并能够通过潜移默化的形式深刻影响着每一个群体成员。[①] 朋辈互助多应用于当今大学生的教育发展中。因为在学校的生活中，相处最多，时间最长的是同学之间，同龄孩子之间的一些言行、观点会在潜移默化中影响到对方。因此，在学校融合教育中，也可以借鉴朋辈互助的优势。首先，学校开设德育课以及各任课老师要在课堂上潜移默化地渗透团结互助的美德教学，帮助学生树立互帮互助的意识，提高城乡学生的同伴依恋度，缓解农民工随迁子女的孤独无助的情绪，让城市学生主动接近农民工随迁子女，在这一过程中也感受到帮助同学的快

① 何新生、张涛：《增强朋辈群体凝聚力提高朋辈教育实效性》，《学校党建与思想教育》2012年第11期。

乐，从而提高助人的积极性；其次，班主任要充分发挥班委成员的积极作用，带头树立互相关心，互相学习的榜样。鼓励班委同学组织团体辅导、交流的活动，比如：一对一的教授随迁子女普通话，帮助随迁子女学习英语等。在团体活动中，帮助成员全面地了解对方、了解自我。从而，在活动中增强成员之间的吸引力，建立成员之间的信任感，增强成员之间互助的主动性。通过发挥朋辈群体的互动作用，能够增强这一群体的凝聚力，打破城乡群体界限，提高彼此的平等意识和互动参与能力，从而营造了良好的朋辈环境，提高随迁子女的归属感和城市学生对随迁子女的认同感。除此以外，评选并宣传榜样，激发个人的上进心。身边榜样典型的示范带动力量是无穷的，学校、教师、家长要积极引导学生开展自我教育，用学生身边的榜样教育学生，来达到改善他们的行为方式、改变他们的行为习惯，以实现他们的健康成长。

（三）加强教师职业能力培训，加快相互融合

教师在学校教育实施发展的过程中占有十分重要的地位，农民工随迁子女进入务工城市就读，使得城市教师的工作量以及压力不断增加，这就要求加强教师职业技能培训，搞好教师队伍建设，提高教师整体素质。首先，树立平等、尊重的教育理念。学校和教师不仅要在行动上接受农民工随迁子女就学，更应该从心理上接纳农民工随迁子女。农民工随迁子女来自全国的各个地方，语言、文化背景、生活经历、家庭环境、学习基础等方面都有着多样性和差异性。教师要以开阔的胸襟来包容和尊重他们的多样性和差异性，在实践中应该尊重这一群体的特殊性，既要引导农民工随迁子女尽快融入城市社会，又要保留农民工随迁子女自身文化的多样性。教师在教学过程中可以在平等对待城乡学生的基础上，适当地向农民工随迁子女进行倾斜。一方面有利于营造平等的学习相处环境，另一方面能够帮助学生树立平等观念。其次，实施“满足农民工随迁子女特殊需求”的课程，改进教学方法。教师要从当前课堂实际出发，放弃“城市中心”的教学取向，应结合农民工随迁子女的生活经验、学习基础和心理特征，研究探索具有接纳性、适切性的教学内容，编制符合他们特殊需求的校本课程。同时，针对农民工随迁子女学校暂时落后的情况，转变教学观念，探索新的教学方法，在课内外全面精心地进行教学辅导，并积极鼓励城乡学生参与。再次，言传身教，做学生的良师益友。教师是社会行为规范的直接体现者和传递者，其隐性或显性的价值观念及行为规范将对学生产生

潜移默化的影响。这就要求教师在日常生活中指导学生端正态度，鼓励务工子女多与大家交往，也要培养城市孩子宽容、接纳的态度。最后，提高教师交往技能，实现有效课堂管理。“学高为师，身正为范”，在教学过程中，教师要不断提高自身知识修养和能力修养，树立在学生心中的威信，积极争取学生的合作态度。除此以外，加强学习教育学和心理学知识，熟练掌握心理辅导和咨询方法也是必要的教师技能，这样就能够及时帮助城乡学生解决在相处过程中的矛盾，提高彼此的认同意识。

（四）开展帮扶活动，发挥学校教育的主阵地作用

班级是融合教育的基本场所。也是一个开放的、亲密的、人格化的社会空间。[①] 充分发挥班级团体的帮扶作用，是提高随迁子女能力的重要途径，也是城市学生展现自我素质、提高自我能力的有效方法。首先，进行分小组竞赛，提倡合作学习。课堂是学校教育的主阵地。学生大部分的知识都是在课堂中学习和巩固的。我国教育政策也强调课堂的重要性，提倡充分利用课堂时间。教师在课堂教授知识的过程中，可以采取分小组预习、竞赛的合作学习方法。规定小组成员必须担任一定的参与角色，用这种“强制”外力的方式，让城乡学生参与其中，感受合作交往的乐趣，并在合作中找到自身的定位，增加对自身以及对方的认同感。其次，鼓励农民工随迁子女进行课堂发言，提高自我存在感。农民工随迁子女随班就读往往自我存在感不高，上课不敢主动发言，这就要求各个任课老师，积极对待课堂教学，鼓励学生积极发言，并对主动发言的农民工随迁子女进行鼓励，包括眼神鼓励、语言鼓励。帮助随迁子女树立自我存在感。再次，班主任及任课老师要正视学生在“流动性”学习中的遗留问题，指导城乡学生互助。鼓励成绩好的城市学生与学习成绩有待进步的农民工随迁子女，也鼓励成绩好的农民工随迁子女与学业成绩不良的城市学生结成互助组。在互助过程中，教师担当互助指导的角色，鼓励城乡学生合作。这样一来，农民工随迁子女和城市学生都能够在互相学习和互相帮助的互动过程中相互融合，不仅能够帮助同伴学习知识，也能够提高学生的自信力。

（五）平等就学、混合编班、混合编组，有效推动相互融合

在《不平等与异质性》一书中，布劳提出核心假设之一：与其他群

---

① 涂启锋：《“四位一体”：融合教育的实施机制——以武汉市德才中学为中心的考察》，湖北大学硕士论文，2007 年。

体和阶层的交往推动和促进向这些群体流动。随迁子女教育问题就验证了这一假设。与农民工子弟学校相比，进入公办学校读书的随迁子女有更多的与当地学生交流接触的机会，更有可能冲破身份制度的藩篱，从结构上实现与城市的社会融合。因此，平等就学、混合编班、混合编组是推动互动融合的有效途径之一。因此，政府教育部门要出台政策规定，不再单独设农民工子弟学校，要同等对待随迁子女与城市子女的就学问题，要将他们就近入学并且混合编班。让农民工子女“以平等的身份真正实现就近入学、平等就学，实现农民工子女和城市子女的‘同参与、同管理、同教育、同服务’”[①]，实现真正的融合教育。同时在班级管理上，不能单独把农民工随迁子女安排在某一块区域，要合理安排座位，并且倡导教师混合编组，提供给学生更多的互动机会，使随迁学生无差别地融入整个教学过程中。在这些方面淡化城乡学生的界限，教师要鼓励学生在班级和课堂中积极发言。在教学过程中，要加强学生之间的互动，切忌过分表扬和忽略某一方，做到一视同仁。另外，教师可以设置目标，营造团结互助、共同进步的学习氛围，让小组成员共同完成目标，这不仅能加强城乡学生的互动，而且会提高他们的学习主动性和自主交流的能力。

（六）提高农民工子女人际交往能力，有效推动相互融合

法国著名的政治社会学家、法国高等社会科学研究院教授 Michel Bonnin 说，“我觉得最重要的还是学校教育。要让穷人特别是移民（中国称‘农民工’）的子女享受跟城市居民同样的教育，不要排斥他们”。在融合教育的发展过程中，要尊重农民工子女的主体地位，融合教育不仅是随迁子女融入城市文化的过程，也是城市孩子主动接受、学习农村传统文化的过程，是双向的。首先，以“课程 + 活动”的形式促进学生交往。学校可以开设城乡文化融合教育的课程，积极组织开展“城乡文化节”，让不同文化背景的学生相互交流，共同塑造学校的多元文化发展，在互动中，增进相互间的了解。转变随迁子女关于“城市楼多、城市人有钱、城市人傲慢”的偏见，也要使城市孩子认识到农民工随迁子女“单纯、朴实、节俭、懂事”的一面，从而引导城乡孩子真正理解到两个生存空间的区别与关联，并积极地接受适应这样的生活。其次，利用学校和教师期待激发良好师生关系。学校要特别关爱对于在学校活动中表现“胆怯、

---

① 潘旦:《农民工子女城市融合问题研究》,《黑河学刊》2010 年第 9 期。

羞涩以及内向”的农民工随迁子女，学校教师要在各种集体活动中给予机会并积极鼓励，比如，在班会上，鼓励学生在讲台上作自我介绍、讲述家乡有趣的风俗或者开展家乡小调比赛等。另外，学校也要积极地开设心理辅导课，帮助农民工随迁子女及早适应新的学校生活，树立“主人翁”意识，并提高其主动交往的能力和积极性。

（七）积极开发融入地的方言校本课程，有效推动相互融合

方言多样化是文化多元化的最明显表现之一，但外地方言也成为外来人员的“标签”，农民工随迁子女进入迁入地学校之后，自己“不一样”的地方，最有可能加重自身的心理负担，积极开发融入地方的方言校本课程，有利于对外来人员“去标签化”。同时对比迁入地与迁出地方言之间的区别，发现两者间的联系，从而使全体学生看到城市与农村的联系，认识社会的全面性，也从语言上展现城市文化的多样性。其次，学校对个别年纪大的老师，并不做硬性的普通话要求，地方方言校本课程的设立，可以使农民工随迁子女听懂老师所授的课程。另外，培养“共同语言”是交友的重要途径之一。学习方言校本课程，可以使农民工随迁子女更好地融入到本地学生之中，在一定程度上有利于融合教育的开展。

总之，学校教育是融合教育发展的有效途径之一，学校是融合教育的主阵地。充分发挥学校的作用，对帮助农民工随迁子女缓解排斥情绪，早日适应城市生活，提高自身对所在地的认同感和归属感，实现融合教育进一步发展具有重要意义。

第二节　社区融合教育

随着我国市场经济发展和城市化进程的加快，在20世纪80年代，我国社会出现了较大规模的人口流动现象。进入90年代以后，大量农村富余人口向城市转移成为流动人口，流动人口在规模不断增大的同时，其结构也发生了重要变化。最为显著的变化之一就是越来越多的人由过去分散的“单身外出”方式逐渐转变为“举家迁徙”，出现流动人口“家庭化”的趋势，且在城市滞留的时间逐渐延长。随之而来的是为数众多的流动人口子女的教育问题。这些流动人口家庭同样居住在城市的社区里，介入到所在社区生活的方方面面。但由于其外来者的身份、流动的特性以及相对

较低的文化程度和有限的职业技能，使得他们在城市的生活和工作状况处于劣势，特别是子女的教育与城市儿童相比存在着较大的差距。因此，他们应该成为社区教育特殊和重要的目标群体。①

美国社区教育协会认为："社区教育是一种教育哲学理念，它建立在社区学校的基础之上，致力于为每一个社区成员（包括个人、学校、工商界、公众和私人组织）创造机会，满足每一个成员的多种需要。"当前，外来农民工子女在城市就学问题已成为社会关注的热点。并随着农民工随迁子女数量的增多以及教育发展，随迁子女就学问题已经由"有学上"转变为"上好学"的层面上，而社区作为融合教育实施的第二场所，成为推动融合教育发展的有效路径之一，因此，本节试从社区教育的角度分析融合教育，探讨社区教育在融合教育中的重要作用以及当前社区教育面临的主要挑战。

一 社区：农民工随迁子女融合教育的重要场所

社区是由居住在某一地方的人们结成多种社会关系和社会群体，从事多种社会活动所构成的社会区域生活共同体。它的要素不仅包括地域、人口、文化和组织，而且还包括共同的心理归属。②

社区是一个社会实体、是一个小型社会，人们的社会活动都是在具体的社区内进行的，一切社会现象都会在社区中得到反映。外来农民工子女融入城市，与城市学生、居民融洽相处，城乡文化的有机融合也会在社区里得到反映，可以说，社区是实施融合教育的重要场域。同时，与学校单纯的师生关系、生生关系相比，社区关系复杂，社区中不仅存在血缘关系、地缘关系、业缘关系，还存在着当代网络社会的各种新型关系。这些复杂的人际关系可能是实施融合教育的阻碍，但换一种视角，它们也是实施融合教育的社区资源。在社区举办的丰富多彩的活动中，居住于其中的外来农民工子女通过与不同文化背景、生活方式、人生观和价值观的个人、家庭、团体接触，增强双方的相互交流、相互理解、相互联系，有利于增进外来农民工子女对城市文化的了解、体会、吸纳，有利于消除城市学生、居民对外来农民工子女的偏见，为外来农民工子女融入流入城市扫除障碍。可见，社区不仅是外来农民工子女居住的地方，也是他们之间进

① 刘吟：《社区教育：流动人口子女教育的社会关怀》，《黑河学刊》2010年第12期。

② 涂启锋：《"四位一体"：融合教育的实施机制——以武汉市德才中学为中心的考察》，湖北大学硕士论文，2007年。

行交往的场所，是他们成长、交往、学习和接受教育的社会化区域。

同时，社区作为纽带，一头连接着学校，一头连接着家庭，改变了社区、家庭、学校三者独立的状态，将三者联系在一起，对于教育资源共享以及全面深化地贯彻融合教育也具有重要意义。随着城镇化进程的推进，社区教育将会成为学校教育的有力补充，成为融合教育的重要组成部分。

二　社区融合教育的内涵及意义

20世纪80年代，随着城镇化进程的推进，我国社区建设开始兴起。社区的发展以及建设也成为很多学者关注的焦点，同时逐步提出把社区与教育结合在一起，尤其在农民工随迁子女融合教育的问题上，起到重要作用。厉以贤教授就提出把“社区教育跟社区参与结合起来”，这一思路表达了社区融合教育的主要含义。社区融合教育是通过社区的生活及活动方式，使得随迁子女在学习、生活的过程中与当地的学生、居民交往，促进城乡两大群体文化的相互融入，最终达到促进社会融合的目的。有效推进融合教育，社区教育要与学校建立深层次的关系，弥补学校教育的不足，成为学校教育的有力补充。农民工随迁子女自幼跟随父母进入城市，乡村文化对其影响力较弱，城市文化也没有得到他们的认同，在文化认同上，处于乡村与城市的边缘。[①] 这种文化的“陌生感”在一定程度上导致农民工随迁子女对城市的陌生，不利于农民工随迁子女的社会融合。而社区作为城市的一角，它是某一个区域内人们生活的共同体，表现了这一地方的生活习惯、风土人情等区域文化。社区融合教育的实施就是想让这些对城市文化存在陌生感的随迁子女，经过社区的生活、学习，认识到社区文化的多样性，进而认同城市文化，成为这个城市的“新公民”。因此，发展社区融合教育，对于增加农民工家庭对城市的认同感，提高社会融入水平具有重要意义。

首先，社区融合教育的实施，有利于多元文化交流，创新文化，形成新的社区文化。农民工家庭进入务工地，带来的还有自己的文化背景和习俗，就使得社区成为一个多元文化的熔炉，融合教育的实施，使得社区内不同的文化进行交流碰撞，吸收文明多样的文化习俗，创新社区文化。其次，社区融合教育的实施，有利于帮助农民工家庭更快地融入当地，增加对城市的认同感和归属感。社区成员在互动文化活动中，通过思想上、心

① 金江：《农民工子女社区教育的探讨》，《中国校外教育》2010年第7期。

理上的交流接触，达到对相互间的认同。农民工家庭也能在交往过程中，增进对城市文化的了解，适应城市生活，从而增强对城市的认同感和归属感。再次，社区融合教育的实施，能够帮助流动人口子女增强信心、提高能力、建立更广泛的朋友网络。社区开展的社区融合教育活动，使得社区成员在活动中相互交往、相互合作。在活动中出谋划策，提高自身表达能力，增强信心，真正成为社区的一分子。除此以外，社区融合教育的实施，还能够使得农民工家庭扩展人际交往圈，形成家庭社交网络，促进文化交流和社会融合等。

三 社区融合教育的开展

（一）转变观念，形成融合教育意识

观念是行动的先导，社区要承担起融合的重任，消除对外来农民工的偏见与歧视，关注其子女的教育问题，树立融合教育意识。首先，政府应加强舆论引导，让城市居民认识到外来农民工是城市建设的参与者，是城市财富的创造者。同时，政府应通过宣传教育让社区居民明白城乡融合是社会发展的趋势，外来农民工也应享有社会文明和城市文明的正常权利，应关爱他们，关心他们子女的教育，不仅要让他们的子女“上得起学”，而且要“上好学”，对农民工子女适应城市、融入城市、健康成长给予必要的支持关心。其次，要加强典型引导，呼吁社会媒体进行正面宣传教育，宣传优秀外来农民工代表人物的事迹，增强当地居民对外来农民工的认同感和亲近感，努力营造促进融合的浓厚氛围，消除城市对外来务工人员的排斥和拒纳。再次，城市社区管理者必须拓展社区教育的功能，把融合教育作为社区教育工作的重点，充分整合社会和社区文化资源，组织和吸引外来务工人员，尤其是他们的子女参加社区文化、艺术、科普等活动，让外来农民工子女有展示自己的机会，让城市居民、城市家长对他们有更多的接触和了解，对他们的优秀品质有直观的感悟，消除他们对农民工子女的偏见，转变自身的观念。①

（二）基于实际，选择融合教育内容

融合教育内容的构建必须考虑城市学生、外来农民工子女的教育需求。社区管理者、参与社区教育的工作人员应走近外来农民工子女，了解他们在城市学习、生活等方面存在的问题及需求，以选择相适应的融合教

① 叶敬忠：《社区发展中的儿童参与》，中央编译出版社2002年版，第98—120页。

育内容。比如，外来农民工子女往往缺乏环境意识、生态意识、日常行为方式和城市行为准则等，所以社区可以通过教育与训练使外来农民工子女的日常行为方式合乎城市生活，这样既强化了外来农民工子女城市生存技能，增强了他们对本地生活的适应能力，同时消除了城市学生、社区居民对外来农民工子女的歧视，有利于提高他们的自我价值。其次，由于外来农民工子女的居住条件总体上比较差，容易产生自卑或报复等心理问题，所以社区应开展心理健康教育，帮助他们正确认识自己、评价自我；正确认识社会，克服因地位低下、易被歧视而产生的对城市的敌意，使他们在感情上富有理性，拥有积极的心态和进取的精神，为在城市的激烈竞争中求得良好的生存条件。再次，要对他们进行道德教育、法制教育、信息技术教育，使他们具有同现代文明社会相适应的道德观念和法律观念，增强他们的自我约束机制。提高他们搜集信息、处理信息的能力，以适应多元化、法制化、信息化的城市社会，并在城市社会里获得良好的发展。除此以外，社区融合教育可以充分利用社区本身的物质资源、文化环境以及人力资源。

（三）注重社区融合教育的实施建设

“社区”是融合教育顺利推进的第二场所，也是农民工随迁子女在迁入地接受教育的第二课堂，正确发挥社区的作用，有利于促进融合教育的发展。社区融合教育的高效实施，需要合适的社区融合教育方式。只有合适的融合教育方式，才能更好地促进融合教育的实施。首先，注重活动的互动性。社区融合教育的目的是为了加强城乡两大群体的了解，消除群体矛盾，帮助农民工家庭更好地融入当地，促进社会融合。因此，社区融合教育的开展要注重社区成员的互动性，增强双方的互动认识。社区委员会可以开展“我爱家乡”的演讲比赛，除了展现城市生活的乐趣，也可以使城市家庭了解农民工家乡的风采，在活动中互动沟通，使他们对彼此的家乡能有全面的认识而不是片面的理解。其次，注重活动的合作性。社区融合教育的开展过程中，要注重活动的合作性建设。通过社区活动，加强城乡两大群体的合作性建设，发挥彼此的长处，能够使得城乡群体认识到对方的重要性，也能在活动中帮助双方改变对对方的认识。除此以外，要注意开展社区融合教育的方式、方法，使得社区融合教育活动成为公平交流对话的平台，在活动中平等地对待活动参与者。

（四）注重社区志愿者队伍的建设

社区教育是一项庞大的系统工程，单单靠社区居委会的人员力量是无法完成的。因此要注重社区志愿者队伍的建设。建设一支高质量的社区志愿者队伍，对社区教育的顺利进行具有重要意义。首先，发挥居委会个体的灵活性。居委会成员是最了解社区状况的单位。由居委会牵头，招募社区志愿者，志愿者的招募可以面向社区成员，充分挖掘社区的人力资源，社区成员参与社区志愿服务，能够增加社区荣誉感和自豪感。也可以鼓励在校大学生积极参与，或者当地小学等热心于志愿服务的优秀教师。其次，注重队伍成员的培训，保证队伍的稳定性。志愿者队伍的培训是必不可少的，因为志愿者在接触社区子女的过程中，其个人的思想行为必然会影响到孩子的行为。同时尽量避免队伍成员的流动性，一来减少培训次数，二来长期从事志愿服务的成员，经验比较充足，取得的效果会更好。

（五）注重社区、学校联合互动，强化农民工家长教育

苏霍姆林斯基认为，“生活向学校提出的任务如此复杂，以致如果没有整个社会，首先是家庭的高度的教育素养，那么不管教育付出多大的努力，都收不到完满的效果”。① 提高家长的文化素养，促进家长的交流互动具有重要意义。首先，社区联合学校，开展“家长学校”培训，发放家庭教育指导小报、教师的家访、开放日等活动，使家长认识到家庭教育和良好的教育方法对于他们子女成长的重要性，让农民工子女学生在家中也能有相对较好的学习和生活环境。其次，支持学校积极开展城乡家长交流会，让农民工家长多了解城市家长的教育方法，也让城市家长学习农村家长的育子技巧，树立家长的平等观念。每周每班邀请2—3名家长来观摩学校的学科教育，展现学子学习状态的同时，也让城市家长观察到农民工子女勤奋刻苦聪明的一面，让农村家长看到城市孩子多姿多彩的一面，让家长对不同的孩子有直接的社会认知。慢慢转变家长的偏颇观念。另外，学校还可以借助植树节、儿童节等节日，把城乡家庭聚集在一起共同活动，有意安排城乡家庭一对一活动，增加双方家庭的互动，在改变对双方刻板印象的同时，也能扩大农民工家庭的社会交往范围。

---

① 瓦·亚·苏霍姆林斯基：《给教师的建议》，济南教育科学出版社1984年版，第396页。

四　社区融合教育的问题及挑战

作为非正式教育的流动人口子女社区教育具有灵活性、及时性、针对性强等正规教育不具备的优势，能够帮助随迁子女增加对城市的认同感和归属感，促进社会融合。但是，社区融合教育在实施过程中，同时也面临一定的问题和挑战，需要进一步深思和探索。

（一）参与者的流动性较大

首先，生活地点的不固定。流动人口由于户籍、受教育程度以及职业技能等方面的原因，所从事的职业多为临时性的，较不稳定，往往是哪里有活干，就到哪里去。因此，相对户籍人口来说，他们的职业更换较为频繁，居住社区也不是十分固定。在他们流动的同时，孩子也不得不跟着流动。另外，社区在暑假时常常会多出一些孩子，原来他们平时都在家乡上学和生活，只有在暑假时才被接到城市和父母在一起，暑假结束后，他们又要回到家乡。这样，主要针对流动人口子女及其父母开展的社区教育面临的一大困难就是，参与活动的人员流动性较大。如此一来，就给活动的连贯和深入带来不利的影响。其次，参与时间的不固定。参与者的流动性大还体现在参与时间不固定方面。由于非正规社区教育不像学校教育等正规教育一样具有较强的规范性和约束力，社区每个成员对社区教育的参与完全建立在自愿和兴趣的基础上。所以，在活动的组织实施中常常会出现参加前期活动的人员没参加后续活动，或者接受调查并答应参加活动的人员并没有参加活动的现象。同时，在活动正在进行的过程中才来参加活动的人员或退出活动的人员也不少，如经常有正在参加活动的流动子女陪护人员发现买菜的时间到了，便起身离开的情况发生。所以，如何形成规范又不失灵活的制度、选择大多数人都适合的时间、让更多人员能够长期坚持参与活动，是需要今后进一步探索的问题。①

（二）社区教育水平评估有难度

传统学校教育的评估指标中，很重要的一点是看学生的考试分数。根据学生的成绩或者升学率来评估学校的教学质量。但社区教育的评估更多地要看社区成员及社区的变化，即是否满足了社区成员的需要，是否促进了社区成员的进步，以及是否促进了社区的发展等。将流动人口子女教育纳入到社区教育活动后，因参与者的基础水平参差不齐及流动性等特点，

① 刘吟：《社区教育：流动人口子女教育的社会关怀》，《黑河学刊》2010 年第 12 期。

教育活动开展的成效往往带有一定的隐含性。教育是一个长期的过程，社区成员观念、态度和行为的改变以及社区的发展等，不是一两次社区教育活动就能够完成的，甚至有些变化不是显露于外的。在这样的前提下，如何设计恰当的指标对社区教育进行较为准确的总体评估，提高社区服务的积极性，更好地关注外来人口子女的教育是今后社区教育工作的又一大挑战。①

（三）城乡群体“划区抱团”，缺乏互动欲望

由于我国长期的社会文化积淀，国民有一种对社会等级划分的强烈文化心理认同。② 城市中很多家长基于以前的观点和文化上的观念，对农民工家庭本身就怀有一种“陈见”，当越来越多的农民工进城务工以后，这种陈见逐渐被激发出来并演变成一种偏见。他们认为，农民工素质低、家庭环境、教育差，农民工子女学习成绩差、生活习惯不好等。这种偏见积累到一定程度，开始变为歧视，于是出现了“现实中，很多本地学生家长更希望孩子在学校中能有更多本地学生作为同伴群体”的情况。③ 有些家长告诫自己的孩子不要跟农民工子女来往，给子女灌输农民工家庭脏、乱、差刻板印象。甚至有些家长还会主动择校，拒绝配合学校“城乡一家亲”或者“城乡文化交流”的活动，更不愿意主动了解和学习农民工家庭及其文化。在一定程度上使得城市家长不屑也不愿意主动接纳外来人员，更不会在交流中扮演主动交流、学习的角色。而农民工家庭虽然有些在迁入地已经生活了很多年，但“外来者”的角色意识还是很浓厚，潜意识里定义本地人跟潜入者的区别，“客人心理”倾向突出。特别是近几年，随着农民工进城务工人数的增加，他们也形成了自己的“老乡团”，“有事找老乡”，也缺乏融入城市家庭的动力。

除此以外，社区委员会融合意识淡薄，忽视了鼓励促进城乡家庭互动。首先，社区委员会的活动忽视城乡文化差异。比如元旦、圣诞节等西方的节日早被城市家庭接受，而农村则更重视鬼节等祭祀节日。这样的习俗差异，使得城市社会在开展元旦、圣诞等节日活动的时候，农村家庭就

---

① 刘吟：《社区教育：流动人口子女教育的社会关怀》，《黑河学刊》2010 年第 12 期。

② 张世文、王洋：《社会排斥视角下的农民工子女教育问题》，《长春工业大学学报》（社会科学版）2008 年第 1 期。

③ 罗云：《城市公立学校中的流动人口子女教育：区别还是融合》，《教育发展研究》2011 年第 8 期。

感到无所适从。而城市社区过年过节禁止燃放烟花爆竹，让农村家庭也无法理解，有些甚至偷偷燃放。其次，社区委员会的行政意识较强，将更多的人力、物力等社区资源用于解决农民工子女就学、维持社区稳定、社区治安等问题，而忽视了两个家庭的融合，忽视了与学校建立同步联系，使随迁子女更好地融入学校教育。

总之，流动人口子女社区教育是整个社会教育环节中的基础，它是以流动人口子女为指向，以流动人口子女及其父母和社区其他成员为目标群体，在“参与”理念的指导下，通过确定活动的主题并进行调查、设计与筹划活动、组织与实施活动、开展后续活动以及评估与反思活动等环节，依据社区成员的实际情况灵活开展的非正规教育活动的一种相对稳定的形式。该模式打破了以往由政府组织、自上而下开展活动的形式，在一种新的理念指导下开创了一种新的模式，模式充分体现了“社会关怀”的特点和精神。

第三节　学校、社区、家庭教育互动合力

2003 年，《国务院办公厅转发教育部等部门关于进一步做好进城务工就业农民工子女义务教育工作意见的通知》，通知要求各地方政府坚持“融入本地，一视同仁”的原则来解决随迁子女的入学教育问题。各界学者也纷纷就随迁子女“融入”当地，进行了研究。自古以来教育就不是孤立存在的，也不是在单一的个体中进行的。“教育需要摆脱传统孤立的和封闭的状态，需要增强、沟通和协调教育与社会的联系，发挥教育的社会功能，增强其对社会的作用。”① 融合教育的实施正是适应了教育需要各主体共同协调、参与其中的要求。

一　融合教育的内涵及作用

（一）融合教育的内涵

融合教育是指通过各种教育途径和教育活动以促使外来农民工子女在心理和文化等方面与流入地相适应、相融合的教育。② 其表现为外来农民

① 王璐、田殿山：《农民工子女教育：社区教育新功能》，《青年探索》2008 年第 2 期。

② 方俊明：《融合教育与教师教育》，《华东师范大学学报》（教育科学版）2006 年第 3 期。

工子女在流入地学习、居住、生活的过程中，在与流入地的学生、社区成员交往、城市居民接触的过程中，从形象到心理、从思想到情感完全融入城市，流入地的学生、居民真诚接纳、欣赏外来农民工子女，城乡学生相互促进，每个孩子都能够充分实现自身的价值，提高自身素质，最终实现城乡文化的有机融合。

20世纪20年代，美国学者首次提出融合教育的概念，他从实用主义的立场出发，提出融合教育主要是“为了使障碍学生融入正常学生的班级、学校社区环境，发挥潜能让其身心均能得到最大程度的发展”，① 经过后来学者的研究与扩展，融合教育逐步应用于农民工随迁子女在新环境的教育领域，学者们也从不同方面提出融合教育措施。首先，在学校教育方面，从融合教育中教师角色出发，认为教师是融合教育的“融合者”，要求教师在教学及生活过程中一视同仁，尊重学生的多样性，注重教育公平。② 而在融合教育的课程建设方面，提出开设融合教育课程建议，通过课堂教育和课外活动两个方面，潜移默化地使农民工随迁子女融入到城市生活中来，并增加对城市生活的认同感、归属感。③ 其次，在社区服务方面，因为社区教育是整个社会教育的基础，对随迁子女增加社区教育的关怀是十分必要的。社区教育要以社区活动为载体，增加农民工家庭的自信心，促进其社会关系网络的形成，从而更好地融入城市生活。④ 除此以外，在家庭方面，当前农民工家庭教育就存在一定的问题，要想改善随迁子女的受教育状况，就要改善农民工家庭的教育观念、教育方法等。⑤ 各界学者的研究以及建议在一定程度上都促进了融合教育的发展，使得农民工随迁子女的教育矛盾得到一定的缓解。

（二）融合教育的作用

融合教育的实施，旨在打破城乡限制，为外来农民工随迁子女的成长提供一个理解、尊重、关心、互助、友爱的教育氛围，使外来农民工子女感受到温暖，具有归属感、身心健康发展及完成社会化，成为一个良好的

---

① 黄兆信、李远煦、万荣根：《“去内卷化”：融合教育的关键——进城务工人员子女融合教育的现状与对策》，《教育研究》2010年第11期。

② 翁细金、万荣根：《融合教育的教师角色与使命》，《教育评论》2010年第4期。

③ 蔡春驰：《融合教育课程：内涵、缘由及策略》，《教育发展研究》2012年第10期。

④ 刘吟：《社区教育：流动人口子女教育的社会关怀》，《黑河学刊》2010年第12期。

⑤ 谢龙华：《农民工子女家庭教育存在的问题及对策研究》，《东北师范大学学报》（哲学社会科学版）2013年第6期。

公民。在城市接受义务教育的外来农民工子女处于社会化的早期阶段，此时他们形成的价值观、态度和行为对其今后发展会产生重大影响。因此，在义务教育阶段外来农民工子女如何融入城市是关键问题。除此以外，融合教育的实施，有助于城乡两大群体交往融洽。在融合教育的进程中，迁入地居民对农民工家庭的脏、乱、差的刻板印象以及农民工家庭对城市居民的抵触心理，再加上部分媒体追求轰动效应，刻意放大城乡矛盾，这都在一定程度上阻碍了两大群体的交流互动。因此加强城乡群体的交流互动，能够使他们更加直观地了解对方，看到对方的优点以及值得学习的地方，从而更直接地促进和谐社会的建设。除此以外，互动还对促进城乡群体之间的沟通，提高城乡和谐共融等方面具有重要作用。

融合教育的实施，有助于文化交融。文化具有地域性，自古人口流动就是促进文化融合的主要途径之一。来自不同地方的农民工家庭带来了不同的文化，表现为各不相同的语言习俗、交往习惯以及饮食等各方面。这些不同区域的文化传统也使得各地方的孩子有不同的人生价值观。这些不同地域的文化在一起相互摩擦碰撞，不仅能够拓宽学生们的文化视野，还能在保留各自原有优秀文化传统的基础上，能够吸收对方文化的优点，取长补短，完美结合，甚至创造出新的文化，形成多元文化的学校理念和城市理念。除此以外，文化的交融，有利于缩小城乡差别，有效地化解或缓解城乡矛盾、城乡对立，从而有效地促进城乡的协调发展。①

融合教育的实施，有助于身份认同。农民工随迁子女流入城市，成为城市的“新人”。但潜意识里仍将自己定义为“外来人员”。互动能够扭转农民工随迁子女对城市“建筑物高，物质消费高”的片面印象，增加对城市的认同感和归属感。使社会认同农民工家庭对城市的贡献，提高对农民工家庭的重视。同时也使得迁入地人员意识到农民工及其子女是城市未来高水平可持续建设中不可缺少的重要力量。同时，融合教育的实施将充分体现教育的公平，促进个人平等发展的全面实现，营造团结、友爱、互助、包容的社会氛围，从而为和谐社会的构建奠定坚实的基础。

二　互动在融合教育中产生的合力效应

互动，是本节融合教育过程的核心词。“互”，交替、相互；“动”，

---

① 谢龙华：《农民工子女家庭教育存在的问题及对策研究》，《东北师范大学学报》（哲学社会科学版）2013 年第 6 期。

使其作用或变化，使感情起变化。互动，一种相互作用从而使彼此发生变化的过程。早在18世纪，亚当·斯密、休谟等哲学家在谈及建立人类科学的时候，就提出“必须注重人类相互联系的基本事实，并应把注意力集中于人际间的沟通、同情、模仿及风俗上”，充分强调了互动的重要性。归纳起来，互动在本质上是人与人或者群体之间发生相互关系的社会实践性活动。注重的是双向的相互作用力，包含沟通和共融。在研究农民工随迁子女的教育过程中，本节针对当前随迁子女教育中存在的问题，提倡要注重互动，强调参与主体之间的相互作用，如农民工家长应积极与老师、学校、社区以及社会等参与主体互动，实现在生活习俗、社会环境以及文化等方面的共融，从而推进融合教育的发展。

首先，互动有助于文化交融。文化具有地域性，自古人口流动就是促进文化融合的主要途径之一。来自不同地方的农民工家庭带来了不同的文化，表现为各不相同的语言习俗、交往习惯以及饮食等各方面。这些不同区域的文化传统也使得各地方的孩子有不同的价值观。这些不同地域的文化在一起相互摩擦碰撞，不仅能够拓宽学生们的文化视野，还能在保留各自原有优秀文化传统的基础上，吸收对方文化的优点，取长补短、完美结合，甚至创造出新的文化，形成多元文化的学校理念和城市理念。其次，互动有助于身份认同。农民工随迁子女流入城市，成为城市的“新人”。但潜意识里仍将自己定义为“外来人员”。互动能够扭转农民工子女对城市“建筑物高、物质消费高”的片面印象，增加对城市的认同感和归属感。使社会认同农民工家庭对城市的贡献，提高对农民工家庭的重视。同时也使得迁入地居民意识到农民工及其子女是城市未来高水平可持续建设中不可缺少的重要力量。另外，互动有助于城乡两大群体交往融洽。加强城乡群体的交流互动，能够使他们更加直观地了解对方，看到对方的优点以及值得学习的地方，从而更直接地促进和谐社会的建设。此外，互动还对促进城乡群体之间的沟通，提高城乡和谐共融等方面具有重要作用。

三 学校、社区以及家庭三者的关系

教育包括正式教育和非正式教育，正式教育和非正式教育在融合教育的实施过程中都发挥着重要作用，且缺一不可。正式教育是指学校教育，学校是实施融合教育的主要场所，在教育的发展过程中起主导作用。家庭教育和社区教育则是非正式教育的主要组成部分，对正式教育起着补充作用。我们必须要认清三者之间的关系，充分挖掘以及发挥他们各自的作

用，才能更快地促进融合，更好地解决农民工随迁子女在迁入地受教育的问题。

学校是融合教育实施的主阵地。农民工随迁子女跟随父母来到务工地，父母的初衷是想让孩子接受更好的教育，帮助孩子增长见识。将孩子培养成才的希望几乎完全寄予学校。可见学校教育在父母心中占有重要地位。孩子的大多数时间都是在学校度过的，他的科学知识的来源以及世界观、人生观、价值观的培育都与学校有着紧密的关系。法国著名的政治社会学家、法国高等社会科学研究院教授 Michel Bonnin 说，“我觉得最重要的还是学校教育。要让穷人特别是农民工的子女享受跟城市居民同样的教育，不要排斥他们。”① 学校教育的有效实施是教育公平得以实现的最重要的一部分。学校的课堂教学以及课外活动的教育实施过程，都从主要渠道或者潜移默化地影响着学生的发展，在学生人生中具有重要意义。但是我们必须看到，城乡学生不是生活在“孤岛”中，学校教育也有鞭长莫及的时候，学校教育毕竟针对的主体是学生，教育对象也是学生，对于社会上的融合教育的阻碍因素，学校则表现得相对无力。比如，学生放学之后以及假期的大部分时间都是在校外进行活动的，学校的能力则相对不足。它无力消除当前社会中存在的针对农民工弱势群体的歧视以及排斥现象。这就需要社区教育的帮助来弥补学校教育的不足。除此以外，学校教育也需要家长的参与，家长是孩子的监护人，未成年的学生在家的行为需要家长的监督和指正。因此，学校加强与家长的联系也是十分必要的。

社区是融合教育实施的第二场所。江泽民同志在第三次全国教育工作会议上指出“要加强社区建设，积极创造有利于青少年成长的家庭、邻里和学校教育。”农民工随迁子女跟随父母来到务工地，接触到的城市印象都是来源于生活的周围世界，也就是社区。社区的环境、文化都会在日常的生活交往中耳濡目染、潜移默化地影响着社区成员的人生价值观。社区实施融合教育可以使学校教育与社区教育紧密结合在一起，改变学校教育、家庭教育和社区教育相互独立、相互隔离的状态。外来农民工子女融入城市的教育问题，不仅仅是学校和家庭的责任，而是全社会的责任，社区居民也应关心外来农民工子女的教育问题，为外来农民工子女融入城市提供更为广阔的空间及更多的支持力量。可以说，只有不断地通过各种活

① 于建嵘：《法国骚乱提示中国未雨绸缪》，《南方周末》2007 年第 4 期。

动，才有可能推动农民工随迁子女与城市学生双方的家长积极投身于融合教育的实践，实现城乡的真正融合，推动和谐社会的健康发展。但是社区教育的触角仅限于社区活动，限于社区基于某个目的而鼓励农民工家庭参与的项目，对于农民工家庭的事务却无力参与，除非是农民工家庭主动反映某个问题，社区才能伸出援助之手，因此，社区教育离不开家庭教育的支持，也离不开农民工家庭的参与。

家庭是孩子生活和成长的地方，父母是孩子的第一任老师。也是融合教育得以顺利实现的后备军。苏霍姆林斯基认为“生活向学校提出的任务如此复杂，以致如果没有整个社会，首先是家庭的高度的教育素养，那么不管教育付出多大的努力，都收不到完满的效果”。① 农民工父母希望孩子得到较好的教育，并将全部希望寄予老师身上，但是长期的生活相处决定了父母的生活习惯、教育观念会影响着孩子的选择。随迁子女跟随父母来到迁入地，在这个对他们比较陌生的城市，他们的行为选择首先是模仿他们的父母。因此，加强家庭教育，也是必不可少的。家庭教育的实施，能够辅助学校完成对学生的培养目标。家庭是社区的组成单位，家庭教育的实施，能够协助社区发展社区教育，促进社区的发展，进而为孩子营造更完善的学习环境。但是家庭教育也存在不足之处，农民工家庭教育方面更是相对缺乏。农民工父母文化程度相对较低，在教育孩子这方面依靠身体暴力或冷暴力居多，而忽视心理教育。这就需要学校教育的积极参与补充，求助于学校教育，拓展家庭教育的途径。

综上所述，学校、社区以及家庭之间有着密切联系，需要三方互助合作、互补互动。学校教育的最终目标是促进学生自由而全面地成长。新的时代背景下，要促进学生自由而全面地发展，培育成社会主义现代化的“四有”新人，就要充分发挥学校的主导作用，构建学校、家庭以及社区三方联动机制。社区教育作为融合教育的第二场所，是对学校教育的完善与突破，打破了单一的学校教育体制，建成了“非围墙”的教育格局，寓教育于生活，是学校教育的延伸、拓展。无论是学校、社区还是家庭，他们都在随迁子女的教育过程中，起到了非常重要的作用。只有把他们各自的积极作用结合起来，才能构成一个完整的社会教育体系。

① ［苏］瓦·亚·苏霍姆林斯基：《给教师的建议》，济南教育科学出版社 1984 年版，第 396 页。

四 学校、社区以及家庭合力存在的问题

细看随迁子女在迁入地的学习生活状况，比起前几年，虽然在政策方面得到了更多保障，但是在融合教育的推进过程中，学校、社区以及家庭等各主体也产生了某些矛盾和隔阂，缺乏相互间的理解与合作。这些问题既有三者内在的关系，也有外在的关系。

（一）缺乏合作意识

学校、社区以及家庭作为融合教育的主要参与者，他们的融合意识决定着各自的融合行为，在融合教育的实施过程中，碎片化的融合措施很多，但都不系统也没有形成规模。学校、社区以及家庭在融合教育推进的过程中都进行了积极探索，但是采取的措施较多的是“独立进行”，“各自为政”，表现在缺乏合作行为和合作意识。首先，各参与主体的教育活动基本各自举行。各参与主体在促进融合教育实施的方面，采取的措施和实施的活动都是单方面、自上而下单轨道进行的，并不主动联合其他主体。比如，学校为帮助农民工随迁子女融入学校生活，采取了“我爱家乡”、“方言、习俗交流会”以及“一对一帮扶”等，这些活动的参与主体仅限于在学校范围内的老师和学生，它的影响作用以及范围也就止步于校园。其次，各主体不愿主动联合其他主体。学校、社区以及家庭作为三个独立的社会单位，在社会中的活动是必不可少的。尤其在随迁子女的融合教育中都是不可或缺的，但是，三者却不愿共同组织，在活动组织的过程中，各个主体间的交流、活动分配以及经费核算等烦琐问题，让三者不愿共同组织参与。因此，最后三者的教育出发点都是立足于活动组织者本身，以各自的名誉实施，缺乏共同组织的意向。

（二）缺乏合作途径

学校、社区以及家庭为帮助随迁子女融入城市，围绕着诸如环境教育、青少年维权、公民道德教育、革命传统教育、时事教育、道路交通安全法教育等教育主题，开展了一系列活动，但有些效果并不佳，主要表现在活动执行的过程中，学校、社区以及家庭都是在采取自己的方式，他们在各自的领域内“粉墨登场”，都试图通过自己的努力，帮助随迁子女融入城市。这样一来，活动领域不一，活动目标五花八门，效果衔接不上，最终使得活动效果缺乏持续性、延伸性。因此加强学校、社区以及家庭的合作势在必行，但当前三者缺乏合作途径。学校、社区以及家庭作为三个独立的单位，缺乏联系机制，这主要表现在三者联系不够紧密。首先，没

有形成专门的组织架构，学校、社区以及家庭在运作过程中，并没有构建共同的联系部门，都是各自独立的三个主体。其次，没有共同的联系部门。农民工随迁子女的教育问题是近几年被社会各界注意的，融合教育各方面的实施还不成熟，各主体并没有构建对接部门，这就使得在活动中只能“各自为政”，无法联合。

（三）缺乏激励机制

农民工随迁子女融合教育是近年来才兴起和发展起来的新的教育方法，不论是实践时间还是经验，都还不够成熟，并且它也是由社会各界自发提出和组织的，与政府政策不同，它是一个自下而上的推进过程。在这一过程中，学校、家庭以及社区联合实施融合教育，只是一个自发或者自愿的参与过程，并不存在强制力的约束，也没有相应的保障机制或者激励机制。首先，学校、社区以及家庭这三个独立且平等的单位，不存在“领头羊”。融合教育的联合机制需要三者有一个牵头单位，但是对于“领头羊”本身有哪些权利或者义务，没有作出明确界定，这就容易造成在活动执行过程中，出现懈怠、推诿等现象。除此以外，不存在外在的激励保障机制，三者参与教育完全是出于三者本身的教育意愿，并没有外在的激励措施，这就在一定程度上降低了三者联合的积极性。比如：某地区规定招收农民工随迁子女的公办学校可以获得政府的额外财政支持。像这样的政策并不存在于鼓励三者联合的过程当中。

五 实施学校、社区以及家庭联合的教育

（一）形成合作意识，开拓合作途径

融合教育从本质上说是社会化的教育，它必须最大限度地调动社会的一切积极因素，参与教育管理活动。[①] 学校、社区以及家庭恰好是融合教育得以顺利施行的三个最关键的组成部分。因此，转变三者的观念，树立合作意识成为当前建立三者联合机制的重要任务。首先，观念是行动的先导，学校、社区以及家庭要承担起融合的重任，树立融合教育意识。联合观念的产生是重中之重。这就需要社会宣传力量动员学校、社区以及家庭，帮助三者建立互信互动的意识，潜移默化地输送三者联合观念。其次，政府部门要设立专门的农民工教育组织部门。学校、家庭以及社区本

① 涂启锋：《“四位一体”：融合教育的实施机制——以武汉市德才中学为中心的考察》，湖北大学硕士论文，2007年。

来就是三个相对独立的单位，并不存在隶属关系，这就需要有一个部门专门对这三个单元进行组织联合，对这三个单元的农民工随迁子女教育部分进行专门管理，牵头开拓合作领域。

（二）建立学校、社区与家庭的伙伴关系

学校、社区以及家庭三者协同，建立三者联合机制，是我们融合教育顺利实施的需要。因此，加强三者的联系，建立三者的伙伴关系成为推进融合教育的前提。首先，社区是对城乡学生进行融合教育的重要阵地，一头连着班级和学校，一头连着家庭，要整合各种资源，精心搭建有利于城乡学生健康成长的活动平台，使学校教育、社会教育、家庭教育相互衔接。① 以社区为纽带进行互建，还要求社区志愿者的广泛参与和积极联系。其次，很多学校开始创立学校家长工作日，比如某中学，请家长在自习时间到班级“坐班”，参与学生的学习，除此以外，还成立家长参观日、校长会见日等。在这些规定日期里，家长到学校进行交流参观，并就自己家庭中的需要帮助的孩子教育的问题，与学校孩子的班主任或者任课老师进行交流，共同合作解决孩子面临的问题。除此以外，政府部门要对学校、社区以及家庭的联合机制进行管理，并要制定部分政策，明确鼓励三者的联合，提出相应的鼓励措施和奖惩机制，从外部帮助三者建立联合伙伴关系。

（三）形成社区、学校、家庭相融合的教育力量

融合教育的实施要取得成效还必须注意其基本的要素与环节的协调与配合。为此，必须构建社区教育网络，成立由社区管理机构（社区街道办事处或居民委员会）负责，社区内学校、企事业单位负责人参与的社区教育委员会，组织运作社区教育，形成社区、学校、家庭为一体的融合教育力量，实现社区、学校和家庭三者之间的互动与合作。

社区应积极参与学校教学，围绕融合教育的目的、内容，加强社区与学校的互动交流。社区应寻找、整合、充分利用本社区的社会资源，尽可能地为学校教育提供方便，为外来农民工子女和城市学生创造一个优美、和谐、健康、安全的校外环境，通过开展丰富多彩、健康有趣、富有教育意蕴的活动，如成长夏令营、社区内校际大型活动、外来农民工子女学生

① 涂启锋：《“四位一体”：融合教育的实施机制——以武汉市德才中学为中心的考察》，湖北大学硕士论文，2007 年。

与城市学生联谊活动等，巩固和延伸学校融合教育的成果，形成学习型社区。同时，社区向家庭生活提供支持，如提供上学前和放学后的孩子照管服务，以及其他支持家长的服务，社区通过开办家长学校、举办家庭教育讲座、开展家长教育经验交流会、家长与孩子之间的交流等形式，这既可以抓好家庭教育指导，提高家长尤其是外来农民工子女家长的家庭教育经验、水平，促进其子女健康成长；又可以让城乡两类家长交流和沟通，消除城市家长对其子女的偏见和歧视。学校也应和社区联结起来，协助社区建设、改善教育环境，强化学校与居民的联系，以及学校与社区的沟通，学校可以邀请家长参与学校的活动，了解学生的各方面情况，家庭也应该积极配合社区、学校，主动与学校、社区联系，了解子女的学习状况，提出自己的想法和观点，以推动学校、社区“融合教育”的顺利实施，最终实现社区、学校、家庭的融合。

党的十七大报告中提出“教育公平是社会公平的基础”。融合教育是实现教育公平的主要途径，当前随迁子女的教育中，要加强学校、社区以及家庭的联系，构建三方联动机制，使得融合教育的效果具有持续性、深远性，融合城乡文化，创造新的多元文化。

第四节　政府作为和社会作用

农民工群体是我国经济转型下的产物，是具有“中国特色”的群体，2014 年 5 月，统计局发布的《2013 年全国农民工监测调查报告》显示“2013 年全国农民工总量 26894 万人，比上年增加 633 万人，增长 2.4%”，“其中，举家外出农民工 3525 万人，增加 150 万人，增长 4.4%”。由此可见，农民工数量不断增长，且外出务工家庭的数量增多，这意味着迁入地面对的随迁子女的教育压力也越来越大。针对农民工随迁子女教育问题，2013 年全国“两会”期间，周振波提出要下大力解决更多农民工随迁子女读书问题，“只有解决好农民工子女的读书问题，才能使更多的农民工更好地融入城市发展”。

一　政府在融合教育中的作为

（一）政府在农民工随迁子女融合教育中的“应为”

社会融合最早是由法国学者埃米尔·迪尔凯姆首先提出来的社会学概

念。他针对当时西方社会转型的社会状况提出的，他认为良好的社会融合，可以有效地控制自杀率。[①] 后来这一概念被针对社会弱势群体进行研究。当前我国农民工及其随迁子女就是我国社会转型时期的固有产物，是我国社会发展中的弱势群体。这一群体如何融入到迁入地生活是当前我国社会融合的研究内容，是一个社会问题，而开展融合教育的目的是为了帮助农民工随迁子女更好地融入迁入地，那么融合教育的实施就需要全社会的力量共同参与，尤其是政府。除此以外，农民工随迁子女的融合教育还是一个教育问题。因为随迁子女在迁入地的教育是发生在义务教育阶段。义务教育本来就是政府的义务，是具有强制性特征的教育，帮助农民工随迁子女享受义务教育是政府必须主动承担的责任。为此，政府必须要主动承担"义务"，大力推进融合教育的实施。当然，相比民间组织以及其他社会力量，融合教育的实施也少不了政府力量的参与。

首先，政府是政策的制定者和执行者。教育公平是社会公平的基础，教育是公共产品的一部分，政府扮演着公共产品的投资者和管理者的角色，合理分配公共产品，对社会公平地实现具有重要作用。这就需要政府在政策的制定和执行上，秉承着"公平至上"的理念，倾向于对弱势群体的保护和照顾。这在一定程度上也会促进社会的良好融合。在教育的领域范围内，农民工随迁子女是弱势群体，受户籍限制以及家庭条件的影响，这一部分人无法接受良好的教育，受教育权得不到保障。再加上弱势群体的话语权和力量也相对不足，当合法权益受到侵害的时候，不敢勇敢的斗争，因此，为了实现社会更好的融合，这就要求政府加强对政策执行的监督，在立足于教育发展的前提条件下，保护农民工随迁子女的利益，使其在迁入地享受到良好的教育。

其次，政府是利益的协调者、监督者。在社会经济转型的大背景下，政府扮演着利益协调者和监督者的角色。为促进社会融合，保证社会经济转型负有重要责任。《2013 年全国农民工监测调查报告》显示，农民工进入城市，有 58.5% 从事建筑业和制造业，成为这个行业的主力军，也是城市建设的主力军。但是农民工的利益并没有得到相应的保护，农民工随迁子女受教育福利权也没有得到相应的保护，这就使得农民工家庭成为这

① ［法］埃米尔·迪尔凯姆：《自杀论：社会现象的研究》，商务印书馆 1996 年版，第 112—140 页。

个社会经济转型下的“受伤品”。这就要求发挥政府的利益协调者的角色作用，帮助农民工家庭得到相应的经济利益，农民工家庭的经济地位得到提升之后，有利于农民工随迁子女更加自信地参与周围环境的活动之中，更好地融入社会，也就更有利于农民工随迁子女融合教育的实施。除此以外，当地居民对随迁子女心存偏见，认为他们家庭环境不好，孩子不讲卫生以及素质低下等，都会影响到自己子女的成长，还认为农民工家庭的“自由意识”会影响到城市的运行规范，这也同样需要政府发挥协调作用，引导当地居民意识，重新树立对农民工家庭的正确认识。

再次，政府是融合教育环境的创造者、维护者。融合教育的目的是让农民工随迁子女在思想、生活以及学习等方面完全融入当地，促进个体的全面发展。融合教育的发展也是社会融合的必然要求。农民工随迁子女教育关系整个社会民族的发展，农民工随迁子女也是城市的建设者。但是在当前的社会中，受我国长期的社会文化积淀，国民有一种对社会等级划分的强烈文化心理认同。① 城市中很多家长基于以前的观点和文化上的观念，对农民工家庭本身就怀有一种“陈见”，当越来越多的农民工进城务工以后，这种成见逐渐被激发出来并演变成一种偏见，他们认为农民工素质低，家庭环境、教育差，农民工随迁子女学习成绩差、生活习惯不好等。这种偏见积累到一定程度，开始变为歧视。当地居民的这种强烈的偏见、歧视，最终表现在心理和行为的排斥上。这都极大地阻碍了社会融合，不利于融合教育的发展。这就要求政府要扮演好融合教育环境的创造者、维护者角色，转变当地居民的观念，帮助农民工家庭营造一个较好的融入环境。比如，政府牵头，调动整个社会的宣传力量，对农民工及其子女这个群体进行正面宣传，把农民工家庭的勤劳、朴实展现在大众面前，进行去污名化，树立正面形象，有助于城市接纳。

（二）政府在农民工随迁子女融合教育中的“难为”

教育是社会公共产品，教育公平的主要责任在政府，在“两为主”政策的指导下，农民工随迁子女在迁入地入学的问题根据各地情况基本得到了落实，但随之而来的“迁入地适应”以及“迁入地接纳”的问题，在农民工随迁子女的教育过程中逐渐显现出来。

---

① 张世文、王洋：《社会排斥视角下的农民工子女教育问题》，《长春工业大学学报》（社会科学版）2008 年第 1 期。

1. 农民工随迁子女数量逐渐增多，迁入地政府压力大

2014 年 5 月，统计局发布的《2013 年全国农民工监测调查报告》显示“2013 年举家外出农民工 3525 万人，增加 150 万人，增长 4.4%”。由数据可见，农民工随迁子女的数量也在不断增长，这意味着对“教育安置”的要求也就越来越高。虽然在市场起决定作用的经济体制内，以营利为目的的民工子弟学校在一定程度上缓解了就学矛盾，但是社会融合下的矛盾也越来越突出。农民工随迁子女数量的不断增长，给迁入地政府带来了越来越多的压力。首先，“迁入地适应”问题突出。随迁子女跟随父母进入务工地，陌生的环境意味着要接触新的地域文化以及风俗习惯，这就使得农民工随迁子女找不到属于自己的归属感，这个时候最容易迷茫，失去自我，从而出现社会犯罪，给迁入地的社会管理带来阻碍。其次，2001 年实施的“两为主”政策，表面上为解决随迁子女教育提供了较好的政策支持，但是在执行过程中，“以流入地为主”变成“流入地政府全权负责”，迁出地与流入地之间没有形成良好的协调机制，不管是在户籍管理还是教育经费投入上，迁入地政府面临较大压力。除此以外，农民工随迁子女的数量日益增多且流动性强，也给相关部门带来了学籍管理、经费核算等问题，当前农民工随迁子女在入学方面，手续烦琐，部门之间相互推诿，导致农民工家庭对迁入地政府颇有怨言，政府压力大，社会融合步履维艰。

2. “上学难、上学贵”，缺乏完善的教育保障机制

2006 年新修订的《义务教育法》规定“国家将义务教育全面纳入财政保障范围，义务教育经费由国务院和地方各级政府依照本法规定予以保障”。但是，“上学难、上学贵”依然成为农民工随迁子女在迁入地享受教育权的主要障碍。同样政府也面临着教育经费的来源以及分配问题。首先，户籍制度成为“上学难、上学贵”的主要“推手”。长期以来，为了便于管理和人口普查，我国实行户籍制，但是户籍制度也成为农民工随迁子女就学的主要障碍。各迁入地政府基本上按照户籍管理学籍，因此，农民工随迁子女的入学就面临着户籍的障碍。虽然我国政策规定“以公办学校为主”解决随迁子女教育问题，但是各地方的升学制度、升学率评估政策，也使得学校变相排斥外来学生，比如：收取高昂的借读费、校舍维修费等各种名目繁多的赞助费等。其次，教育经费的投入问题。义务教育本身就是政府不可推卸的责任，但是地方政府财政收入有限，日益增多

的农民工随迁子女，意味着地方政府投入到义务教育中的经费，也不断增加，在一定程度上给地方财政带来了一定压力。除此以外，政府缺乏对民间慈善教育经费的监管机制。农民工随迁子女就学难在一定程度上得到了第三方公益力量的关注，但是教育公益费用在实施过程中的不良现象，使得民间爱心人士拒绝支持第三方公益组织。

3. 迁入地政府认识偏颇，接纳性不足

2001 年针对农民工随迁子女教育问题，国家提出“两为主”政策，其中“以流入地政府为主”，在一定程度上表现出了流入地政府的主导责任。但是在随迁子女教育解决过程中，流入地政府并未表现出“主导”的态度；相反，在对待问题上还出现了认识偏差。首先，认识缺位，未树立正确的执政观念。虽然农民工为迁入地的建设做出了突出贡献，国家也要求迁入地政府重视农民工随迁子女教育，但是流入地政府并未从根本观念上转变对农民工的认识。他们认为解决就学问题，会在一定程度上吸引更多农民工家庭进入迁入地，在一定程度上会带来更多压力，超过城市接纳水平。而且近年来流入地政府的一系列社会管理问题，使得政府对接纳流动人口出现排斥态度。其次，地方保护主义。流入地政府在义务教育入学解决问题中，仍旧实行“地方保护主义”的政策。优先解决本地子女入学问题，在解决完本地子女的入学问题之后，“顺便”安排随迁子女就学问题。再次，教育资源分配不公。虽然鼓励农民工随迁子女在务工地就近入学，但是由于我国实行“地方负责制”，事实上就很难实现就近入学，虽然各地出现很多农民工子弟学校，吸纳了大多数的农民工随迁子女入学，这似乎是一个解决城市就学压力的合理方法。但是，从长远来看，这一举措把城乡两大群体对立起来，阻碍社会融入。而且，民工子弟学校以营利为目的，再加上政府疏于对民办学校的管理，教育资源较公办学校相差较远，教师流动性大，硬件设施较差。

4. 政策制定及执行，缺乏有效评估监管机制

从政策科学的角度讲，一个完整的政策过程包括政策制定、政策执行、政策评估、政策监控以及政策终结等几个环节。[①] 公共政策实施过程中，是一个动态环节，而政策评估和政策监管，在其中占有十分重要的地位。只有及时、准确地进行评估监管，才能不断地对政策进行调整，使其

① 陈振明：《政策科学》，中国人民大学出版社 1998 年版，第 212—214 页。

科学化、民主化，充分发挥政策的积极作用。政府在解决随迁子女就学问题的政策执行过程中，就缺乏必要的评估监管机制。首先，缺乏反馈评估机制。早在1996年《城镇流动人口中适龄儿童、少年就学办法（试行）》中第四条就提出要为随迁子女中适龄儿童提供就学机会，随后，1998年、2001年、2003年以及近几年不断地对这一群体入学问题提出解决办法，但是在真正落实的时候，却没有收到政策想要达到的结果。这就是因为缺少必要的反馈评估机制，我们在制定政策时，不知道如何改进。其次，缺少监管机制。帮助随迁子女融入迁入地教育，享有受教育权成为当前教育的目的之一。流入地政府也针对教育中存在的问题提出相应的政策，但是对于执行部门缺少必要的监管，以及部门在执行完任务之后，如何对工作执行过程中出现的情况进行奖惩。这些情况仍旧未进行必要的政策规范。长期执行下去，使得我们的随迁子女教育政策缺乏强制力保障，流于形式。除此以外，政策制定内容模糊，不够具体，无法进行评估界定。比如《关于进一步做好进城务工就业农民子女义务教育工作的意见》中第六款流入地政府要“采取措施，切实减轻进城务工就业农民子女教育费用负担”。虽然出发点是放活地方，但是采取什么样的措施，达到什么样的效果，都没有做出明确规定，就容易使得政策流于形式。

（三）政府在农民工随迁子女融合教育中的“作为”

“农民工子女碰到的教育困难，就是中国社会转型时期付出的一种社会成本”①，但这种社会成本不能也不应该由农民工家庭完全承担。这要求发挥全社会的力量，尤其是政府的领导作用，承担政府的责任。

1. 加强两地政府协调，减轻流入地政府压力

经济社会转型时期，城镇一体化的大背景下，农民工举家外出的数量逐渐增多，根据国家政策的逐步出台，农民工举家外迁将会是经济转型下的一大趋势。这就要求地方政府积极做出回应，推进社会融合。首先，政府牵头，联合社区成立“迁入地适应”辅导机构。农民工随迁子女跟随父母进入城市，陌生的环境容易导致随迁子女的“尴尬”、“不知所措”的情绪。这就要求地方政府联合社区，及时做好外来人口“普查”工作，定期组织志愿者进入社区，帮助外来随迁子女调节心理压力，转变思想观

① 黄先政：《统筹城乡教育背景下农民工子女教育影响因素分析及政府作用思考》，《教育与教学研究》2011年第4期。

念，增加对城市的认同感和归属感。其次，加强户籍所在地与迁入地之间的联系。户籍所在地政府要成立专门的针对流出人员的管理部门，把流出人员的档案进行规划和整理，并主动与流入地政府保持联系，随时给流入地政府提供资料档案的帮助。对随迁子女的教育费用、学籍管理也要根据各地情况，双方进行协商，规定双方教育投入的百分比例，减轻迁入地政府的压力。再次，中央政府牵头，联合地方政府，推行“流转一卡通”。当前“流动性”也是外出农民工的一大特点。档案管理、学籍管理以及地方证明等也成为具有“流动性”的资源，农民工在迁入地落户的时候就牵扯到多方档案，因此，推行电子档案，农民工从户籍所在地外出的时候，就办理一张“流转卡”，到迁入地之后，凭卡登记，办理暂住证，这样在一定程度上提高了办事效率，也便于管理。

2. 建立就学保障机制，履行政府教育职责

我国实行九年义务教育制度，义务教育是指，依据法律规定，适龄儿童和少年都必须接受，国家、社会、家庭必须予以保证的国民教育，义务教育本身就是政府不可推卸的责任。对于迁入地入学问题，政府不是同情地施舍，而是一种义务①。政府有义务完善农民工随迁子女就学保障机制，保证农民工随迁子女享有受教育的权利。首先，改善户籍制度，推行暂住证“入学”。户籍是阻碍随迁子女就近入学的主要障碍，对农民工随迁子女要实行“流转一卡通”制度，凭卡在迁入地办理暂住证入学，学校不得以户籍作为阻碍学生入学的凭证。其次，加大投入，多渠道筹备资金。对随迁子女的教育，不能完全依靠迁入地政府财政。要建立迁入地政府牵头，多渠道筹备教育资金的制度。比如，国家推行教育券制度，可由专管部门直接将财政补贴打到农民工流转卡上，仅用于随迁子女教育。除此以外，完善公益监管机制，引导社会帮助。社会公益组织是一支强大的力量，充分借助社会公益组织有利于缓解当地政府压力。但是要建立公益组织监管部门，严厉打击“借用”、“盗用”爱心专款的行为。还要合理引导社会帮助，避免爱心盲目行为。

3. 转变政府观念，提高地方接纳性

2001 年，国家提出“两为主”政策，2003 年，提出两个“一视同

---

① 张绍刚、杨东平等：《保障农民工子女享受教育是政府的法定责任》，http：//edu. qq. com/a/20091223/000144_ 4. htm。

仁”的原则要求，2006 年，中央政府又再一次提出“保证农民工子女平等接受义务教育”的指导思想。这表明中央政府高度重视农民工的积极作用，全力解决农民工随迁子女在迁入地入学的问题。这也要求地方政府积极回应国家要求，树立正确观念。首先，重视农民工的作用，转变政府观念。地方政府要正视农民工在本地建设中做出的突出作用，承认农民工群体的不可或缺性。主动为农民工群体的城市生活适应问题设立绿色通道，帮助农民工融入城市。其次，树立平等意识。积极解决农民工随迁子女城市入学问题。充分利用公办学校的资源，扩大公办学校的招生容量，坚决惩治学校“婉拒”农民工随迁子女入学。最后，合理配置教育资源。政府对随迁子女教育的作用，最突出的表现之一就是兴办学校，因此评估政府教育的显性标准就是看学校的教育状况。当地政府要以公办学校为主，为农民工随迁子女提供高质量的就学机会，保证农民工随迁子女受教育质量。在公办学校容量有限的前提条件下，由政府牵头，借助第三方公益力量，扩建校舍，招收老师，规范办学力量，提前做好接受更多学生的准备。

4. 完善政策执行，建立长效监控机制

首先，设立反馈评估部门。政府制定政策之后，必然是想达到一定的实施效果。但是各地实际情况不一，迁入地政府要设立评估反馈部门，定期对学校师生进行问卷访谈，尤其针对随迁子女较多的学校，及时询问他们的学校适应状况以及收费状况，对政策执行过程中出现的问题及时反馈并改正。其次，确立问责制度，成立专门的农民工随迁子女就学监管部门。农民工随迁子女在就学的过程中，涉及财政等各种权力分配。各地方政府也在做出一定努力，要根据地方不同状况设立问责制度，根据实际情况进行奖惩，当然对于执行过程中弄虚作假的现象要坚决打击惩治。从而维护政策的权威性。除此以外，明确政策执行内容，避免部门推诿。农民工随迁子女就学问题，国家颁布了一系列的政策，但是政策内容有些重叠，因此当前要建立明确的政策执行网络，对于权力重叠现象进行划分，对于内容模糊、不具体的政策，进行明确定义。使得各部门以后政策在执行过程中，能够准确办理完成自身责任义务，杜绝推诿扯皮现象。对于政策中规定的财政来源及支援情况，要明确支援比例，防止政策成为一句空话。

推进随迁子女的融合教育过程，是一个长期动态的过程。在这一过程中，随迁子女处于中心位置，政府、家庭、学校以及社区等都要围绕积极解决随迁子女的迁入地适应及就学问题而努力。而政府作为政策推进的中坚力量，成为农民工随迁子女融合教育的引领者。

二 社会在融合教育中的作用

随着社会经济的发展，城镇化进程的推进成为当前社会转型时期的一大特征。随迁子女教育问题成为社会转型时期的突出问题之一，引起社会各界的广泛关注，并提出融合教育的解决思路。但是融合教育的顺利实施，依赖于政府、家庭、学校以及社会的协作。政府是融合教育的中坚力量，融合教育的顺利实施，需要政府的强制力和权威性作保障。学校是融合教育的主阵地，融合教育实践的主要场所。家庭是融合教育实施的后备军，融合教育的推进需要家庭的支持。而社会则是融合教育的助推器、大熔炉。融合教育的推行，是社会融合下的必需品，本节将从社会在融合教育中的作用出发，对社会在融合教育中的问题进行分析，并提出相应的解决措施。

（一）社会在融合教育中的作用

融合教育的顺利实施不能仅仅依靠政府和学校的作用，需要借助于社会的力量。社会作用力的实现主要通过两种途径，一种是影响政府决策，另一种是通过引导父母的意识来实现的。没有社会的关注，随迁子女融合教育，将会经历更漫长的推进过程且孤立无援。

首先，社会力量是融合教育的推进者。融合教育的实施并不是单一的轨迹行进的进程，它受周围环境的影响，时刻调整推进的步伐。社会力量作为融合教育必要的推动力量，能够为融合教育的发展，起到促进作用。比如，社会舆论力量影响政府对农民工子女教育决策，能够及时关注随迁子女的生活学习状况，并伸出援助之手。同时媒体还能够在全社会营造一种关爱随迁子女的社会爱心氛围，唤起当地居民的关爱随迁子女的意识，促进社会融合。其次，社会力量有监督政府决策的作用。社会作为农民工随迁子女融合教育进程的“大镜子”。能够及时反映出政策作用力下的实施效果。对于不适应时代发展的政策，能够及时反映给政府工作部门，并予以调整。例如，举报制度、舆论监督制度等。这些都体现出人民群众具有越来越强的维权意识和民主意识。再次，社会力量能影响父母对孩子的关注度。社会对孩子的教育作用于家庭是通过引导父母意识得以实现的，当然父母对于子女教育过程中的问题，也可以及时向社会力量进行求助。例如，社区志愿者开设家长培训班，向农民工家长传授教育子女的方法，能够帮助家长及时关注随迁子女的心理动态，帮助随迁子女克服“城市水土不服”的状况，及时适应迁入地生活，融入当地。除此以外，社会力量能构建文化支持系统。社会力量通过宣传教育以及志愿服务，营造共同的社会文化，增加城乡两大群体的社会认同感和归属感。

（二）社会力量如何促进农民工随迁子女融合教育

1. 社会公益组织的成立

社会公益组织的成立，是社会力量具体化的表现之一，社会公益组织对社会主义和谐社会的建立具有重要意义。社会公益组织通过组织力量积极作用于农民工随迁子女教育，对推动融合教育的实施，促进社会融合具有重要作用。首先，由政府牵头，委托于社会公益组织成立非营利公益学校。银川新公民学校的成立就是公益组织的创新，它不同于公办和民办两条路径，开辟了第三条解决农民工随迁子女教育的路径。其次，社区学校的成立也是社会公益组织的工作具体表现。社会志愿者通过培训进入社区，对社区子女进行课后辅导，一方面，减轻农民工家庭的教育辅导，省去请家庭教师的费用。另一方面，能通过活动之间的互动，及时、准确地了解随迁子女的心理特征，帮助随迁子女转变观念，尽快融入城市生活。除此以外，社会为农民工家长提供文化援助。家长学校的建立，帮助农民工学习教育子女的技巧，转变农民工对子女“放任自流”的思想观念。

2. 新闻媒体的宣传

新闻媒体是社会舆论的传播者，也是社会活动的观察者和传播者，电视、杂志、报纸、广播等传统的媒体作用已经深入人心。而随着社会发展的需要，基于网络发展的新媒体在社会发展方面也起到重要作用，“不断拓展功能的新媒体与社会的融合在深化，已经成为全面推动中国社会成长的新力量”，[①] 也成为融合教育发展不可或缺的力量。首先，新闻媒体的正面报道能够转变当地群众的观念。当前很多迁入地居民对农民工以及其家庭存在认识偏颇，认为农民工家庭脏、乱、差，在心理上排斥农民工，忽视农民工的社会贡献。新闻媒体的正面报道，能让当地居民全面地认识农民工家庭，转变对农民工家庭的偏见，接纳农民工融入当地。其次，媒体对农民工生活的正面报道，能够引起社会对农民工的关注。当前，农民

① 邵琰、李晓岚：《新媒体与社会融合：新闻传播学视野下的社会变迁——第十三届中国新闻传播学科研究生学术年会综述》，《新闻大学》2003 年第 6 期。

工家庭在社会融入方面是存在阻力的，农民工随迁子女迁入地就学问题也有待解决，因此，媒体的适当报道，能够引起社会的广泛关注，在社会共同努力下，对解决农民工随迁子女教育问题，享受“阳光下教育”，尽快融入当地具有重要作用。

3. 社会志愿者的帮助

中共十六届六中全会通过了《关于构建社会主义和谐社会若干重大问题的决定》，明确提出要建设一支庞大的社会工作队伍以加强党对和谐社会的领导，并阐明了专业社会工作在解决重大社会问题上的重要责任。除了政府高度重视社会工作者队伍的培养之外，各地方部门也号召社会中工作者的培养，并鼓励社区、学校等寻求社会工作者的支持和帮助。社会志愿者群体是社会工作得以顺利进行的重要推进者和支持者。没有社会志愿者的广泛参与，社会志愿活动将无法进行。农民工随迁子女在务工地的融入教育也需要社会志愿者群体的帮助。首先，社会志愿者是专业团队。社会志愿者群体是社会成员主动为社会做出贡献的主要方式之一，农民工随迁子女的社会志愿者团队是经过专业培训，通过社会志愿者的各方面辅导，包括学习、心理等各方面，一方面，能帮助随迁子女迅速地融入当地社会。另一方面，也能帮助随迁子女进行课业辅导，把学习成绩提高。在这个过程中，社会志愿者的专业能够避免在社会帮助中的许多尴尬状况。其次，社会志愿者是自愿加入并帮助弱势群体。在志愿服务过程中并不存在劳务费用问题。在一定程度上帮助农民工家庭减少家庭支出，另外还能帮助当地政府减轻自身财政负担，从而有更多精力投入到农民工随迁子女的教育中，解决农民工家庭的其他需要。

（三）社会力量在融合教育中存在的问题及挑战

1. 社会力量持续性有待增强

社会公益性活动本身最大的特点就是自身的“公益性”，不存在外界强制力的要求和制约，人们不能像完成法律规定的责任义务一样去对待公益事业的执行。因此，就存在一部分“伪公益”人士。即为了达到自身的目的而从事公益活动。这种情况下，一方面不利于公益队伍的稳定，另一方面容易给公益事业带来负面影响。除此以外，社会工作者也完全是本着自愿的原则进行组建的，这就不乏一部分社会人员本着游戏的心情参加，但是缺乏持久性，不久就表示厌倦退出。这些情况在公益事业中是经常发生的，但是又不存在强制力的制约，就会出现某项公益事业半途而废或者效果不明显等现象。推进公益力量持续性建设就成为迫在眉睫的工作。

2. 公众社会责任意识有待加强

2002 年,《人民日报》发表过一篇《媒介低俗之风不可长》的文章,针对当前新闻媒介中的腐朽、媚俗等不正之风进行批判,提倡新闻媒介把握正确方向,为营造社会主义和谐社会贡献力量。社会中有些媒体肆意追求眼球刺激,忽略文化建设,宣传不正之风。但是当前我国针对媒体建设的制度政策尚不到位,使得部门媒体拿着"言论自由"的幌子,破坏社会建设。与此同时,要对新闻工作者提出制度性规范,培养新闻工作者的社会责任意识。除此以外,受古老的封建传统,小农思想的影响,我国大部分的群众还是存在"自扫门前雪"、"事不关己"的自我心态,对很多公益事业不热心,也不关注,只是一味地从事自己的分内之事。因此,转变公众意识,培养社会责任也是一项艰巨的社会工程。

第六章　农民工随迁子女融合教育课程研究

第一节　融合教育视野中的学校教育课程

一　融合教育课程的基本内涵

所谓融合教育课程是指把各种旨在促使农民工子女在心理和文化等方面与流入地相适应、相融合的教育途径和各种教育活动、教育资源转变为课程。① 具体来说，就是让学校的各种教育活动纳入课程建设的轨道，让各种教育、活动系列化并有计划地纳入课程内容，使其目的意图更为明确、清晰，让融合教育理念在每个教师心中生长，并转变为一种教育行为，使融合教育成为接纳农民工随迁子女的学校教育的有机组成部分，在校园里，农民工随迁子女、流入地城市学生消除歧视，相互尊重、相互友爱、相互帮助，在融合教育的影响下，农民工随迁子女适应城市，健康成长，成为良好的公民。

毫无疑问，融合教育课程能更好地落实融合教育理念、实现融合教育目的，通过走课程化的道路能使融合教育具有更强的针对性，更好地满足农民工随迁子女融入城市主流社会的需求。当然，接纳农民工随迁子女的城市学校，如果本校有城市学生，在设置、实施融合教育课程时，也应考虑到城市学生的需求，尽可能将城乡学生的需求统一起来，实现城乡学生的互动、交往。

目前在我国的学校教育中，国家课程、地方课程的数量已经较多，是

① 黄兆信、万荣根：《社区：融合教育实施的重要场域》，《教育发展研究》2008 年第 23 期。

否还有必要开设融合教育课程，开设了这些课程是否会增加学生的负担，这些问题是学校必须要思考的。要有效地解决这些问题，笔者认为融合教育走课程化的道路应尽可能在语文、数学、综合实践活动等学科教学中进行渗透，这样不会增加学生的负担，反而有助于融合教育效率的提升，如果实在无法渗透，可以适当开发一些校本课程。

二　实施融合教育课程的缘由分析

融合教育的途径是多样的，学校、社区、家庭都是融合教育可以依赖的途径，但无论哪种途径，都应追求效益，为此必须克服融合教育的随意性、零散性，笔者认为，实施融合教育课程是一种不错的选择，能发挥教育的目的性、系统性、计划性的优势。

（一）实施融合教育课程是提升融合教育有效性的良好选择

“课程在教育活动中是处于基础和核心地位的”,① 课程是教师进行教育教学活动的基本依据。实施融合教育课程比融合教育走活动化道路在规范方面具有一定的优势。目前活动化是接纳农民工随迁子女的公立学校实施融合教育的常见倾向，虽然活动化比较符合学生的心理特点，能丰富学生的生活方式，激发学生参与的积极性，但活动化如果没有规划好，很可能就变成一阵风，零散、随意、头痛医头脚痛医脚，导致融合教育的实施缺乏整体上的效果。而实施融合教育课程无论是课程目标的确定、课程内容的设计、课程实施、课程评价都有着明确的目标倾向，逻辑上有着紧密的联系，因而把融合教育纳入课程的轨道可以弥补活动化缺乏规划所带来的弊端。

（二）实施融合教育课程是融合教育规范化的重要举措

首先，课程化能促使教师重视融合教育，教师除了执行国家规定的课程之外，还应承担融合教育课程；其次，课程使得融合教育具有制度性的保障，具有专门化的优势。课程化能使融合教育具有制度上的保障，能使融合教育的目标意图更为明确，课程教育具有专门的上课时间、地点，具有规范的、系统课程内容，由专门的教师负责教育教学，并且有相应的考评要求。相对于零散的、非系统、随意性的融合教育活动来说，其效果更佳。

---

① 从立新：《课程论问题》，教育科学出版社2002年版，第126—139页。

（三）从实践层面看，学校需要对零散的融合教育活动进行整合

从实践层面来看，许多接纳农民工随迁子女的公立学校有意无意地开展了各种各样的教育活动，如培养农民工随迁子女良好的卫生习惯、安全意识、法律常识，进行心理健康教育、学说流入地方言等活动，这些活动确实在不同程度、在不同方面有助于农民工随迁子女适应城市生活、融入城市社会。在这些活动中，许多学校已经积累了不少丰富的经验，如果能对这些经验进行系列化整理，对这些活动内容进行规划，可以克服融合教育活动的主观随意性，从“活动”走向“课程”，更有利于学校开展农民工随迁子女融合教育。

三 构建融合教育课程的策略

融合教育课程的构建是一项系统工程，在这个过程中，学校主要完成确定融合教育课程目标、构建融合课程内容、融合教育课程的实施和融合教育课程的评价等工作，具体包括：

（一）确定融合教育课程目标

实施农民工随迁子女融合教育课程，第一步必须确定课程目标。融合教育的课程目标来源于融合教育的目标。为此：

第一，学校应以多元文化教育理论为根据，结合社会融合理论确立农民工随迁子女融合教育的目标。笔者认为融合教育的目标是：在教师等相关人士的引领下，学校应营造团结、友爱、互助、包容的氛围，以便农民工随迁子女主动适应城市，促进农民工随迁子女身心健康，更好地实现社会化，成为一个良好的公民；同时通过融合教育，让城乡学生理性地看待各自的生活方式、风俗习惯，消除彼此的成见、歧视，欣赏并尽可能逐步吸纳对方的优点，相互适应，最终实现城乡学生的融合，实现城乡文化的“和而不同、求同存异”。我们反对单向度的融合教育目标，即农民工随迁子女必须抛弃自己原先的文化印迹，必须学习、完全接受当地的主流文化观念和生活方式，最后实现完全同化。

第二，课程目标确立的重要依据之一是“学生的需要”，为此学校必须从心理融合、文化融合、身份认同三个方面，对农民工随迁子女现状进行调查，对他们在这三个方面的优势、弱势、存在的问题进行分析，以便发现农民工随迁子女共同的教育需求和个性需求，这些共同的需求就是融合教育的课程目标，他们的个性需求是融合教育的弹性课程目标，也是农民工随迁子女个性成长的需求。这里有必要指出的是，每个学校的农民工

随迁子女的需求是不一样的，学校确立的课程目标必定是校本化，否则制定出的课程目标实用性不强。

第三，“社会生活的需要”也是融合教育课程目标确定的依据，为此，学校要把握社会需求，通过问卷、座谈对教师、家长、社区、政府相关人士进行调查，请他们对融合教育应达到哪些目标等问题发表自己的看法，以便对课程目标进行归纳，并根据融合教育目标、自己本校的农民工随迁子女的特点和对学校课程资源的分析，筛选、确定适合本校的、可操作的、校本化的融合教育课程目标。

（二）构建融合教育课程内容

融合教育内容是“课程目标的具体化”，① 也是实施融合教育的有效载体。课程理论研究表明，课程内容选择的依据包括：学生的需求、社会生活的需要和学科的特点。由于学校融合教育的实施对象是本校的农民工随迁子女，所以本节主要从农民工随迁子女的需求角度来探讨融合教育内容的构建问题。

受地域文化、家庭教育等因素的影响，农民工随迁子女之间的差异性较大，要使融合教育内容具有适切性，学校就必须开发出校本化的融合教育内容，这也是融合教育实施的前提。笔者认为学校应从融合教育目的、课程目标出发，通过对农民工随迁子女、城市学生进行座谈、问卷调查、课堂观察、课后观察、谈话、班级日记、成长记录袋等途径收集学生各方面资料；此外，学校还应对农民工随迁子女的家长、城市学生的家长、社区、政府部门的相关人员围绕农民工随迁子女的心理融合、文化融合、身份认同三方面进行访谈，以便了解他们对农民工随迁子女的看法、他们对农民工随迁子女社会融合方面的感受、建议。收集完各方面的信息、资料后，学校应对农民工随迁子女的行为习惯、心理状况、兴趣爱好、个性特长、学业状况、人际交往、社会生活、家庭教育等进行全方位的分析，以确定农民工随迁子女共同的兴趣特点，发现他们在心理融合、文化融合、身份认同等方面存在的问题或困境，并对产生问题的原因进行分析，最终确定农民工随迁子女融入城市的教育需求，为融合教育内容的设计确定客观依据。

此外，学校应调查、分析学校、社区的人力、物力等课程资源、家庭

---

① 钟启泉：《课程论》，教育科学出版社 2007 年版，第 154 页。

教育资源，根据融合教育课程目标要求，对这些资源进行评估，结合学校、社区可利用的资源，围绕心理融合、文化融合、身份认同三个方面，学校可以与高校或专家合作，共同设计、开发出校本化的融合教育内容，确保融合教育内容的针对性和适切性。

（三）融合教育课程的实施

校本化的融合教育内容开发出来后，下一个重要的环节就是如何实施的问题，笔者认为融合教育课程实施主要有两条路径：一是课堂教学途径；一是课外活动途径。课堂教学、课外活动除了能完成各科知识的教学任务外，也为融合教育课程的实施提供了一个良好平台。学生在课堂教学、课外活动中往往是以班集体或是小组或是学习共同体来开展活动，城乡学生通过班集体的共同学习、活动，有助于养成团结、友爱、尊重、欣赏等良好品质，也有利于城乡学生友好相处，当然也更有利于农民工随迁子女“去内卷化”，乐意参与集体活动，养成班级归属感。当然，要使农民工随迁子女的融合教育达到目的，还必须遵守渗透性教育原则、合作性教育原则和活动性教育原则。

所谓渗透性融合教育是指学校通过各种载体、途径（如环境、学科、教师、管理、活动、新闻媒介等）有目的、有计划、有组织地对城市学生和农民工随迁子女施加的各个层面的潜移默化的影响，以便促进农民工随迁子女融入学校、城市、社会，让“城乡孩子间的界限逐渐模糊”,①实现城乡文化有机融合的一种教育。之所以要提倡渗透性教育，是因为教育渗透可以把教育目的意图隐藏起来，在不知不觉中达到教育目的，可以弥补灌输式教育的不足。正如苏联教育家苏霍姆林斯基所言：教育者的教育意图越是隐蔽，就越是能为教育的对象所接受，就越能转化成教育对象自己的内心要求。另外，大部分农民工随迁子女由于父母的职业、家庭的经济条件等原因心理比较敏感，进行渗透式的融合教育，可以让农民工随迁子女较敏感的心理得到放松，个人隐私得到尊重，心里有安全感，对学校实施的各种教育也更容易接受。

为此，学校应根据对渗透式融合教育的理论分析，围绕融合教育的目标，结合校本化的融合教育内容和对学校内、外情境的分析，学校共同商

① 程墨、罗曼：《留得住学得好城乡孩子间的界限逐渐模糊》，《中国教育报》2010年第9期。

讨、制订渗透式融合教育实施方案，其内容包括实施目标、内容、渗透的途径，实施建议、评价、实施过程可能遇到的困境以及解决这些困境的可行性建议，为渗透式融合教育的实施奠定良好的基础。

合作性原则是指教师在开展校内、校外教育教学活动过程中，把城里学生与外来农民工随迁子女组成一个活动小组，让城乡学生在共同学习、共同完成任务的过程中，增加彼此的交往、互动、合作，增进彼此的了解，加深理解，抛弃陈见，消除歧视，学会平等、尊重对方，最终达到心理融合。为此，教师应根据性别、能力、个性特点组织好团队小组，布置好小组任务，培养学生的合作意识与沟通能力，并在实践中增强学生的合作意识与能力，让学生在共同完成任务的过程中实现融合。

活动性原则是指教师主要以活动的方式而不是教学的方式来实施融合教育。在校内外实践活动过程中，可以增强城乡学生的互动、合作，增强随迁农民工对城市的生活习惯、生存方式、风俗习惯等感性认识和理性认识，通过校外课外活动，农民工随迁子女可以提升自己的认知水平，规范自己的言行，在潜移默化中接受现代城市生活的熏陶。为此，学校应根据农民工随迁子女的身心发展现状、城里学生的特点，密切联系实际开展丰富多彩的校内外实践活动，如晨会、班会、文艺会演、课外兴趣小组活动、参观、访问、社会调查、志愿服务、社团活动等。

（四）融合教育课程的评价

如何开展融合教育的课程评价活动？按照教育评价的一般流程来说，首先是建构融合教育的指标体系作为评价标准，其次是评价者根据指标体系收集相应的信息，最后是根据收集的信息对照指标体系进行判断，判断是否与预期的标准相一致，从而判定实施效果、开展的课程质量如何。笔者认为目前最重要的是要建构农民工随迁子女的社会融合指标体系。社会融合指标体系是进行融合教育课程评价的重要依据，其实也是融合教育课程目标的细化、可操作化。构建指标体系有利于学校、教师系统、科学、全面地调查农民工随迁子女社会融合的现状，分析其存在的问题，有利于学校开展有针对性的融合教育活动。

目前，有一些学者对农民工社会融合指标体系的构建做了一些探讨，但农民工与其子女所处的年龄阶段、需求的不同，他们的社会融合是有区别的，笔者采用相关学者提出的农民工社会融合包括经济融合、心理融合、文化融合、身份融合的分析框架。① 由于农民工随迁子女在经济方面的不独立性，笔者从心理、文化、身份三个方面的融合来建立农民工随迁子女的社会融合指标体系。心理方面主要包括与城市同学、居民的交往状况、对城市同学、居民的评价，对城市学习、生活的感受、满意度，城市班级、学校、社区的归属感；身份融合主要包括身份认同；文化融合包括物质、精神文化两个维度，具体来说，对流入地的“建筑风格、地理风貌、人造景观、文化雕塑”等的看法、情感，对流入地的语言、风俗习惯、禁忌、饮食、服饰、生活方式、行为举止、道德水平、特色的手工艺等持有的态度、认同接纳，在行为上的遵从、模仿、内化。② 根据这个指标体系框架加以细化就可以用来评价农民工随迁子女的社会融合现状，为融合课程的实施提供反馈意见。

第二节　农民工随迁子女融合教育校本化需求调查分析

一　农民工随迁子女融合教育校本化研究背景

（一）社会发展背景：农民工随迁子女社会融合问题日益凸显

20 世纪 80 年代末以来，随着改革开放进程的加快和社会的快速发展，大量的农村剩余劳动力涌进城市，形成了一股强大的“民工潮”。在农民工人数规模不断增大的同时，其转移形式也发生了明显的变化，即由最初的“单身进城”逐步转变成“举家迁徙”，出现“家庭化”流动趋势。我国农民工随迁子女教育问题则是“家庭化”流动趋势的伴生现象。在上个阶段，农民工随迁子女的教育问题主要表现为“在城市入学难”。然而随着“两为主”（以流入地政府为主和公办学校为主）等国家政策的相继出台，该问题已经得到较大的缓解。在当前阶段，农民工随迁子女教育问题则呈现出新的特征，集中表现为农民工随迁子女城市融入困难，社会融合问题日益凸显。随着农民工随迁子女在城市求学的进展，解决这个问题的需求越来越迫切。解决城市里的农民工随迁子女教育问题，如果仅

① 张文宏、雷开春：《城市新移民社会融合的结构、现状与影响因素分析》，《社会学研究》2008 年第 5 期。

② 许小主：《论当代中国城市文化伦理建构》，湖南师范大学博士论文，2006 年。

仅停留在“两为主”层面，那只是架构了政府基本的公共服务框架。[①] 如果规模日趋庞大的农民工随迁子女不能够顺利融入社会，可能引发强烈的反社会情绪和失范行为倾向，进而危及和谐社会主义的构建。因此，研究农民工随迁子女的社会融合问题是回应社会发展需求，势在必行之举。

（二）教育实践背景：越来越多的学校探索“融合教育”的办学模式

在中央政府相关政策法规的引导下，各级政府、教育部门、学校机构采取了一系列措施来解决农民工随迁子女的教育问题，积累了一定的经验和办法。学校教育作为社会化的重要途径，对促进农民工随迁子女的社会融合有着重要的影响。因此，越来越多招收农民工随迁子女的公办学校纷纷探索农民工随迁子女的特色之路，比较受推崇的便是“融合教育”的办学模式。武汉市从 2002 年起就开始尝试“融合教育”，制定了一系列政策措施促进融合，如教学方面的“四个统一”和“六项行动”等。[②] 它是最早探索农民工随迁子女“融合教育”的城市，汉阳区德才中学所实施的“阶段培养”模式便是其中典型的代表。德才中学率先提出“尊重、平等、欣赏、融合”的办学理念，有针对性地开展“融合教育”，如开发校本课程《乡村、乡曲、乡情》，进行《城乡青少年学生融合问题的教育实践研究》课题调研等，引起教育界学者的深入调研和媒体的关注报道。2007 年南京沙洲中学也在“融合教育”方面做出一系列探索，通过在学科教学上融入南京本土文化，开设《走进南京》校本课程等措施帮助学生融入城市主流文化，并取得了一些阶段性的成果。[③] 此外，还有很多学校加入“融合教育”研究的行列，并进行得如火如荼，如武汉市汉阳区五里墩小学的“多元教育”方式、武汉市江岸区三眼桥小学的“想方设法增自信”实践等。招收农民工随迁子女的公办学校对这个问题的探讨充满了热情，是研究“融合教育”的主力军。

（三）课程改革背景：校本课程开发为农民工随迁子女融合教育带来契机

为了改变课程管理过于集中的状况，增加课程的多样性和适切性，国务院在 2001 年 6 月召开全国基础教育工作会议，随后发表《国务院关于

① 傅禄建：《融合不仅是包容更是文化重建》，《上海教育》2010 年第 4 期。

② 程墨、罗曼：《武汉市探索进城务工人员子女“融合教育”》，《中国教育报》2009 年第 7 期。

③ 汤林春：《冲突·建构·融合：农民工就读城市公办学校冲突与融合》，华东师范大学出版社 2010 年版，第 158—159 页。

基础教育改革与发展的决定》（以下简称《决定》）。《决定》中指出“在保证实施国家课程的基础上，鼓励地方开发适应本地区的地方课程，学校可开发和选用适合本校特点的课程”。同时，国家教育部也正式颁布了《基础教育课程改革纲要（试行）》，并明确提出实行国家、地方、学校三级课程管理。从此，我国各级各类学校纷纷掀起了轰轰烈烈的课程改革。自从校本课程开发走上学校工作的舞台，它赋予了学校前所未有的课程开发权，为学校的多样发展提供了广阔的空间。随着农民工随迁子女的进入，城市公办学校生源结构发生了改变，呈现出城市学生与农民工随迁子女两种不同文化背景群体混合相处的局面，给学校的课程教学和学生管理带来了困难。由于国家课程与地方课程一直以来都具有“城市化”倾向，教材中过多的城市素材脱离农民工随迁子女的生活实际，与城市本地学生相比，他们更不容易接受和适应。因此，为了改变农民工随迁子女无法融入城市和学校生活的现状，学校必须通过相应的课程与教学改革，从而提高办学质量，进而满足农民工随迁子女的特殊教育需求。校本课程开发的产生与发展正是为农民工随迁子女融合教育方面的难题带来了希望和契机。

二 农民工随迁子女融合教育校本化现状调查

（一）调查基本情况

为保证调查研究的有效性，本节通过主观抽样方法，对上海、杭州、温州等城市 12 所公办学校的农民工随迁子女与教师，从融合教育校本课程开发状况、教师校本课程开发能力两个方面进行了调查和访谈。调查发放问卷 1200 份，回收有效问卷 1160 份，有效回收率为 96.67%。访谈农民工随迁子女 80 名，教师 50 人和校长 12 人。

（二）农民工随迁子女融合教育校本课程开发现状

调查统计表明，12 所公办学校有 63.3% 教师了解学校有校本课程开发计划，只有 21.3% 的教师对本校的校本课程开发计划表示“不清楚”。79.9% 的教师认为没有或不清楚学校是否有专门的融合教育计划，有 71.6% 的教师选择“有必要”（包括有必要和非常有必要）开发融合教育校本课程来促进农民工随迁子女更好地适应城市生活。虽然如此，但访谈也发现四所学校还“没有真正进行校本课程开发的实践”、“没有专门的融合教育校本课程开发计划”，其主要原因，有 32.7% 的教师认为是缺乏专业指导，有 27.5% 的教师认为是缺乏经费支持，有 22.2% 的教师认为是缺乏课程资源，有10.1%的教师认为是教师课程开发能力不足。从中可以看出接受农民工随迁子女的学校有开发校本课程的美好设想，但由于“学校经费紧张，根本不可能拿钱来搞课程开发”、“学校的条件差”、“我们教师水平不够，不知道怎么搞”等师资、经费方面的原因，这一设想并没有有效变成“现实”，同时可以看出，在课程开发方面学校对融合教育没有给予足够的关注。

表6－1　　融合教育校本课程开发现状

内容	回答	N	%
是否有校本课程开发计划	有	734	63.3
	没有	179	15.4
	不清楚	247	21.3
是否有专门的融合教育校本课程开发计划	有	233	20.1
	没有	416	35.9
	不清楚	511	44.0
有无必要开发融合教育校本课程	完全没必要	2	0.2
	没有必要	128	11.0
	一般	200	17.2
	有必要	711	61.3
	非常有必要	119	10.3
没开发融合教育校本课程原因	缺乏课程资源	258	22.2
	学校领导不支持	42	3.6
	教师不具备开发能力	117	10.1
	缺乏专业指导	379	32.7
	缺少经费支持	319	27.5
	其他	45	3.9

表6－2　　融合教育校本课程需求调查与否

内容	回答	N	%
是否调查过农民工子女在城市适应方面存在的需求	没有	263	22.7
	不清楚	280	24.1
	有	617	53.2

表6-3 融合教育校本课程需求内容

	具体内容	N	%
了解学生需求	学习方面	432	37.2
	行为习惯	291	25.1
	班级的满意度	81	7.0
	对社区满意度	0	0
	人际交往技巧	124	10.7
	心理健康问题	94	8.1
	城市生活技能	28	7.7
	学习本地语言	89	2.4
	流入地的历史文化	21	1.8
	身份认同	0	0

校本课程的开发主要是满足学生的需求，毫无疑问，要开发融合教育校本课程就必须调查农民工随迁子女的需求。虽然学校没有开发融合教育课程，但不等于就没有发现或调查农民工随迁子女的城市融入需求。53.2%的教师调查过农民工随迁子女适应城市的需求，当然，没有或不知道也将近一半没有关注农民工随迁子女适应、融入城市的需求。对农民工随迁子女的需求，37.2%的教师最关注的是农民工随迁子女的学习方面的需求，25.1%的教师关注农民工随迁子女行为习惯方面的问题，10.7%的教师关注他们的人际交往需求，8.1%的教师重视他们的心理健康问题，7.7%的教师重视他们的今后城市生活技能。至于农民工随迁子女对流入地的方言学习需求、历史文化的了解、对班级的满意度，教师基本不去调查，是否对社区满意、身份认同方面的需求教师根本不管。从访谈中也得知，在日常教育教学过程中，学校、教师主要是通过观察、课余谈话等方式来了解学生，他们比较关注的是农民工随迁子女的学习问题、卫生习惯、安全意识、人际交往、自信心方面的问题，访谈的老师反映农民工随迁子女“成绩好的不多，父母没空，没法指导”、“有些孩子的父母都在外地打工（不在孩子的流入地），这些孩子跟爷爷、奶奶生活（在流入地），由他们管着，有的根本管不住，学习习惯差”、“大部分学生卫生习惯差，乱吐痰、扔纸屑”、“有一部分学生安全意识差，过马路不看红绿灯，红灯也敢走”、“到了夏天常去小河里游泳”、“与城里的孩子比，他

们中有的很腼腆，不太爱讲话，不活跃，不善交往，但他们很尊敬老师、懂事，有的也很调皮，难管教，尤其是那些成绩差的”等。毫无疑问，教师比较关注的是学生存在的问题，至于学生的心理融合、文化融合比如归属感、身份认同等方面的深层次问题，教师并不关注，在教师们看来这些与自己的教学、教育关系不明显，教师也没有意识到学生有这方面的需求，可见教师的融合教育观念意识有待提升。当然，学校为了解决学习、安全等方面问题也开展了不少教育活动，也有开发融合教育校本课程的打算，很可惜，但至今仍未启动，更未开发过相应的课程。

由于学校没有开发融合教育校本课程，所以无法调查融合教育校本课程编制、实施与评价行为，故转向探讨影响融合教育校本课程开发的重要因素：教师的课程意识和课程开发能力。

课程意识是教师对课程系统的基本认识，是对课程设计与实施的基本反映。新课程的理念之一是教师是课程的开发者和实践者。这必然要求教师具备必要的课程意识和课程开发能力，不能只停留于传统的“忠实执行者”层面。目前对课程意识的构建学术界观点不一，从融合教育校本课程开发的角度来看，笔者认为课程意识主要从教师的“课程主体意识”、“课程资源意识”、教师对“校本课程开发的认识”三方面进行考察。

表 6－4　　教师的课程主体意识

内容	回答	N	%
您赞同教师是课程设计的主体吗？	非常不赞同	59	5.1
	比较不赞同	159	13.7
	一般	325	28.0
	比较赞同	501	43.2
	非常赞同	116	10.
您赞同“课程改革是课程专家的事，我们只需要根据他们说的去做就行”这种看法吗？	非常不赞同	403	34.7
	比较不赞同	492	42.4
	一般	197	17.0
	比较赞同	57	4.9
	非常赞同	11	1.0

从表6-4来看，有53.2%的教师赞同（包括比较赞同和非常赞同）“教师是课程设计的主体”，有77.1%的教师不赞同“（包括比较不赞同和非常不赞同）课程改革是课程专家的事，我们只需要根据他们说的去做就行”这种看法。总体而言，大部分教师的课程主体意识处于觉醒阶段，发展尚不错，这有利于融合教育校本课程的开发，但也必须看到有一部分教师的课程主体意识有待提升。

表6-5　　课程资源意识

内容	回答	N	%
您所在的学校有丰富的课程资源（如校史、校风、场馆、图书、网络、社区资源等）	资源丰富	252	21.7
	不够丰富	611	52.7
	不清楚	94	8.1
	一点也不丰富	203	17.5
我已形成根据课程标准来选择课程资源的习惯	已形成	117	10.1
	正在形成	717	61.8
	不清楚	165	14.2
	没有形成	161	13.9
根据现实情况，我在教学中会加入一些具有本地特色的内容	一直有	103	8.9
	基本都有	404	34.8
	偶尔有	588	50.7
	基本没有	43	3.7
	从来没有	22	1.9

从数据来看，21.7%的教师认为自己所在学校课程资源丰富，52.7%的教师认为课程资源不够丰富，17.5%的教师认为一点也不丰富，不清楚的占8.1%，这可能是学校课程资源不够丰富，也可能是教师的课程资源意识比较缺乏，“视而不见听而不闻”。61.8%的教师认为自身正在形成根据课程标准来选择课程资源的习惯，10.1%的教师认为已形成了习惯；14.2%的教师对是否已形成不清楚，13.9%的教师承认自己并没有形成。34.8%的教师在教学中基本会利用本地资源，50.7%的教师偶尔会开发课程资源，而3.7%教师的基本没有开发课程资源。这说明，教师在教学中已经初步具备一些关于资源的课程意识，但是在实践方面的资源开发能力还相对薄弱。

表 6－6　　对校本课程开发的认识

内容	回答	N	%
您了解校本课程的内涵吗	非常不了解	30	2.6
	比较不了解	40	3.4
	一般	639	55.1
	比较了解	383	33.0
	非常了解	68	5.9
您认为开发校本课程是	上级强加给学校的一项工作	94	8.1
	离我们太遥远了	182	15.7
	是一种“花边”工作	225	19.4
	以上几项都不正确	659	56.8

统计显示，38.9%的教师了解校本课程内涵，一般的占55.1%，不太了解的有6%。有43.2%的教师对校本课程存在片面的，甚至有错误的认识。这说明教师对校本课程开发还缺乏鲜明合理的基本认识。

教师只有课程意识，却不具备相应的课程开发态度和能力，校本课程开发也只是美好的愿望而已。只有当教师以课程开发的态度和能力作为专业支撑，才能使融合教育校本课程开发的行动落到实处。

表 6－7　　融合教育校本课程开发的态度

内容	回答	N	%
您对融合教育校本课程开发的态度如何	非常不支持	0	0.0
	比较不支持	22	1.9
	一般	285	24.6
	比较支持	767	66.1
	非常支持	86	7.4

如表6－7所示，虽然教师对校本课程的认识存在一定偏差，但有73.5%的教师选择“支持”融合教育校本课程开发，这说明大多数教师对融合教育校本课程开发态度积极。

表6-8　　融合教育校本课程开发能力

内容	回答	N	%
您了解校本课程开发的基本程序吗	非常不了解	0	0.0
	比较不了解	327	28.2
	一般	426	36.7
	比较了解	348	30.0
	非常了解	59	5.1
您认为自己具备融合教育校本课程开发能力吗	完全不具备	41	3.5
	基本不具备	116	10.0
	一般	699	60.3
	基本具备	289	24.9
	完全具备	15	1.3

如表6-8所示，35.1%的教师选择“了解”（包括比较了解和非常了解）校本课程开发的基本程序，26.2%的教师选择“具备”融合教育校本课程开发的能力。这说明，绝大部分的教师没有经历校本课程开发，缺乏相应的课程开发知识、能力和技术，对融合教育校本课程开发感到力不从心。

（三）农民工随迁子女融合教育校本课程开发存在的问题

据调查可知，目前接受农民工随迁子女的学校其融合教育校本课程开发受四方面的制约。

第一，融合教育校本课程开发缺乏中坚力量的有效支撑。教师是融合教育校本课程开发的主体，应该成为开发的中坚力量。因为只有教师最了解校本课程开发的理论知识及操作流程，并与课程实施的效能紧密联系，是融合教育校本课程开发的有效保障。但访谈、调查发现却是，将近半数的教师的课程意识不够成熟，对校本课程的意义认识不够全面、系统。同时对融合教育校本课程开发有畏难情绪，也缺乏相应的开发经验，信心不足。另外，学校所开展的校本课程开发培训流于形式，培训效果不佳。

第二，融合教育校本课程开发各方缺少合作与交流。校本课程开发虽说以学校为本，但并不是一个自我封闭的实践过程。融合教育校本课程开发应在校内良好沟通的基础上，寻求校外力量的大力支持，如课程专家的协助、教师行政部门的指导等。访谈中，校长和教师一致反映，校本课程开发常为请不到课程专家而发愁，缺乏教育行政部门的支持，这给他们开发融合教育校本课程带来了较大的限制。

第三，融合教育校本课程开发缺乏相关的课程资源。融合教育校本课程开发需要花费大量的人力、物力和财力，如进行农民工随迁子女的融合教育需求调查、农民工随迁子女融合教育校本教材开发、融合教育课程活动的开展等。这对公办中小学的基础设施、财政资金和人力资源都提出了较高的要求，而目前接收农民工随迁子女的公办中小学远远无法满足这些要求。再加上，教师的课程资源挖掘能力有限，出现一些课程资源的闲置浪费，或难以创生出更多的教育资源，导致融合教育校本课程开发难以进行。

第四，学校层面的融合教育校本课程开发还未得到真正开展。由于接收农民工随迁子女的往往是一些招生相对困难，或教学质量一般的公办中小学，在校本课程开发方面有明显的滞后性。从调查中得知，教师们关于融合教育校本课程开发的意识还未在学校内部得到自觉的渗透或延伸，在农民工随迁子女融合教育校本课程开发计划和组织管理方面均显得缺少计划性、组织性和系统性。即使有一些学校校长或教师对融合教育校本课程开发给予了相应的关注，但是由于了解不够全面，以及开发条件的限制，造成学校层面的融合教育校本课程开发迟迟无法得到真正的开展。

三　农民工随迁子女融合教育需求分析

融合教育需求是为解决农民工随迁子女的社会融合困境而采用教育活动进行干预的需求。因此，农民工随迁子女的社会融合现状及融合需求是确定融合教育需求的依据。本节将农民工随迁子女的融合教育需求划分为“心理融合需求”、“身份融合需求”、“文化融合需求”和“消费融合需求”四个部分，具体考察结果如下。

（一）心理融合需求

心理融合需求指的是农民工随迁子女在城市中建立良好人际关系网络，形成归属感并获得生活满意度的心理倾向性。农民工随迁子女在迁入地的心理方面的融合，是农民工随迁子女能否顺利融入当地的重要条件，同时也是身份融合、文化融合和消费融合的前提和基础。对于心理融合需求的考察，主要从社会满意度、城市归属感和社会交往三个方面进行。

1. 农民工随迁子女的社会满意度

社会满意度是人们在对社会满足其需要的程度加以认知的基础上所产

生的心理体验。它是衡量个体社会融入程度的一项心理指标。笔者也认为农民工随迁子女的社会满意度，影响着农民工随迁子女言行的倾向性，主要反映了农民工随迁子女在流入城市的心理融入程度。农民工随迁子女对流入地、就读学校和居住小区满意与否，直接反映了农民工随迁子女对所在城市生活的满意程度。

据调查（见表 6－9），55.5% 的农民工随迁子女对温州这座城市表示“满意”（包括比较满意和非常满意），10.5% 的表示“不满意”（包括比较不满意和非常不满意），34% 的认为“一般”。

表 6－9　　农民工随迁子女的城市满意度

内容	回答	N	%
城市满意度	非常不满意	12	3.0
	比较不满意	30	7.5
	一般	136	34.0
	比较满意	130	32.5
	非常满意	92	23.0
	总数	400	100

学校是个体社会化的重要场所，也是实施融合教育的重要场所或途径。农民工随迁子女绝大部分时间是在学校度过的，他们对学校的满意度影响着他们的学校融入。他们对学校是否感到满意，学校又能否满足他们的发展需求呢？据调查（见表 6－10），62.6% 的农民工随迁子女对目前在读学校表示非常满意和比较满意，8.5% 的表示“不满意”（包括比较不满意和非常不满意），29% 的认为“一般”。

表 6－10　　农民工随迁子女的学校满意度

内容	回答	N	%
学校满意度	非常不满意	10	2.5
	比较不满意	24	6.0
	一般	116	29.0
	比较满意	91	22.8
	非常满意	159	39.8
	总数	400	100

除学校外，社区是农民工随迁子女与城市本地居民接触或交往最多的场所。农民工随迁子女的居住小区对他们的成长起着潜移默化的影响，对于正处于社会化关键期的农民工子女来说很重要。农民工随迁子女对所居住小区的满意程度直接影响着他们的社会满意度。调查显示（见表6－11），35.8%的农民工随迁子女对所居住小区表示“满意”（包括比较满意和非常满意），22.5%表示非常不满意和比较不满意，41.7%的认为一般。

表6－11　　　　农民工随迁子女的社区满意度

内容	回答	N	%
社区满意度	非常不满意	26	6.5
	比较不满意	64	16.0
	一般	167	41.7
	比较满意	91	22.8
	非常满意	52	13.0
	总数	400	100

由此可见，农民工随迁子女对城市和学校的满意度比较高，这样有利于农民工随迁子女的城市融入。而与前面二者相比，农民工随迁子女对所居住小区的满意度较低。访谈中也发现农民工随迁子女居住地多为城乡接合部的郊区，居住环境比较差，不利于农民工随迁子女生活与学习。

除了了解农民工随迁子女社会满意度的现状外，根据本节研究重点，还必须深入考察农民工随迁子女对学校课程的评价以及存在的学习需求。为此特地设计了以下两道题目对融合教育需求的内容进行进一步的探讨。第一道题是“你对学校课程总体印象如何?”调查显示（见表6－12），48.4%的农民工随迁子女“同意”（包括完全同意和比较同意）课程脱离学生生活实际；60%的农民工随迁子女“同意”（包括完全同意和比较同意）课程内容的难度过高或过低；56.7%的农民工随迁子女“同意”（包括完全同意和比较同意）课程不能引起学生的兴趣；61.2%的农民工随迁子女“同意”（包括完全同意和比较同意）课程不能满足学生的基本需求。因此，虽然农民工随迁子女对目前所在学校持满意态度，但对当前课程总体印象不佳，学校课程不能很好地激发学生的学习兴趣。

表6－12　农民工随迁子女的课程印象

内容	回答	N	%
脱离学生生活实际	完全不同意	25	6.2
	比较不同意	42	10.5
	一般	139	34.8
	比较同意	73	18.2
	完全同意	121	30.2
内容的难度过高或过低	完全不同意	33	8.2
	比较不同意	62	15.5
	一般	65	16.2
	比较同意	224	56.0
	完全同意	16	4.0
不能引起学生的兴趣	完全不同意	28	7.0
	比较不同意	52	13.0
	一般	93	23.2
	比较同意	85	21.2
	完全同意	142	35.5
不能满足学生的基本需求	完全不同意	29	7.2
	比较不同意	39	9.8
	一般	87	21.8
	比较同意	133	33.2
	完全同意	112	28.0

既然大部分农民工随迁子女认为当前课程不能很好地满足他们的发展需求，那么，对于增加课程门类来满足学习需求的必要性是如何看待的？如果让他们自己选择，他们又想通过课程学些什么内容？

调查显示（见表6－13），对于“你认为有必要增加课程门类来满足你的学习需求吗”这个问题51.2%的农民工随迁子女回答“有必要”（包括完全有必要和基本有必要），23.3%的回答“没必要”（包括完全没必要和基本没必要），25.5%的回答“一般”。这说明，农民工随迁子女对于开设新课程来满足他们的学习需求还是持肯定态度的。

表 6－13　　增加课程门类的学习需求

内容	回答	N	%
是否有必要增加课程门类	完全没必要	46	11.5
	基本没必要	47	11.8
	一般	102	25.5
	基本有必要	128	32.0
	完全有必要	77	19.2
	总数	400	100.0

另外，调查还显示（见表 6－14），对于"除了目前在学的课程科目外，你还想学什么?"这个问题的回答，从高到低选择最多的前三项分别是心理健康知识 27.9%，学习方法、策略 23.1% 和人际交往技巧 18.3%。这个问题的回答在一定程度上也给我们融合教育校本课程开发指明了方向。因此，融合校本课程的内容构建可以从"心理知识"、"学习方法策略"和"人际交往技巧"三个方面入手。

表 6－14　　增加课程门类的学习需求

内容	回答	N	%
还想学习哪些内容	学习方法、策略	171	23.1
	人际交往技巧	136	18.3
	心理健康知识	207	27.9
	城市生活技能	106	14.3
	城乡历史文化	99	13.4
	其他	22	3.0
	总数	741	100.0

2. 农民工随迁子女的城市归属感

社区归属感指的是社会成员把自己归入某一地域人群集合体的心理状况，这种心理既有对自己社会身份的确认，也带有个体对该地域的投入、喜爱和依恋等情感体验。[①] 城市归属感与社区归属感相似，是指外来务工

① 中国大百科全书总编辑委员会《社会学》编辑委员会：《中国大百科全书》（社会学卷），中国大百科全书出版社 1995 年版，第 151—170 页。

人员子女对城市和对城市居民群体在心理上的认同、喜爱和依恋。[①] 由于农民工随迁子女处于城乡两个系统的边缘，在既有的社会结构中往往找不到属于自己的位置，这也是农民工随迁子女难以融入城市生活的重大障碍之一。

因此，除了正面考察影响农民工随迁子女心理融合的客观环境外，我们还可以从另外一个侧面对之进行考察，即农民工随迁子女的城市归属感。本次调查中，城市归属感具体体现在对家乡的留恋程度、对温州是否有“家”的感觉、长期居住在温州的意愿和自己同温州发展的息息相关感受四个方面。如果农民工随迁子女对老家留恋程度较强，对温州家的感觉较弱，长期居住温州的意愿较弱，认为自己与温州的发展息息相关的感觉较弱，则说明他（或她）与迁入地的心理融合程度较低，反之则较高。

首先，在对老家留恋程度方面，问卷设计了“对于家乡和温州，你更喜欢哪一个”这个问题进行考察。调查结果显示（见表6－15），44.2%的农民工随迁子女选择“都喜欢”，36.5%的选择了“家乡”，只有9.2%选择了“温州”。从这道题目的回答可以看出，农民工随迁子女更倾向于留恋自己的家乡，虽然身在城市但对于自己的老家在情感上并未真正疏远和淡漠。因此即使对城市有认同和喜爱心理，但仍未真正建立起对城市的热爱之情。

其次，关于“对温州有家的感觉吗”这个问题的回答（见表6－16），42.6%的农民工随迁子女选择了“有家的感觉”（包括比较多和很多），34.5%的选择“一般”，23.0%的选择了没有家的感觉（包括完全没有和很少）。当继续问及“希望长期在温州生活吗”，同样有26.0%的农民工随迁子女选择“希望”（包括比较希望和非常希望），48.3%的选择不希望（包括比较不希望和非常不希望），25.8%的选择“一般”。以上数据说明，已经有较多的农民工随迁子女在一定程度上对温州形成了地域归属感，并且愿意在城市长期居住生活。

最后，对于“你是否会关注温州，并觉得温州的发展与自己息息相关”这个问题的回答（见表6－17），43.2%的农民工随迁子女选择了“会”（包括比较会和完全会），41.5%的选择了“一般”，15.2%的选择了“不会”（包括完全不会和比较不全）。数据结果与上面三个问题的回

① 汪雁：《三峡外迁移民的社区归属感研究》，《上海社会科学院学术季刊》2001年第2期。

答趋于一致，这说明农民工随迁子女对城市具有较强的认同和依恋心理，城市归属感较强。

表 6-15　　　　农民工随迁子女对老家的留恋程度

内容	回答	N	%
家乡和温州更喜欢哪一个	家乡	146	36.5
	说不清楚	40	10.0
	都喜欢	177	44.2
	温州	37	9.2
	总数	400	100

表 6-16　　　　农民工随迁子女留在城市生活的意愿

内容	回答	N	%
对温州有家的感觉吗	完全没有	25	6.2
	很少	67	16.8
	有时	138	34.5
	比较多	115	28.8
	很多	55	13.8
希望长期在温州生活吗	非常不希望	59	14.8
	比较不希望	134	33.5
	一般	103	25.8
	比较希望	70	17.5
	非常希望	34	8.5

表 6-17　　　　农民工随迁子女对老家的留恋程度

内容	回答	N	%
认为温州的发展与自己息息相关吗	完全不会	17	4.2
	比较不会	44	11.0
	一般	166	41.5
	比较会	109	27.2
	完全会	64	16.0
	总数	400	100

综合以上分析，可以看出农民工随迁子女对城市有着较强烈的归属感，但是对乡土的归属感也同时存在。因此，如何增加农民工随迁子女的城市归属感，使他们真正认同并喜爱自己所在的城市，对于促进他们与城市社会的心理融合有重要的积极影响。

3. 农民工随迁子女的社会交往

社会交往是人与人之间的交往与互动，是人们在社会生活实践中接触、交流信息、沟通情感的过程。对于农民工随迁子女而言，社会交往既是他们发展的基本需求，也是他们发展的基本条件。与城市本地同学交往是农民工随迁子女认识城市社会、适应城市生活、融入城市的重要途径，也是融合教育取得成效的重要证明。如果农民工随迁子女不能和城市本地同学友好的相处，甚至受到排斥或歧视，就会导致他们难以融入城市中。虽然他们身在城市，但只会觉得这个城市与我无关，对之心存隔阂。因此，了解农民工随迁子女与城市本地同学的交往情况和交往需求对于探讨心理融合需求至关重要。

在问卷调查中，我们共设计了 4 道问题来了解农民工随迁子女的交往状况和交往需求。在交往状况方面，本次调查发现（见表 6 – 18）62.4% 的农民工随迁子女选择了与温州本地同学交往时存在着“比较多”和“很多”的困难，只有 12.4% 的选择了“很少”和“从未有过”发生交往困难。然而，对于“你认为温州本地同学友好吗”这道题的回答，只有 13.4% 的农民工随迁子女认为温州本地同学“不友好”（包括比较不友好和非常不友好），且高达 57.3% 的认为温州本地同学“很友好”（包括比较友好和非常友好）。这些数据足以说明虽然农民工随迁子女与城市本地儿童在人际交往方面存在着较多的不融洽现象，而且并未造成二者之间的根本的对立或敌视情绪，但仍值得引起学校的重视。

城市本地学生与农民工随迁子女在早期教育中所接受的教育内容不同，而不同教育内容下的孩子必然有着不同的交往行为和个性特点。如城市本地学生在人际交往中往往比农民工随迁子女有着较强的戒备心理和防范意识，也具有较好的人际交往能力，与人交往时主动大胆。而农民工随迁子女受父辈保守思想的影响，与人交往时胆小腼腆，与人交往时较为被动，但比较容易接纳他人。这两种不同的交往模式都各有优缺点，只要学校采取相关的科学措施进行引导和调和，农民工随迁子女与城市本地学生也能做到相互接纳和相互尊重，那么融合教育才能得到持续有序的发展。

表6－18　　农民工随迁子女的交往状况

内容	回答	N	%
交往存在困难吗	很多	117	29.2
	比较多	133	33.2
	有时	100	25.0
	很少	37	9.2
	从未有过	13	3.2
本地同学友好吗	非常不友好	25	6.2
	比较不友好	29	7.2
	一般	117	29.2
	比较友好	127	31.8
	非常友好	102	25.5

在交往需求方面，对于“你希望增进与温州本地学生的交往吗”这道题的回答（见表6－19），高达64.8%的农民工随迁子女选择“希望”（包括非常希望和比较希望），只有10.2%的选择“不希望”（包括非常不希望和比较不希望），25.0%的选择“一般”。这是一个令人欣慰的研究发现，这说明农民工随迁子女与城市本地学生交往的意愿是比较强烈的，这也是学校促进两类群体交往融合的一个心理基础。

表6－19　　农民工随迁子女的交往需求

内容	回答	N	%
希望增进与温州本地学生的关往吗	非常不希望	17	4.2
	比较不希望	24	6.0
	一般	100	25.0
	比较希望	120	30.0
	非常希望	139	34.8
愿意把心事告诉本地学生吗	非常不愿意	79	19.8
	比较不愿意	78	19.5
	一般	108	27.0
	比较愿意	84	21.0
	非常愿意	51	12.8

为了进一步证实这种交往意愿是否转化成现实的行动，笔者继续追问了下面这个问题：“当你有心事时，你愿意告诉班上的温州学生吗”调查显示（见表 6 - 19），33.8% 的农民工随迁子女表示愿意（包括非常愿意和比较愿意），39.3% 的表示不愿意（包括非常不愿意和比较不愿意），27.0% 的选择“一般”。显然，虽然农民工随迁子女主观上具有与城市本地学生交往的愿望，但是在行动上又不敢深入去接触。在访谈中，笔者也发现农民工随迁子女具有较强烈的自我保护心理，不愿意主动开口表露自己的真实情感，大部分都在附和笔者提出的一些积极看法，出现倾向于以保护缺点来维护自尊心的心理。农民工随迁子女这种过度保护自己的心理现象，容易使他们在与他人交往中产生误解和隔阂，应当引起学校的注意并采取一定的心理干预措施来帮助他们克服这种心理现象。

综上所述，对于农民工随迁子女心理融合需求的调查研究结果表明，农民工随迁子女对城市有着喜爱、依恋和认同的情感，在一定程度上形成了地域归属感，但在社会交往方面比较难以融入城市群体，心理融合现状一般，心理融合需求强烈。

（二）身份融合需求

身份融合需求是指农民工随迁子女建立清晰的自我身份认同并与城市本地人在身份上相互接纳的心理倾向性。农民工随迁子女的身份融合需求是心理融合需求的进一步发展，是农民工随迁子女融入城市的主要标志之一。本研究对于身份融合需求的考察，主要从自我身份认同需求和群体身份认同需求两个方面进行。

1. 自我身份认同需求

与农民工随迁子女的父辈相比，农民工随迁子女承受着一种更为尴尬的身份。他们在城市长大，没有做过农活，也没有农村生活经历，然而他们的物质生活水平、生活方式和行为习惯等却离城市的标准有明显的距离。他们难以融入城市社会，又回归不了农村社会，这样是否会导致他们无法建构明确的身份认同呢？他们是如何界定自我身份的，会不会对某一种身份有倾向心理呢？

调查结果显示（见表 6 - 20），50.5% 的农民工随迁子女认为自己是“外地人”，11.5% 的认为自己是“温州人”，5.2% 的认为“两者都不是”，18.2% 的认为“不清楚”，14.5% 的认为“两者都是”。这说明在对自己的身份归属认同上，过半数的农民工随迁子女倾向于把自己归属为

“外地人”这个群体，但同时也存在着高达38%的农民工随迁子女在自我身份认同上出现矛盾和分歧之处。

表6-20　　农民工随迁子女的自我身份认同

内容	回答	N	%
认为自己是哪里人	外地人	202	50.5
	两者都不是	21	5.2
	不清楚	73	18.2
	两者都是	58	14.5
	温州人	46	11.5
	总数	400	100

为了进一步考察农民工随迁子女对温州人的身份是否有倾向性，本次调查设计了“如果可以自己选择，你希望自己是哪里人”这道问题。调查发现（见表6-21），34.0%的农民工随迁子女选择“温州人”，31.0%的选择“不清楚”，35%的选择“外地人”。从这道题的回答情况来看，三种回答所占比例很接近，这说明农民工随迁子女对于温州人的身份并未有明显的倾向性。

表6-21　　农民工随迁子女的身份倾向性

内容	回答	N	%
希望自己是哪里人	外地人	140	35.0
	不清楚	124	31.0
	温州人	136	34.0
	总数	400	100

2. 群体身份认同需求

农民工随迁子女身份融合需求受到内外两方面的影响，自我身份认同是内部主导因素，而外在因素也在时刻影响着自我认同的形成。群体身份认同需求，是与自我身份认同相对提出的，在本次调查中体现为农民工随迁子女在城市中是否受到当地居民的接纳和认同，是否拥有受到当地居民的接纳和认同的强烈需求。

群体身份认同需求首先表现为农民工随迁子女是否感受到了来自城市居民的歧视行为。城市居民的歧视行为不仅会引发农民工随迁子女的情绪或心理问题，同时也会引发身份认同危机。在回答“你有过被温州人歧视的经历吗?”这道问题时（见表6－22），高达62.7%的农民工随迁子女选择了有过“比较多和很多”的歧视经历，22.5%的选择了“有时”，只有14.8%的选择了“很少和从未有过”。这在一定程度上间接表明了城市群体对农民工随迁子女的身份认定是刻板的和非容纳的，具有排斥倾向。

表6－22　　　　农民工随迁子女受到歧视状况

内容	回答	N	%
有过被温州人歧视的经历吗	很多	153	38.2
	比较多	98	24.5
	有时	90	22.5
	很少	24	6.0
	从未有过	35	8.8
	总数	400	100

群体认同需求还表现在渴望被城市本地人接纳的渴望程度上。农民工随迁子女渴望得到城市群体的接纳在一定程度上也体现了其融入城市社会的主动性，有利于身份融合的进行。当被问及“你希望被当作温州人一样对待吗”时（见表6－23），53.2%的农民工随迁子女选择“希望”（包括比较希望和非常希望），30.2%的选择“一般”，16.5%的选择“不希望”（包括比较不希望和完全不希望）。这说明过半数的农民工随迁子女有受到城市群体接纳和认同的身份融合需求。

表6－23　　　　农民工随迁子女渴望被接纳的意愿

内容	回答	N	%
你希望被当作温州人一样对待吗	完全不希望	38	9.5
	比较不希望	28	7.0
	一般	121	30.2
	比较希望	88	22.0
	非常希望	125	31.2
	总数	400	100

（三）文化融合需求

本章中文化融合需求指的是农民工随迁子女在面临文化融合困难的现状时具有主动融入城市主流文化的心理倾向性，具体表现为客观方面的文化融合困难现状和主观方面的文化融合积极性两个方面。本研究将从语言、风俗习惯、价值观念和生活方式四个方面对农民工随迁子女文化融合需求进行考察。

1. 语言的融合需求

农民工随迁子女跟着父母从农村到城市生活，是一种从农村文化到城市文化的亚文化跨越，首先面临的文化差异就是语言。语言不仅是一种交流的工具，也是一种身份的标签。因此语言差异不仅会带来一定程度上的交流障碍，也会导致学生内部出现不同的小团体。因此，了解农民工随迁子女的温州话水平如何，普通话水平和学习温州话的兴趣和需求，对于真正把握他们的文化融合需求至关重要。

据调查（见表6－24），44.5%的农民工随迁子女表示“可以听懂简单的话”，26.0%表示“完全听不懂”，“都能听懂以及能听懂也能说”的学生有29.6%。数据结果显示，公立学校中能简单听懂温州话的学生所占人数已接近半数，达到完全听懂以上水平的也占了近1/3。这说明，农民工随迁子女在城市中的语言障碍正在逐渐变小，但是目前语言差异仍然是文化融合进程中的一个不利因素。访谈中我们了解到，一些家乡话和普通话差别甚大的农民工随迁子女由于自身带有强烈的地方口音，以及本身不会使用本地语言的缘故，经常受到其他同学的嘲笑或歧视，严重影响了他们与其他同学的交往。

表6－24　农民工随迁子女温州话水平

内容	回答	N	%
温州话水平如何	完全听不懂	104	26.0
	可以听懂简单的话	178	44.5
	都能听懂	67	16.8
	能听懂也能说	51	12.8
	总数	400	100

除了了解农民工随迁子女的温州话水平现状外，我们还要进一步了解他们是否有学习温州话的兴趣和需求。调查发现（见表6-25），对于"你想学温州话吗"这道题的回答，55%的农民工随迁子女选择"想学"(包括比较想和非常想)，25.8%的选择"一般"，19.3%的选择"不想"(包括比较不想和完全不想)。以上数据说明，过半数的农民工随迁子女学习温州话的积极性较高，当然也有一小部分学生对温州话具有一定的抵触和排斥心理。

表6-25　　农民工随迁子女学习温州话的需求

内容	回答	N	%
想学温州话吗	完全不想	51	12.8
	比较不想	26	6.5
	一般	103	25.8
	比较想	77	19.2
	非常想	143	35.8
	总数	400	100

2. 风俗习惯的融合需求

风俗习惯是一个地方文化的重要表现。我国民族众多，地大物博，各个民族和各个区域都有自己独特的风俗习惯。农民工随迁子女在城市中生活学习，不可避免地要接触了解到城市当地的风俗习惯。农民工随迁子女对城市当地风俗习惯的了解程度，是否按当地风俗习惯办事，是否认同当地的风俗习惯等都间接地反映出他们的文化融合程度和需求。

据调查（见表6-26），有40.3%的农民工随迁子女选择"不了解"(包括完全不了解和基本不了解）温州当地的风俗习惯，38.5%的选择"一般"，21.3%的选择"了解"（包括非常了解和基本了解）。这说明近四成的农民工随迁子女不了解温州的风俗习惯，这对于文化融合的顺利进行非常不利。同时，40.6%的农民工随迁子女认为温州的风俗习惯"好"(包括非常好和比较好)，44.5%的选择"一般"，15%的选择"不好"(包括非常不好和比较不好)。这说明农民工随迁子女对温州城市的风俗习惯有认同的心理倾向。这为他们接受温州当地文化奠定一定的心理基础。当进一步问及"希望了解温州风俗习惯吗"时，51%的农民工随迁子女选择“希望”（包括非常希望和比较希望），36.0%的选择“一般”，13%的选择“不希望”（包括非常不希望和比较不希望）。这说明过半数的农民工随迁子女渴望了解温州的风俗习惯，具有一定的文化融合需求。

表6-26　　农民工随迁子女的风俗习惯融合需求

内容	回答	N	%
了解温州风俗习惯吗	完全不了解	74	18.5
	基本不了解	87	21.8
	一般	154	38.5
	基本了解	63	15.8
	非常了解	22	5.5
认为温州风俗习惯好吗	非常不好	20	5.0
	比较不好	40	10.0
	一般	178	44.5
	比较好	119	29.8
	非常好	43	10.8
希望了解温州风俗习惯吗	非常不希望	27	6.8
	比较不希望	25	6.2
	一般	144	36.0
	比较希望	97	24.2
	非常希望	107	26.8

3. 价值观念的融合需求

本地价值观念也是文化的重要载体之一，对当地价值观念的接受和认同程度，在很大程度上能体现文化融合的状况。随着中国经济文化的蓬勃发展，各个城市除了共同拥有中国传统的核心价值观外，由于历史文化差异也形成了特有的一些发展理念和市民文化。那么，农民工随迁子女对城市的主流价值观念是否有所了解？对于城市主流的价值观又是否接受和认同呢？

据调查（见表6-27），48%的农民工随迁子女对“温州精神”表示“不了解”（包括完全不了解和基本不了解），31%的选择“一般”，21%的选择“了解”（包括非常了解和基本了解）。当被问及“是否赞同温州人精明能干”时，35%的农民工随迁子女表示“赞同”（包括非常赞同和基本赞同)，40.5%的选择“一般”，24.4%的选择“不赞同”（包括完全不赞同和基本不赞同)。当被问及“是否赞同温州人勤奋刻苦”时，42.0%的农民工随迁子女表示“赞同”（包括非常赞同和基本赞同)，13.5%的选择“一般”，20.5%的选择“不赞同”（包括完全不赞同和基本不赞同)。由以上数据可知，虽然农民工随迁子女并不太了解当地主流价值观，但是也没有排斥心理，并且在一定程度上有接受和认同的心理倾向性。

表6-27 农民工随迁子女的价值观念融合需求

内容	回答	N	%
了解温州精神吗	完全不了解	104	26.0
	基本不了解	88	22.0
	一般	124	31.0
	基本了解	64	16.0
	非常了解	20	5.0
赞同温州人精明能干吗	完全不赞同	45	11.2
	基本不赞同	53	13.2
	一般	162	40.5
	基本赞同	100	25.0
	非常赞同	40	10.0
赞同温州人勤奋刻苦吗	完全不赞同	51	12.5
	基本不赞同	53	8.0
	一般	135	37.5
	基本赞同	84	23.2
	非常赞同	77	18.8

4. 生活方式的融合需求

不同文化造就了形态各异的生活方式，生活方式也成为当地文化的一个重要特征。农民工随迁子女对城市的生活方式感受如何，是否接受和认同，也成为考察文化融合的一个重要方面。当被问及“了解温州本地学生的生活方式吗”时（见表6-28)，35.3%的农民工随迁子女表示“不了解”（包括完全不了解和基本不了解)，33.8%的选择“一般”，31.0%的选择“了解”（包括非常了解和基本了解)。在回答“想学习温州本地学生的生活方式吗”这道题时，有34.7%的农民工随迁子女回答“想”（包括比较想和非常想），39.8%的选择“一般”，25.4%的选择“不想”（包括比较不想和非常不想）。从以上数据可以看出，不了解温州本地学生生活方式的农民工随迁子女只占了三成多，说明了农民工随迁子女的心态是比较开放的，基本上大部分同学能了解本地学生的生活方式。同时，还有不到三成的农民工随迁子女明确回答不想学习本地同学的生活方式，说明了还是有一部分农民工随迁子女对当地生活方式有排斥或抵制心理，对于文化融合不利。

表6-28　　　　农民工随迁子女的生活方式融合需求

内容	回答	N	%
了解温州本地学生的生活方式吗	完全不了解	78	19.5
	基本不了解	63	15.8
	一般	135	33.8
	基本了解	94	23.5
	非常了解	30	7.5
想学习温州本地学生的生活方式吗	非常不想	57	14.2
	比较不想	45	11.2
	一般	159	39.8
	比较想	94	23.5
	非常想	45	11.2

（四）消费融合需求

消费融合需求是指农民工随迁子女参与城市主流消费活动，并在消费能力和消费方式等方面与主流消费群体趋同的心理倾向性。消费是人日常社会活动的重要组成部分，消费融合是衡量社会融合的一个重要指标。农民工随迁子女的消费融合主要体现在学杂费承受情况、娱乐休闲需求、家庭学习条件和穿衣打扮需求四个方面。

1. 学杂费承受情况

从调查情况来看（见表6-29），认为其家庭“完全能承受”起学杂费的农民工随迁子女占32.0%，“比较能承受”的占25.0%，“一般”的占34%，“比较不能承受”的占7.5%，1.5%的认为“完全不能承受”。

再来看“对于学校需要交钱的集体活动，你家庭的负担能力怎么样”这个问题的回答。认为家庭负担能力“非常好”的农民工随迁子女占17.5%，“比较好”的占27.8%，“一般”的比例最高，占40.5%，“比较差”的占11.0%，“非常差”的占3.2%。最后，再来了解一下“父母给农民工随迁子女购习学习用品的情况”。选择父母“比较多或很多”给自己购买学习用品的占41.8%，选择“有时”的占34.8%，选择“从不或很少”的占23.6%。

表6-29 农民工随迁子女的学杂费承受情况

内容	回答	N	%
学费承受能力	完全不能承受	6	1.5
	比较不能承受	30	7.5
	一般	136	34.0
	比较能承受	100	25.0
	完全能承受	128	32.0
家庭负担能力	非常差	13	3.2
	比较差	44	11.0
	一般	162	40.5
	比较好	111	27.8
	非常好	70	17.5
学习用品购买	从不	11	2.8
	很少	83	20.8
	有时	139	34.8
	比较多	99	24.8
	很多	68	17.0

从以上数据可以看出对于学杂费，绝大多数的农民工随迁子女家庭是可以承受的，负担能力不会差，在学习用品消费上也不会太少。主要原因在于目前能进入公立学校的农民工随迁子女的父母必须符合政府要求的条件（如必须提供就业证明、农民身份证明等）。而符合这些条件的农民工随迁子女家庭经济条件是农民工随迁子女中较好的一部分。

2. 娱乐休闲需求

对于少年儿童而言，丰富多彩的假日休闲活动对他们身心健康有帮助，也有利于他们开阔视野和增加生活体验。据调查情况来看（见表6－30），51.8%的农民工家庭在节假日“从不或很少”陪孩子出去玩，32.2%的农民工随迁子女选择“很少”，10.5%的选择“比较多”，5.5%的选择“很多”。这表明他们对温州的了解和熟悉只能局限于社区和学校，缺乏机会全面了解温州，热爱之情自然难以真正形成。

表6－30　　农民工随迁子女的娱乐休闲情况

内容	回答	N	%
节假日父母陪你出去玩吗	从不	67	16.8
	很少	140	35.0
	有时	129	32.2
	比较多	42	10.5
	很多	22	5.5
每个月零花钱	20元以下	129	32.2
	20—50元	120	30.0
	51—100元	70	17.5
	101元以上	81	20.2
知道电脑吗	不知道	24	6.0
	听说过或电视上见过，没有亲眼见过	15	3.8
	亲眼见过，没有用过	58	14.5
	使用过	156	39.0
	自己有电脑	147	36.8

在零花钱使用方面，选择每个月零花钱在“20元以下”的占最多比例，为32.2%，选择“20—50元”的占30%，“51—100元”的占17.5%，“101元以上”的占20.3%。在访谈中也了解到，大部分农民工随迁子女和城市本地学生一样都能得到父母给的零花钱，但是数目方面和城市本地同学还是有一定的差距。

在电脑使用方面，选择“使用过”电脑的农民工随迁子女占

"39.0%"，选择"自己有电脑"的占36.8%，"没有用过"或"不知道"电脑的共占24.3%。这说明，绝大多数的农民工随迁子女家里没有电脑，并且还存在着近三成的人没有接触过电脑。这种情况的出现主要是由农民工随迁子女的家庭经济条件决定的。

3. 学习条件情况

除了学校，家庭是孩子另一个重要的学习场所。家长为了给孩子创造良好的学习条件，从给孩子安排单独的学习房间到精心购买各种课外读物等花费了各种心思。那么，农民工随迁子女在家的学习条件如何呢？调查发现（见表6-31），42.2%的农民工随迁子女认为自己的学习条件"好"（包括非常好和比较好），48.0%的认为"一般"，9.7%的认为"差"（包括比较差和非常差）。从统计结果来看，从他们的主观标准出发，只有不到一成的农民工随迁子女认为家里学习条件差。由此可见，绝大部分农民工随迁子女对家里的学习条件是可以接受的。

表6-31　　农民工随迁子女的学习条件

内容	回答	N	%
家里的学习条件如何?	非常差	10	2.5
	比较差	29	7.2
	一般	192	48.0
	比较好	133	33.2
	非常好	36	9.0
	总数	400	100.0

4. 穿衣打扮需求

俗话说，"爱美之心，人皆有之"。成人有成人的穿衣打扮要求，少年儿童同样也有。许多调查类论文中均指出，农民工随迁子女与城市本地同学在穿衣打扮方面有明显的区别，是表层差异中的一部分。调查发现（见表6-32），只有19.2%的农民工随迁子女认为在穿衣打扮方面与城市本地同学有"有差异"，44.2%的选择"不清楚"，36.5%的认为"没有差异"。数据结果表明，只有两成的农民工随迁子女感受到自己在穿衣打扮方面与城市本地同学有差异。这说明，二者在穿衣打扮方面具有较大差异的观点主要是从成人审美观出发得出的，事实上从农民工随迁子女的视角出发这种差异性并不明显。当进一步问及“是否希望自己的穿衣打扮与温州本地同学一样”时，33.8%的农民工随迁子女表示“希望”（包括比较希望和非常希望），45.2%的选择“一般”，21%的选择“不希望”（包括比较不希望和非常不希望）。数据表明，农民工随迁子女希望在穿衣打扮方面与城市本地同学一样的需求还并不明显。

表6-32　　农民工随迁子女的穿衣打扮需求

内容	回答	N	%
穿衣打扮和温州本地同学有差异吗	有	77	19.2
	不清楚	177	44.2
	没有	146	36.5
希望穿衣打扮和温州本地同学一样吗	非常不希望	53	13.2
	比较不希望	31	7.8
	一般	181	45.2
	比较希望	67	16.8
	非常希望	68	17.0

四　农民工随迁子女融合教育需求的影响因素

（一）性别因素对农民工随迁子女融合教育需求的影响

采用独立双样本T检验的方法对不同性别的农民工随迁子女的融合教育需求进行差异分析。结果显示（见表6-33），性别因素在心理融合需求、身份融合需求、文化融合需求三个维度及融合教育需求上的P值分别为0.041、0.007、0.000、0.001，P值均小于0.05，在消费融合需求维度上P值为0.078，P值大于0.05，证明性别因素在心理融合需求、身份融合需求、文化融合需求三个维度和总的融合教育需求上差异显著，在消费融合需求上差异不显著。此外，从表格中还可以看出，女生在心理融合需求、身份融合需求、文化融合需求、消费融合需求四个维度及融合教育需求上的平均分都高于男生，说明女生社会融合发展程度优于男生。数据结果总体表明，性别因素对农民工随迁子女融合教育需求有重要影响。此项研究结果提醒我们，在融合教育校本课程实施过程中，要有意识地加强对男生的引导和教育，并根据农民工随迁子女的性别特点进行融合教育的差异性教学。

表 6 - 33　　不同性别农民工随迁子女融合教育需求的差异检验

性别	心理融合需求		身份融合需求		文化融合需求		消费融合需求		融合教育需求	
	M	SD	M	SD	M	SD	M	SD	M	SD
男 N = 209	3.29	0.51	3.13	0.63	2.90	0.59	3.02	0.54	3.10	0.43
女 N = 191	3.40	0.53	3.30	0.68	3.11	0.55	3.12	0.56	3.25	0.42
T	-2.047		-2.698		-3.766		-1.769		-3.490	
P	0.041*		0.007**		0.000***		0.078		0.001*	

注：* 表示 P < 0.05，** 表示 P < 0.01，*** 表示 P < 0.001，显著性差异。

（二）户口因素对农民工随迁子女融合教育需求的影响

户口因素分为温州户口与非温州户口两个水平，因此采用独立双样本 T 检验的方法对不同户口的农民工随迁子女的融合教育需求进行差异检验（见表 6 - 34）。结果显示，户口因素在心理融合需求和融合教育需求上的 P 值分别为 0.006 和 0.034，P 值均小于 0.05，而在身份融合需求、文化融合需求、消费融合需求三个维度上的 P 值均大于 0.05，证明户口因素在心理融合需求和总的融合教育需求上差异显著。此外，从表格中还可以看出，取得温州户口的农民工随迁子女在心理融合需求、身份融合需求、文化融合需求、消费融合需求四个维度及融合教育需求上的平均分都高于未取得温州户口的农民工随迁子女，说明取得温州户口的农民工随迁子女社会融合发展程度优于未取得温州户口的农民工随迁子女。研究结果进一步说明了，我国现行户籍制度不可避免地带来了城乡居民社会地位的差别和城乡居民心理上的“贵贱”之分，最终将影响着农民工随迁子女的社会适应与融合教育实施的结果。因此，只有改革户籍制度及其相关的政策和制度，才能改变农民工的处境，也才能真正促进农民工随迁子女的社会融合。

表 6 - 34　　不同户口的农民工随迁子女融合教育需求的差异检验

是否温州户口	心理融合需求		身份融合需求		文化融合需求		消费融合需求		融合教育需求	
	M	SD	M	SD	M	SD	M	SD	M	SD
是 N = 73	3.50	0.55	3.28	0.65	3.04	0.64	3.16	0.62	3.27	0.50
否 N = 327	3.31	0.51	3.20	0.67	2.99	0.57	3.05	0.54	3.15	0.41
T	2.772		1.041		0.685		1.551		2.128	
P	0.006**		0.299		0.494		0.122		0.034*	

注：* 表示 P < 0.05，* * 表示 P < 0.01，*** 表示 P < 0.001，显著性差异。

（三）受教育水平对农民工随迁子女融合教育需求的影响

受教育因素分为小学与初中两个水平，因此采用独立双样本 T 检验的方法对中小学的农民工随迁子女的融合教育需求进行差异检验（见表6-35）。结果显示，受教育水平因素在心理融合需求和身份融合需求上的 P 值分别为 0.012 和 0.000，P 值均小于 0.05，而在文化融合需求、消费融合需求两个维度和融合教育需求上的 P 值均大于 0.05，证明受教育水平因素在心理融合需求和身份融合教育需求上差异显著。此外，从表格中还可以看出，小学生在身份融合需求、文化融合需求、消费融合需求三个维度及总的融合教育需求上的平均分都低于初中生，而在心理融合需求方面高于初中生。

表6-35　不同教育水平的农民工随迁子女融合教育需求的差异检验

受教育水平	心理融合需求		身份融合需求		文化融合需求		消费融合需求		融合教育需求	
	M	SD	M	SD	M	SD	M	SD	M	SD
小学 N=218	3.40	0.52	3.02	0.62	2.99	0.59	3.06	0.57	3.17	0.45
初中 N=182	3.27	0.52	3.44	0.64	3.01	0.57	3.08	0.54	3.18	0.41
T	2.539		-6.642		-0.471		-0.375		-0.349	
P	0.012*		0.000***		0.638		0.708		0.727	

注：*表示 P<0.05，**表示 P<0.01，***表示 P<0.001，显著性差异。

（四）转学次数因素对农民工随迁子女融合教育需求的影响

为了考察转学次数对农民工随迁子女融合教育需求的差异影响，笔者分别统计了每一项目的平均分和标准差及总体的平均分和标准差，并进行了单因素方差分析。结果显示（见表6-36），转学次数因素在心理融合需求、身份融合需求、文化融合需求、消费融合需求四个维度及融合教育需求上的 P 值分别为 0.256、0.529、0.205、0.191、0.444，P 值均大于 0.05，证明转学次数因素在四个维度和总的融合教育需求上不存在显著差异，说明转学次数对农民工随迁子女的融合教育需求没有任何影响。

（五）城市居住年限因素对农民工随迁子女融合教育需求的影响

一般而言，随着农民工随迁子女在城市居住时间的延长，其社会融合状况会越来越好。为了验证这种常理推断的正确性，我们将城市居住年限因素分为不到 1 年、1—2 年、2—3 年、3 年以上四个水平，并采用单因素方差分析对其差异性进行检验。从表6－37中可以看出，不同城市居住年限的农民工随迁子女在心理融合需求、文化融合需求两个维度和融合教育需求上的P值分别为0.341、0.383、0.278，P值均大于0.05，在身份融合需求和消费融合需求两个维度上的P值为0.033和0.011，证明不同城市居住年限的农民工随迁子女在心理融合需求、文化融合需求和总的融合教育需求方面不存在显著差异，而在身份融合需求和消费融合需求两个维度上存在显著差异。这一结论的出现看似与常理推断存在一些矛盾之处，其实不然。因为从数据中可以算出，有近74%的被试在温州生活了2年以上，也就是说被试群体绝大部分在温州生活了较长时间，因此在居住年限方面具有较大的相似性，而居住年限的相似性又影响了融合教育需求的趋同性。

表6－36　不同转学次数农民工随迁子女融合教育需求的差异检验

转学次数	心理融合需求		身份融合需求		文化融合需求		消费融合需求		融合教育需求	
	M	SD	M	SD	M	SD	M	SD	M	SD
没有 N＝209	3.35	0.54	3.26	0.67	3.00	0.67	3.13	0.55	3.19	0.44
1次 N＝129	3.38	0.49	3.14	0.65	3.02	0.65	3.03	0.58	3.18	0.43
2次 N＝40	3.27	0.54	3.16	0.71	2.88	0.71	2.97	0.55	3.09	0.44
3次 N＝18	3.16	0.52	3.21	0.63	3.21	0.63	3.02	0.39	3.16	0.35
3次以上 N＝4	3.03	0.34	3.45	0.25	2.60	0.25	2.75	0.52	2.91	0.40
F	1.335		0.794		1.489		1.534		0.935	
P	0.256		0.529		0.205		0.191		0.444	

注：*表示P<0.05，**表示P<0.01，***表示P<0.001，显著性差异。

表6－37　不同城市居住年限农民工随迁子女融合教育需求的差异检验

城市居住年限	心理融合需求		身份融合需求		文化融合需求		消费融合需求		融合教育需求	
	M	SD	M	SD	M	SD	M	SD	M	SD
不到1年 N＝33	3.24	0.59	3.16	0.60	2.89	0.57	3.01	0.57	3.09	0.48
1—2年 N＝70	3.30	0.48	3.01	0.70	2.98	0.55	3.04	0.53	3.12	0.41
2—3年 N＝59	3.30	0.47	3.24	0.67	3.10	0.51	2.88	0.54	3.16	0.37
3年以上 N＝238	3.38	0.53	3.27	0.65	2.99	0.61	3.14	0.55	3.21	0.44
F	1.120		2.932		1.022		3.734		1.288	
P	0.341		0.033*		0.383		0.011*		0.278	

注：*表示P<0.05，**表示P<0.01，***表示P<0.001，显著性差异。

（六）经济条件因素对农民工随迁子女融合教育需求的影响

为了考察家庭经济条件对农民工随迁子女融合教育需求的差异影响，笔者采用了单因素方差分析对不同经济状况的农民工随迁子女融合教育需求进行差异性分析。结果显示（见表6－38），经济条件因素在心理融合需求、消费融合需求两个维度及融合教育需求上的P值分别为0.003、0.000、0.021，P值均小于0.05，证明心理融合需求和消费融合需求两个维度和总的融合教育需求上存在显著差异，而在身份融合需求和文化融合需求两个维度上不存在显著差异。

（七）学习成绩因素对农民工随迁子女融合教育需求的影响

学习成绩因素分为非常差、比较差、一般、比较好、非常好五个水平。采用单因素分析的方法对不同学习成绩水平的农民工随迁子女的融合教育需求进行差异检验。方差分析表显示（见表6－39），学习成绩因素在心理融合需求、身份融合需求、文化融合需求、消费融合需求四个维度及融合教育需求上的P值分别为0.000、0.004、0.006、0.000、0.000，P值均小于0.01，证明学习成绩因素在心理融合需求、消费融合需求两个维度和总的融合教育需求方面差异极其显著，在身份融合需求和文化融合需求两个维度上差异非常显著。此外，从表格中还可以看出，成绩好的学生在心理融合需求、身份融合需求、文化融合需求、消费融合需求四个维度及总的融合教育需求上的平均分都高于成绩差的学生。因此，可以推出成绩好的学生在社会融合发展方面优于成绩差的学生。

表6－38　不同经济条件的农民工随迁子女融合教育需求的差异检验

经济条件	心理融合需求		身份融合需求		文化融合需求		消费融合需求		融合教育需求	
	M	SD	M	SD	M	SD	M	SD	M	SD
非常差N=4	2.75	0.66	3.10	0.48	2.92	0.20	3.04	0.34	2.90	0.37
比较差N=12	3.30	0.51	3.20	0.71	3.09	0.83	2.78	0.47	3.14	0.50
一般N=258	3.29	0.50	3.20	0.66	2.98	0.55	2.97	0.50	3.13	0.41
比较好N=108	3.47	0.52	3.25	0.68	3.00	0.64	3.33	0.58	3.27	0.44
非常好N=18	3.46	0.57	3.12	0.67	3.24	0.55	3.17	0.75	3.30	0.52
F	3.998		0.218		0.937		9.870		2.932	
P	0.003**		0.928		0.442		0.000***		0.021*	

注：*表示P<0.05，**表示P<0.01，***表示P<0.001，显著性差异。

表 6 - 39　不同学习成绩水平的农民工随迁子女融合教育需求的差异检验

经济条件	心理融合需求		身份融合需求		文化融合需求		消费融合需求		融合教育需求	
	M	SD	M	SD	M	SD	M	SD	M	SD
非常差 N = 10	3.05	0.43	3.02	0.39	2.80	0.71	2.82	0.29	2.93	0.29
比较差 N = 47	3.20	0.46	3.07	0.69	2.80	0.55	2.80	0.55	2.99	0.40
一般 N = 252	3.31	0.50	3.16	0.65	2.99	0.57	3.06	0.52	3.15	0.42
比较好 N = 82	3.52	0.53	3.42	0.62	3.17	0.54	3.22	0.59	3.35	0.41
非常好 N = 9	3.73	0.84	3.58	1.00	2.98	0.79	3.68	0.58	3.47	0.66
F	5.797		3.981		3.633		8.070		8.011	
P	0.000***		0.004**		0.006**		0.000***		0.000***	

注：*表示 P < 0.05，**表示 P < 0.01，***表示 P < 0.001，显著性差异。

第三节　农民工随迁子女融合教育校本课程开发

一　融合教育校本课程开发的内涵

融合教育校本课程开发是指为了促进农民工随迁子女融入城市社会、实施融合教育，接纳农民工随迁子女的学校根据学校的办学宗旨和实际情况，以教师为开发主体，课程专家、家长和学生等共同参与的课程改革活动。其中，开发是指从课程目标的拟定、课程结构的设计、课程标准的编制、课程材料的选择和组织到课程实施与改进等一系列课程行为。结合中小学校本课程开发的特性，笔者认为农民工随迁子女融合教育校本课程开发的基本内涵为：①城市公办中小学的校长和教师是校本课程开发的主体，他们以融合教育的理念为指导，实施校本课程开发；②城市公办中小学校本课程开发的范围很广，可以涉及课程选择、课程改编、课程整合、课程补充、课程拓展、课程创编等；③农民工随迁子女是融合教育校本课程的实施主体，但也离不开城市本地学生的重要参与，这是由融合教育的双向互动性所决定的；④农民工随迁子女融合教育校本课程开发旨在有效促进农民工随迁子女个体的全面发展，实现和城市社会的有机融合。

二　农民工随迁子女融合教育校本课程开发意义

随着新课程改革的推进，全国各地中小学的校本课程开发开展得如火如荼，相关的研究著作也不断呈现，农民工随迁子女融合教育随之迎来了良好的发展时机。农民工随迁子女融合教育校本课程的开发，不仅是对保障农民工随迁子女受教育权的尝试，也是对城市公办中小学探索“融合教育”办学模式的回应，有利于满足学校追求办学特色和农民工随迁子女的发展需求。

（一）有助于农民工随迁子女融入城市社会

农民工随迁子女教育问题已成为中国社会转型期的一个独特的社会问题，引起了教育人士与社会各方的密切关注。在当前阶段，农民工随迁子女的社会融入问题得到解决的需要越来越迫切，否则将影响农民工随迁子女本身的社会化进程，也不利于和谐社会的构建。而开发农民工随迁子女融合教育校本课程，一方面有利于照顾到城市公办学校学生的差异性和多样性，能满足城乡学生的差异性需求，有效促进城乡学生的相互融合，另一方面有助于帮助农民工随迁子女缓解生活变迁带来的心理压力和积极适应陌生的城市文化，有利于农民工随迁子女身心健康，更好实现社会化，成为一个良好的公民，同时有效促进农民工随迁子女与学校社会的相互融合，为构建和谐社会奠定坚实的基础。

（二）有助于学校有效实施融合教育

农民工随迁子女融合教育活动的有效开展，其关键是要有正确的融合教育理念。校本课程开发就成为普及融合教育基本理念的有效推手，以及实施融合教育的重要载体。首先，融合教育校本课程从物质上、制度上保障了融合教育的实施，相对于零散、随意的融合教育活动来说，其效果能达到更佳的地步。其次，在开发、实施融合教育校本课程的过程中，教师更能深刻体会、把握融合教育的理念，更能了解农民工随迁子女的特点，准确地把握其教育需求，对城市学生也能有清晰的认识，在学校现有的资源、农民工随迁子女、城市学生之间找到平衡点，把融合教育的精神落到实处，一方面既满足了学校发展个性化需求，另一方面也满足了城乡学生的发展需求，同时有效地促进了农民工随迁子女的社会融合。因此，校本课程与融合教育的结合是一种理想的途径，校本课程开发有助于融合教育理念的实现，是融合教育实施的有效载体。

三 农民工随迁子女融合教育校本课程开发实施方案

（一）具体的开发流程

1. 融合教育校本课程开发组织建立

校本课程开发是一种合作的、民主的、开放的决策过程，也不是一两个人可以独立承担的。学校必须组建一个民主开发的组织机构，才能为校本课程提供良好的组织制度保障。因此，融合教育校本课程开发的首要步骤就是成立融合教育校本课程开发小组，由小组成员共同参与课程计划的制订、实施和评价活动。融合教育校本课程开发小组可以由学校内部机构重组或新建，也可以在校外的帮助下成立起来。融合教育校本课程开发小组除了要求成员具备一定的校本课程开发理论和开发能力外，也要求成员的组成具有一定的广泛性和代表性。一般说来，开发小组的主体成员是学校教师，其他参与人员则包括学生代表、家长代表、校外专家代表和社会有关机构代表。具体如图6－1所示：

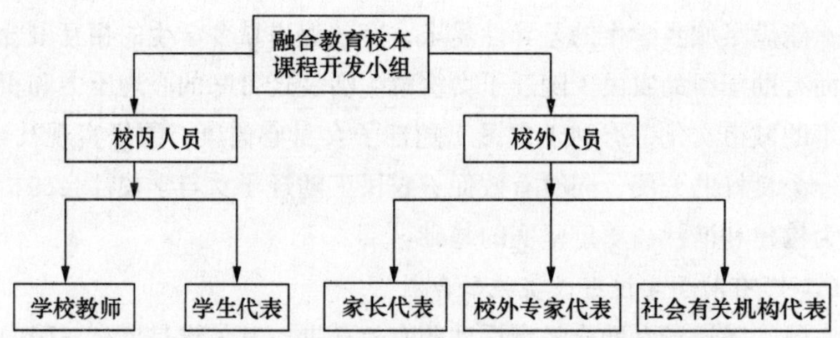

图6－1 融合教育校本课程开发小组组成人员结构图

虽然融合教育校本课程开发小组成员众多，但成员在开发小组中所承担的责任和角色、投入程度和发挥的作用各不相同。毫无疑问，学校教师才是融合教育校本课程开发小组的主角，包括学校领导、科任教师和其他志愿参与的学校教学人员等。其余人员则不需要全程或全面的参与，而是根据课程开发的不同阶段、课程方案种类以及自身能力适时与适当参与即可。

具体说来，学校领导（如校长）是融合教育校本课程开发的主要决策人和负责人，负责对校本课程开发作出正确决策，组织教师学习融合教育理论和校本课程开发的相关知识，进行总体策划和宏观调控，组织人力、物力资源保证融合教育校本课程开发的顺利实施。科任教师是融合教育校本课程开发的主要承担者和操作者，处于核心地位。从学生需求评估、学校现状分析、融合教育课程开发方案制订，到《课程纲要》和《教学指导书》编写、融合教育校本课程的实施和评价等一系列环节，都主要由学校科任教师来实施。

为保证融合教育校本课程开发的科学化和规范化，还必须咨询校外人员的意见，与他们进行讨论，获得他们的支持和建议。因此，参与融合教育校本课程开发的社会有关机构和高校的专家学者，在课程开发中发挥着指导作用，如对学校科任教师进行相关培训，帮助教师完善融合教育校本课程设计，提供必要的课程开发技术和经验等。目前，学校的校本课程开发活动和高校教师培训机构、其他社会相关机构的紧密合作成为一种行之有效的流行趋势。

学生参与融合教育校本课程开发，不仅有助于检验融合教育校本课程是否充分满足了他们融入城市的需求，从而及时改进融合教育校本课程的实施计划，也能扩大融合教育校本课程开发在学生中的宣传力度，激发学生学习融合教育校本课程的激情与热情。根据学生年龄、年级特征以及课程方案性质，他们参与融合教育校本课程开发的程度、角色和范围也是不同的。一般而言，年龄较大和年级较高的学生对融合教育校本课程开发的积极影响较为突出。

适当邀请学生家长和社区人士参与融合教育校本课程开发，可以调动他们参与学校工作的责任意识，为校本课程开发建言献策和提供思路。此外，学生家长和社区人士参与融合教育校本课程开发对学校而言也会形成一种监督压力，这种压力利用得当也能成为一种动力，促使学校不断改进教育教学工作和提高融合教育校本课程开发质量。

总之，融合教育校本课程开发小组是必要的组织保证，是进行宣传动员、提供支持服务的过程。融合教育校本课程开发小组应该在小组负责人的领导下，积极组织运作，合理组织人员撰写融合教育课程方案，落实和实施融合教育课程计划，充分发挥组织的团结协作力量。

2. 融合教育校本课程开发现状分析

校本课程针对一个具体的学校而提出的，每一所学校的开发环境都各不相同。在某种意义上，这一环节其实就是学校的一种“自我认识”。学校必须对自身的校园环境、办学历史、师资队伍和课程资源等进行认真分析和研究，才能够开发出适合本校学生的校本课程。因此，开发现状分析是融合教育校本课程开发的前提条件。学校融合教育校本课程开发现状分析主要是对学生融合教育需求和课程资源的调查与分析。融合教育需求评估主要是通过问卷、访谈、座谈等形式评估学生的融合需求，家长期望及社区和社会要求，以此作为校本课程开发的现实依据。资源调查的内容包括教师的知识经验、学校物质设施，及相应的资金情况等，目的在于弄清校本课程开发的条件和限制。

（1）学生需求分析。农民工随迁子女社会融合现状和融合教育需求的诊断与分析是融合教育校本课程开发的前提。那么，城市公办学校的农民工随迁子女的社会融合状况如何，存在哪些融合教育需求呢？通过实地调查，我们发现农民工随迁子女在城市公办学校学生总数中的比例占绝对优势，有成为学校生源主体的趋势，学校也越来越重视农民工随迁子女的教学与管理。农民工随迁子女身上大多存在着勤劳朴实、生活独立、学习刻苦等城市本地学生普遍不具备的闪光点。他们对城市和学校的满意度较高，在一定程度上形成了对城市的热爱与留恋之情，渴望融入城市生活并有长期留在城市生活的愿望。总体而言，农民工随迁子女在社会融合方面表现出较多积极的特点，但同时也存在一些值得关注的问题和需求。农民工随迁子女大部分虽然已经有多年的城市生活经历，然而生活质量和学习条件远远跟不上城市生活水平，对自己所属的社会身份感到迷茫和困惑，存在着强烈的身份认知需求。由于家庭条件、语言文化和行为习惯等与城市本地学生存在着明显的差异，加上自身社交技能的欠缺，农民工随迁子女与城市本地学生在社会交往方面存在着一定的隔阂与障碍，存在着强烈的社会交往需求。由于学习基础较差、没有养成良好的学习习惯等，农民工随迁子女总体的学习成绩比城市本地学生落后，偏科现象突出，存在着普遍的学习适应需求。农民工随迁子女是城市中的弱势群体，不可避免地遭受着制度排斥和观念等方面的排斥，性格较为敏感，心理稍显脆弱，因此学校和家庭的心理教育和心理支持也是必不可少的。农民工随迁子女从农村进入城市，离城市主流文化和价值观还有较大的距离，甚至存在着某种程度上的反主流因素，在文化跨越方面也存在着强烈的需求。

（2）融合教育资源分析。融合教育资源分析就是对融合教育校本课程开发的资源状况进行分析。融合教育校本课程开发必须基于学校和学校所在社区，包括本地区在内的周边环境中已有的或潜在的融合教育资源基础之上，这是融合教育校本课程开发的可能性保障。调查结果显示，接收农民工随迁子女的城市公办学校一般都是教学质量较为普通和生源不足的学校，而城市重点中小学根本没有对农民工随迁子女开放。因此与城市其他学校相比，接收农民工随迁子女的公办学校普遍存在着教育经费不足，硬件基础设施不够完善，师资水平相对薄弱，校本课程开发程度较为肤浅等困扰。为了学校的生存发展和特色形成，接收农民工随迁子女的城市公办学校已经开始转变原先的办学理念，以满足农民工随迁子女的多样需求。对于探索融合教育办学模式存在着较高的热情，但是由于缺乏相应的理论培训、实践指导和专业师资队伍，因此融合教育校本课程开发的计划一直无法真正得到践行。接收农民工随迁子女的城市公办学校教师对融合教育和校本课程开发的相关知识缺乏深入的了解，对校本课程开发的热情不高，对融合教育校本课程开发造成了不利的影响。由于农民工随迁子女来自五湖四海，每个学生都带着地区的文化烙印，这些宝贵的差异性资源是城市重点中小学所没有的。因此，融合教育校本课程开发要善于取长避短，考虑这些资源利用的可能性及可利用的程度，以满足农民工随迁子女的多样融合需求。

总之，融合教育校本课程是为了解决具体学校的农民工随迁子女群体的融合教育需求，在融合教育校本课程的开发过程中，课程开发者必须结合各自学校的情景进行更加深入全面的调查，做出客观分析和评估，明确本校进行融合教育校本课程开发的条件与限制，才能开发出最符合本校实际的融合教育校本课程，使融合教育校本课程开发的目标得以实现。

3. 融合教育校本课程目标确定

（1）融合教育校本课程目标确立的依据。在校本课程开发活动中，课程目标是出发点和归宿，具有明确的导向作用。如果没有目标，校本课程开发就缺乏计划性和方向性。在校本课程开发中，首要问题就是确定课程目标。那么，如何研制出科学合理的、切合实际的、便于操作的融合教育校本课程目标呢？

首先，校本课程目标的确定要以国家的教育目标为基准，这是目标确定的前提条件和总要求。虽然学校和教师掌握着校本课程的开发权，但开发者要自觉以国家教育目标来指导校本课程目标的设置。当前我国教育方针的基本精神可概括为：教育为社会主义现代化建设服务，教育为人民服务，培养德、智、体、美等方面和谐发展的、富于社会责任感和创造个性与实践品格的现代国民。[①] 因此，融合教育校本课程开发要注重学生身心的全面发展，课程目标要具有一定的综合性，不能片面追求某些能力的发展。

其次，校本课程目标确立要综合考虑社会发展、学生发展和学科特点三方面的要求，这是校本课程目标的三个基本来源。通过系统分析这三方面的目标信息来源，初步拟定一般性目标。同样，融合教育校本课程作为一个完整的课程体系，它的课程目标的基本来源也应该是这三要素。因此，我们在制定融合教育校本课程目标时，也必须要以农民工随迁子女的需要、以整个社会生活的需要以及公办学校校本课程发展的需要这三要素作为融合教育校本课程目标的来源。

最后，校本课程目标的确立还要利用教育哲学、教育心理学、课程与教学论等学科知识，进一步将一般性目标转化成较为精确的具体性目标。当然，所谓精确的具体性目标是相对而言的，真正的具体性课程目标仍需在教学过程中逐步得到完善。

（2）融合教育校本课程的具体目标。根据以上课程目标确立的指导思想，结合融合教育理念与校本课程开发相关理论，针对融合教育需求的调查结果分析，本章认为融合教育校本课程的总目标是提供满足农民工随迁子女融合需求的各种课程，促使他们顺利融入城市主流社会，实现全面健康地成长。同时，笔者还尝试对融合教育校本课程提出以下五个具体目标。

第一，培养学生的学习适应能力。学习适应性指“个体克服种种困难取得较好学习效果的一种倾向，也可以说是一种学习适应能力。”[②] 学习适应性是影响学生学习效果的直接原因，不少学生学习落后是学习适应不良导致的。农民工随迁子女在学习方面普遍存在着缺乏正确的学习方法、课堂不活跃、学习效果不理想等学习困境，主要也是由于学习适应不良因素造成的。培养农民工随迁子女的学习适应能力，可以有效改善他们的学业不良状况，较好地激发他们的学习热情，缓解学习压力和提高自信心，同时也能逐步提高学校的整体教学质量。学生学习适应能力的发展是一个渐趋积累的过程，不可能一蹴而就和一劳永逸。学习适应性的培养一

---

① 刘铁芳：《新时期我国教育方针的基本问题》，《教育科学研究》2010 年第 5 期。

② 周步成、方真：《中学生学习适应性测验使用手册》，华东师范大学出版社 1991 年版，第 10—15 页。

般从学习态度、学习技术和对学习环境的适应能力三方面同时着手。因此，开设融合教育校本课程的目的之一就是培养农民工随迁子女积极向上的学习态度，帮助他们掌握科学合理的学习方法和技术，增强对学校环境的适应能力，最终促进学习适应性的提高。

第二，提高学生的社会交往技能。社会交往技能是指在“社会生活实践中与人和周围环境的接触、交往、合作，逐步掌握社会规则及语言或非语言性的交往技能以适应社会的一种技能。”良好的社会交往有助于促进个体的社会化发展，实现个体的社会化和人格成熟。因此，培养农民工随迁子女学会人际沟通和社会交往的技能，发展其合作精神，可以为学生的终身发展打下良好的基础。首先，培养社交意识是发展学生社交能力的前提。教师要充分利用课堂教学引导学生认识到社交对自己成长和发展的特殊意义，激发学生的社会交往意识和自觉性。其次，注重技能训练是提高学生社交能力的重点。教师应该根据学生的年龄和性格特点因材施教，对学生进行社会交往的技能训练。如鼓励学生学会与别人打招呼、相互问候或创设一些有趣的情境，对学生进行交往技能训练等。最后，加强实践锻炼是提高学生社交能力的保证。

学生的社会交往能力是否适应社会发展的要求，是否得到真正的提高，还需要在实践活动中进行锻炼和检验。因此，教师进一步引导学生参与社会实践，提供交往的机会，逐渐提高他们社会交往技能。

第三，增进学生的自我认同感和城市归属感。在公办学校实施融合教育校本课程，目的就是要不断提供机会，发展和培养学生良好的自我认同感和城市归属感。一方面，要帮助学生逐步建立正确的自我认同感，使他们能够客观认识自我、积极肯定自我，如能够回答出“我是谁”、“我应该成为什么样的人”、“我该怎么做”等问题。另一方面，在形成自我认同感的基础上培养学生的城市归属感，使他们意识到自己是这座城市的主人翁，并产生为所在城市做贡献的学习动力。自我认同感是一个人自我认知程度的标志，只有建立了充分的自我认同感，才能有效建立信心和自尊。城市归属感则是基于自身满足的基础上更深层次的一种精神需求。通过促进学生的自我认同感和城市归属感，有助于增强学生的自信心和自尊心，促进学生的身心健康和学习积极性。

第四，提高学生的心理健康水平。随着社会的不断进步，社会对人才质量的要求也越来越高。学校在培养学生知识能力的同时，对其心理健康的培养也是至关重要的。农民工随迁子女作为城市中典型的弱势群体，他们的心理健康状况比其他群体更令人担忧，应该引起学校更多的关注。因此，应以融合教育校本课程开发为契机，加强对学生的心理健康教育。首先，通过开设心理融合健康课程，面向全体学生普及心理健康的基本知识，及时给予学生积极的心理指导。其次，根据学生心理发展特点与心理需求，运用有关教育方法和手段，培养学生良好的心理素质。最后，面向少数有心理困扰和心理障碍的学生，开展补救性的心理咨询与辅导。只有通过开设心理融合健康课程，才能满足学生自我成长的迫切需要，才能全面深入地评估学生心理，充分开发学生潜能，促进学生人格的健全发展。

第五，增强学生的跨文化沟通能力。何为跨文化沟通能力呢？简单地说，就是能与来自不同文化背景的人有效交往的能力。公办学校中学生来自全国各个不同省市，存在着价值观念、语言、习俗等多方面的差异，形成了多元文化的交汇。由于缺乏相应的跨文化沟通能力，当他们各自面临着不同文化时，会感到困惑迷茫，甚至面临一定的文化冲突。通过开设融合教育校本课程不是将文化知识简单直接灌输给学生，而是要培养他们的文化沟通能力，并促进学生个性的发展。因此，一方面要帮助学生认识到每种文化都有其存在的价值，学会理解和尊重文化认知和文化选择的多样性，另一方面要培养学生的独立思考能力和批判思维，促使学生在思考与批判的基础上对多元文化进行价值反思，自主建构文化和生成文化。通过开设具有城乡、地域特色的融合教育校本课程，充分满足学生的差异性和多样化需求，为学生提供更多选择空间，促进学生个性发展。

校本课程目标的确定是一种实践的动态过程，而不是一种理论的静态结果。因此，在融合教育校本课程具体实施过程中，学校要把这些不同的课程目标有机地统一起来，才能保证融合教育校本课程目标的科学性和现实可行性。

4. 融合教育校本课程的内容选择

（1）融合教育校本课程的内容框架。校本课程内容是教与学的基本素材，是实现校本课程目标的重要载体。校本课程内容要与学生和学校教育的特点相适应，要重视学科知识的基础性并贴近社会生活。根据上一章对学生融合教育需求的分析讨论，笔者认为融合教育校本课程开发的内容和大体框架可以从以下四个类别着手。

第一，学习方法类课程。

针对农民工随迁子女学习基础普遍较差，不适应学校现有科目课程学习的现状，公办中小学可以通过开设《中学生学习方法指导》或《小学生学习方法指导》校本课程为他们提供不同学科的学习方法指导。开设学习方法类校本课程旨在激发农民工随迁子女的学习兴趣和学习热情，改善其学习态度和学习方法，为他们提供各个科目的具体学习指导，帮助他们形成自己的学习策略，进而提高他们的学习成绩，同时也为其终身学习的发展奠定基础。学习方法类的校本课程内容主要包括学习策略的知识、记忆方法的使用、各科的学习方法指导等。任课教师可以通过查找资料，咨询专家，总结教学经验等多种途径编写《学习方法指导课程纲要》。

第二，社会生活类课程。针对农民工随迁子女行为习惯较差、社会公德意识不强、社交能力欠缺等教育困境，公办中小学可以通过开设《养成教育》、《公民道德》、《社交礼仪》等校本课程为他们提供成为一名优秀市民所需的理论知识和实践技能。开设社会生活类校本课程旨在使农民工随迁子女懂得培养良好行为习惯的重要意义，掌握文明礼仪，遵守基本道德规范，在实践中提高道德素养，提高人际交往能力等。社会生活类的校本课程内容主要包括公共道德知识、行为礼仪知识、社会交往等。任课教师可以通过查找资料，咨询专家，总结自我经验或充分利用《品德与社会》、《思想政治》两门学科知识完成社会生活类课程的教材编写。

第三，心理健康类课程。针对农民工随迁子女压力较大、情绪不稳定、过度自我保护、自卑孤僻等消极心理现象，公办中小学可以通过开设《心理健康》校本课程为他们提供心理自我调节的知识和技巧。公办中小学开设《心理健康》旨在消除农民工随迁子女在思想、情感上的隔阂及自卑的心理，发展其积极乐观的个性，从而增强农民工随迁子女社会适应性，促进其心理品质的健康发展。心理健康类校本课程内容主要包括心理训练、问题辨析、情境设计、角色扮演、游戏辅导和心理知识讲座（含情绪的调节和亲情的教育）等。

第四，地域特色文化类课程。针对农民工随迁子女对城市历史文化知之甚少以及在学校中遭遇到了文化适应中的冲突与压力等问题，公办中小学可以通过开设《城乡历史文化》或《城市方言学习》等校本课程为他们提供城乡历史文化知识和城市方言相关知识。开设地域特色文化类校本课程旨在增加农民工随迁子女对城市历史文化的了解，激发农民工随迁子女对城市的热爱，同时促进城市本地学生对乡村文化的了解和尊重，最终有效提高学生的文化沟通能力。地域特色文化类校本课程应该将理论知识学习和实践活动相结合，即一方面通过课堂教学使学生系统掌握城市的历史文化知识，另一方面组织各种校外游玩活动，让学生参观考察城市的名胜古迹、风俗习惯和特色小吃。

（2）融合教育校本课程内容选择的注意事项。融合教育校本课程并不是将所有的知识都纳入现有的课程中，这是行不通的，也是办不到的，而且会导致课程内容容量过大，给学生造成沉重的负担。因此，对于融合教育校本课程开发的内容要有所针对性。基于以上思考，融合教育校本课程内容选择要注意以下四点：

第一，课程内容选择要体现开放性和多元性，充分体现融合教育理念。在融合教育校本课程的设计和内容选择上，应从融合教育理念出发，以一种开放的态度来进行课程内容的选择与安排，避免和克服从“一元”的角度来选择课程内容，使课程的内容在体现当地城市主流文化的同时，也能充分利用乡土文化资源。只要对城乡学生文化交流与融合有利的知识均可纳入课程内容。此外，农民工随迁子女除了文化融合需求外，还有心理融合、身份融合等需求，课程内容应该选择相关学科知识，尽量全面体现不同学生的多元需求。

第二，课程内容选择要具有公正性和合理性，充分尊重知识的科学性。实施融合教育校本课程，其目的是要让学生学会用客观、公正的目光来审视城乡经济文化差异特征，并在此基础上尊重和理解各地的文化传统，学会认同和欣赏各自家乡文化和城市本地主流文化。因此，融合教育校本课程所选择的知识内容和观点应该真实可靠，避免任何歪曲和偏见，必须以马克思列宁主义、毛泽东思想和邓小平理论为科学指导，运用辩证唯物主义的观点和方法，在此基础上学会从多元角度来理解自身和他人的成长经历，从而改变城乡学生对彼此的刻板印象，实现相互接纳和认同，实现两者文化的良性融合。

第三，课程内容选择上要针对学生的心理文化特点，体现地方学校特色。公办学校中的学生来自全国各地，由于地理环境、生活环境、经济条件和地区文化背景的不同，心理素质、学习和生活习惯等存在着较大的差异。因此，在课程内容选择上要充分考虑到学生的学习风格和文化背景，避免导致地区文化与学校文化之间的断层。同时，在开发融合教育校本课程时，要尽量体现当地特色文化，从而发挥出城市主流文化独特的教育价值。因此，只有在课程内容设置和编排上，尽量尊重每一个学生的兴趣需求并符合当地的实际情况，才能让学生易于接受，才能获得满意的教学效果。

第四，课程内容选择要具有系统性，形成科学的课程体系。在融合教育校本课程开发内容方面，要尽量体现整体性和完整性，否则会造成学生对融合教育存在片断性的认识。通过深入调查和相关文献的查阅，笔者认为学校应该开设多元文化融合的课程、心理融合课程、普通话培训课程、社交技能、安全意识、公民道德、公共礼仪等方面的校本课程，逐步形成科学的融合教育校本课程体系，从而培养农民工随迁子女对城市的适应能力，以便更好地融入城市和健康成长。

5. 融合教育校本课程实施

校本课程的实施是校本课程开发过程中的重要阶段，是校本课程目标转化为教育成果的纽带。融合教育校本课程实施就是将通过规划、组织而形成的融合教育校本课程方案或计划付诸实践的过程，同时也是在融合教育理念指导下，使融合教育校本课程方案或计划进入到教学流程，通过融合教育校本课程开发主体共同实验、调节、完善，从而形成实质性的融合教育校本课程的过程。

（1）融合教育校本课程的实施原则。第一，需要性原则。该原则是融合教育校本课程开发的基本前提。需要性原则是指融合教育校本课程开发要确定以学生为本的思想，通过评估农民工随迁子女与城市本地学生在融合方面产生的需求状况，以解决学校中学生最真实、最迫切的融合需求来确定融合教育校本课程开发的方向。因此，融合教育校本课程的开发不是作为“正规”课程的一个点缀，也不是作为学校的应付行为或时髦之作，而是立足于学校自身的办学传统，教育资源情况和师生特点，作为促进本校学生发展和学校发展的一个不可缺少的部分，是由需要走向实践的一种开发行动。因此，在融合教育校本课程开发中，学校要深入、细致地评估和探索本校农民工随迁子女在学习、心理、行为方面存在哪些融合困境或需求，并由此开发出适应本校学生特点和符合本校学生期望的融合教育校本课程。

第二，文化性原则。该原则是融合教育校本课程开发的特色原则。文化性原则是指融合教育校本课程开发要善于利用学生身上的城乡文化和地域文化等差异性资源，在校本课程中增进学生对城乡文化的了解，促进各种文化的融合与创新。城市文化和乡村文化是两种不同类型的文化，二者都有积极与消极的两面性。任何一种校本课程开发都是文化选择的过程。融合教育校本课程开发不是选择任意一种文化作为课程内容，而是建设一种融合城乡积极因素的新文化，并利用系统的课程教学手段引导学生对城乡文化价值的反思，增强其对新文化的认同性和提高城乡学生的文化交往能力。因此，学校在开发融合教育校本课程时要注意培养学生对异文化的尊重，正确判断城乡文化的积极面与消极面，形成价值反思能力，进而找到文化归属感。

第三，生活性原则。该原则是针对农民工随迁子女的语言编码特点提出的。生活性原则是指融合教育校本课程开发要紧密联系农民工随迁子女的生活实际，尽量选择学生熟知和感兴趣的知识，遵循与生活相结合的原则。伯恩斯坦的社会编码理论认为，社会不同阶层的家庭运用着“精密编码”和“粗制编码”两种不同的语言编码。“精密编码”一般存在于上、中等社会阶层中，句子结构较为复杂，语言词汇比较抽象。“粗制编码”一般存在于下等社会阶层中，句子结构较为简单，语言词汇比较口语化。① 无疑，农民工随迁子女所掌握的主要是“粗制编码”，与国家课程教材中使用的“精密编码”存在着较大的差异，给他们取得良好的学业成就增加了困难和障碍。因此，融合教育校本课程开发要考虑农民工随迁子女的语言编码特点，充分利用农民工随迁子女的生活经验和体验，将抽象的课程知识形象化和具体化，帮助他们步入城市课堂文化。

第四，实践性原则。该原则是针对融合教育校本课程开发的课程设计方面提出的。实践性原则是指融合教育校本课程不能只重视知识的选择与传授，更要倡导自主、合作、探究的学习方式，引导学生从实践中去体验和感悟。融合教育校本课程开发不像传统的教材那样具有严密的逻辑性，也不像传统的教材那样重视知识的传授和技能的培养，更多的是情感态度、价值观和心理素质方面的提升。如果学生只是按部就班在教师的指导下接受知识，很难让融合教育校本课程引发学生的兴趣，也无法取得理想的教学效果。因此，融合教育校本课程开发应该更多地设置一些主题探究活动，激发学生的主动意识与创新精神和培养学生的研究性学习能力。

---

① 楚江亭：《价值重构：语言编码视野中的地方课程开发》，《当代教育论丛》2007 年第 8 期。

（2）融合教育校本课程的教学问题。教学是课程实施的主要途径，适当的教学方法则是圆满完成教学任务的前提，在融合教育校本课程开发中具有非常重要的作用。根据不同地区的实际情况，不同学生的心理特点以及校本课程的自身特点，教师应该灵活选择各种不同的教学方法，或者将不同的教学方法有机结合，才能取得最佳的教学效果。因为每种教学方法都有各自的优缺点，没有哪种教学方法能适应一切范围的教学。教师在使用教学方法时应该注意以下三方面的问题。

第一，教师应该保持价值中立。教师在融合教育校本课程的教学过程中，应该充分认识到自己角色的重要性，注意培养学生独立思考和自学能力，启发学生勇于提问和指导学生开展研究，给予学生充分表达自己学习见解的机会，为学生留出广阔的思维空间。在教学过程中，教师应始终坚持价值中立的态度，不能将个人价值观强加给学生，这样才能让学生自主地建构新知识和新文化，自主选择适合自己的文化观，才能有利于学生客观、公正地对待文化的差异性。

第二，教师要充分利用各种课程资源。个体的差异性和独特性是人类社会文化多姿多彩的重要源泉，具有丰富的教育教学价值。接收农民工随迁子女的公办学校除了拥有一般学校共有的自然和文化资源外，还存在着一种特殊的课程资源：城乡文化差异。这些资源都可以作为实施融合教育的课程资源。教师作为学生差异资源的组织者、开发者和促进者，要善于挖掘和利用这些丰富多彩的课程资源，将其作为教学素材和教学手段，使教学内容更加生活化。

第三，教师要灵活运用各种教学方法。课堂教学是一个复杂多变的教学过程，教师在运用教学方法时绝不能单一化。从心理学角度看，陌生化的东西更容易引发人们的注意力和好奇心理。因此，采用陌生化原理指导教学，灵活运用多种教学方法，精心设计教学环节，能够有效激发学生的学习兴趣和培养学生的创新能力。因此，公办学校在实施融合教育校本课程时，要综合考虑学生的知识背景、文化背景和教材的需要等，采用多种教学方法进行优化组合，才能取得高效优质的课堂教学效果。

（3）融合教育校本课程的学习方式。第一，自主性学习。自主性学习是相对于“被动性学习”、“机械性学习”而言的，指的是学习者能够根据自己的认知和能力特点积极主动学习知识、技能和能力的行为。融合教育校本课程要求学生改变传统的被动接受型的学习方式，通过培养学生的独立性和主动性，激发学生的学习主动性，促进每一个学生的自主性学习的发展。在融合教育校本课程教学过程中，可以将课后的书面作业转为学生利用各种手段去搜集信息，如看电影或电视剧谈感想，鼓励多观察身边的人或事，从中发现问题，解决问题等，才能使学生真正体会到学习的乐趣，并能从融合教育校本课程中获得所需的知识和技能。

第二，探究性学习。探究性学习指的是学生选取现实生活情境中的某个问题，通过调查研究和分析研讨等方法解决问题并从中获得科学的方法和技能，使科学思维得到锻炼的过程。探究性学习也是新课程改革所倡导的学习方式之一。融合教育校本课程要引导学生亲历知识的发生和形成过程，使学生产生丰富的体验性知识。体验性知识以个人知识为基础，更容易转化成经验来解决实际问题。因此，在融合教育校本课程的教学过程中要创设良好的研究环境，引导学生亲自参与探究，帮助学生体验科学家的探究过程。因此，地域特色文化类的融合教育校本课程就可以放手让学生上网查资料、进行实地观察调研等活动。

第三，合作学习。合作学习是指学生为了完成共同的任务，有明确的责任分工的互助性学习。合作学习目的在于培养学生的团队协作精神和竞争意识，强调合作动机和个人责任，同时也有利于提高学生的交往能力。融合教育校本课程旨在培养农民工随迁子女的学习适应性、社会交往能力和跨文化能力等，这些课程目的都需要采用合作学习的学习方式才能取得更好的实施效果。学生个体的知识毕竟是有限的，经验方面各有所长，而采用合作学习方式则更有利于发挥各自优势和资源共享，从而更好地完成学习任务，在合作中共同成长和提高。因此，融合教育校本课程要积极倡导合作学习方式，通过安排合作性学习任务和创造合作学习情境等手段，促进学生之间的有效沟通。

6. 融合教育校本课程评价

课程评价是当前我国校本课程开发中的一个“瓶颈”。传统的评价往往偏向于关注学生在知识和技能方面的获得，而忽视了学生在学习过程中学习方法、情感态度和价值观的获得。因此，现有的课程评价体系应该摆脱传统课程评价模式的束缚，倡导一种新的评价理念，即多元评价的理念。对融合教育校本课程进行合理的评价，是其能否顺利进行的关键性问题。融合教育校本课程要关注的是学生在参与融合教育校本课程学习中获得了哪些方面的发展，而不是最终知识的掌握程度。基于以上分析，学校必须改变一元导向的课程评价体系，建立与融合教育相适应的课程评价体系。

第一，采用多元评价主体，重在内部评价。校本课程开发实质上是一个集体决策的过程。融合教育校本课程开发也要体现出评价主体多元化的特点。在评价学生发展的过程中，要注意到各方的意见和观点，实现自评与他评相结合，才能比较全面、客观地评价学生，才能有利于学生的健康发展。多元评价主体主要包括老师和学生的评价，同时也包括家长、教育管理者、社区和专家的参与评价。同样，校本课程的理念要求学校加强课程开发的责任感、针对性和适应性，因此学校要转变习以为常的外部评价观念，以学校内部评价为重，便于学校对融合教育校本课程进行改进和进一步完善。

第二，采用多元评价对象，重在对课程本身的评价。多元评价对象是指课程开发评价范围的广泛性。从课程实施效果的角度，可以分为对学生的评价、对教师的评价以及对课程的评价等方面。在融合教育校本课程评价中，对学生的评价要多关注学生能力和态度的发展，而不是只重视最后的成绩；对教师的评价，除了以学生的发展状况作为评价依据外，还要关注教师的专业成长和课程意识；对课程本身的评价则是最关键的，主要从课程设置的目标、课程内容、课程教学效果等方面展开，目的在于促进课程的不断发展与完善。

第三，采用多元评价方法，以质性评价为主。校本课程对学生素质的评价要体现“以人为本”的思想，关注学生的个体发展。因此，评价学生不能只用一把尺子，需要运用多把尺子，从而实现评价方法的多元化。融合教育校本课程更加关注学生社会融合程度的提高，更加关注学生情感态度价值观的形成，因此不能重点采用文化知识考试等量化的方式，而要以质性评价为主，如行为观察、人际关系、成长记录袋等，并综合考虑学生的生活文化背景，才能使每个学生都有成为优秀者的机会，才能促进学生综合素质的全面发展。

（二）农民工随迁子女融合教育校本课程开发的建议

1. 树立融合教育的思想观念

校本课程开发首先要有明确的理念，才能确定校本课程开发的方向，凝聚教育合力，形成学校特色。融合教育的核心思想是“促进融合”，旨在增强农民工随迁子女的城市归属感，实现受教育的真正公平，并获得身心的充分发展。融合教育的重心是注重文化的融合，文化融合是融合教育的重心和落脚点，包括观念文化、行为文化、环境文化等方面的融合。[①]公办中小学应把融合教育思想作为指导融合教育校本课程开发的理念，尊重并接纳农民工随迁子女入学和平等受教育的权利，公平对待农民工随迁子女，真正做到"一视同仁"。学校要充分认识到融合教育的重要性和可行性，围绕融合教育的目标进行课程设计，实现农民工随迁子女与城市生活、学校教育的有机融合。作为融合教育的主战场——学校，要真正贯彻落实融合教育思想，加强对教师的协助与指导，更新他们的教育理念，有针对性地进行相关培训。学生的差异性、独特性是融合教育校本课程开发的根本出发点，也是融合教育思想的核心要求。通过树立融合教育的思想观念，促进学生的差异性和多样性的有效融合，探索合理有效的课程开发方式，进一步激发农民工随迁子女融入城市的主动性和积极性。

2. 提高教师的课程素养

在融合教育校本课程的开发主体中，教师发挥着主导作用，是不可或缺的中坚力量。教师的课程意识薄弱、课程开发能力不足严重阻碍着融合教育校本课程的开发。因此，学校必须进一步加强对公办中小学师资队伍的建设，对教师进行科学合理的培训，尤其是课程素养方面的培训，以使教师胜任融合教育校本课程开发的重任。通过校本培训，让教师了解融合教育的理念和知识，明确自身的主体地位和所扮演的重要角色，对融合教育投入真情实感，这样才能推进融合教育校本课程开发的顺利进行。从教师自身角度而言，可以通过自主研修、校本教研等方式来增强课程参与意识，为日后课程开发奠定良好的知识和心理基础，使自己成为一名合格的课程开发者和建设者。目前中小学教师负担比较重，校本课程开发给教师的精力分配带来了新的挑战，是校本课程开发的一个现实难题。学校要创造一切可能的条件，将教师从繁重的教学事务中解脱出来，为教师争取充裕的自由支配时间以学习校本课程开发相关理论，并进行融合教育校本课程开发活动。

3. 合作开发融合教育校本课程

融合教育校本课程开发是一项系统工程，必然要受到诸多内外因素的

---

① 黄兆信、郭丽莹：《农民工子女融合教育：教师职业能力面临新挑战》，《教育科学》2010 年第 2 期。

影响和制约，需要教师之间、教师与学生、教师与课程专家等多方的合作参与。然而，现实情况是，融合教育校本课程开发中各方合作不足，交流缺乏严重阻碍了课程开发的进程与质量。因此，接受农民工随迁子女的中小学应与教育行政部门、其他学校等外部力量联合起来，共同推动融合教育校本课程开发的顺利实施。首先，学校应该明确上级教育行政部门的管理职能，主动寻找合作和帮助，为校本课程开发争取政策和资金支持；其次，应与其他学校和高校科研机构建立紧密的合作关系，这既可以吸取其他学校校本课程开发或融合教育方面的经验、教训，也可以获得高校的专业理论指导，互惠互利，共同开发农民工随迁子女融合教育校本课程，并提高其成效；最后，学校应加强与社区和各类社会机构的合作交流，为融合教育校本课程开发争取更多的资源支持和社会服务。社区拥有丰富的自然资源、文化资源和人力资源等，是国家教育和教育市场之间的媒介。在社区中开发课程资源，能够为校本课程提供贴近社会实际，符合学生真实生活的素材，从而满足学生的需求。因此，为了增强融合教育校本课程开发的丰富性和适切性，学校应学会合理利用社区资源，到社区中寻求帮助。总之，多方合作、共同开发是融合校本课程开发的有效策略。

4. 有效利用校内外课程资源

合理开发和利用各种资源，使其转化成可利用的课程要素，对于实施融合教育校本课程开发至关重要。丰富多彩的课程资源，是融合教育校本课程形成的重要来源和实施的直接条件。首先，教师就必须要具有课程资源意识，具有课程资源意识才不会浪费资源，才有可能“变废为宝”。为此，学校应通过专家讲座、校本培训等形式，组织教师学习课程资源的相关理论，增强其课程资源意识。其次，合理开发利用校内外课程资源。教师应以融合教育理念为标准来筛选课程资源，充分利用城乡文化差异资源。当然，并非所有的乡土文化或城市现代文化都是优秀的，教师应选择符合学生身心发展特点，对学生终身发展有益的城乡文化精华或特色，对这些资源进行开发、利用，“使课程更加适合不同地区经济、文化及学生个体发展的需求”，[①] 以促进农民工随迁子女融入城市，促进城乡融合。最后，从多渠道创造性地拓宽课程开发途径，逐步提高课程资源使用率。

---

① 雷有光：《都市小村民眼中的大世界——城市流动人口子女社会认知的调查研究》，《教育科学研究》2004 年第 6 期。

学校可以从图书馆、科技馆或青少年活动中心等收集所需的课程素材，也可以建立网络课程资源管理数据平台，保证融合教育课程资源来源的丰富性和可持续性。同时加强对融合教育课程资源的开发和管理，规范课程开发资料的档案建设，使融合教育课程资源的开发能够取得最佳效益，促进融合，对城乡学生发展产生深远的影响。

参考文献

一 专著

[1] 埃米尔·迪尔凯姆：《自杀论》，冯韵文译，商务印书馆2007年版。
[2] [法] 埃米尔·迪尔凯姆：《自杀论：社会现象的研究》，商务印书馆1996年版。
[3] 包亚明译：《文化资本与社会炼金术》，上海人民出版社1996年版。
[4] 陈玉焕：《大学生心理健康教育导论》，河南人民出版社2009年版。
[5] 陈振明：《政策科学》，中国人民大学出版社1998年版。
[6] 陈美如：《多元文化课程的理念与实践》，台北师大书院2000年版。
[7] 陈安丽、佐斌：《走进义务教育新时代》，华中师范大学出版社2007年版。
[8] 陈成文：《社会弱者论》，时事出版社2000年版。
[9] 陈向明：《质的研究方法与社会科学研究》，教育科学出版社2002年版。
[10] 丛立新：《课程论问题》，教育科学出版社2002年版。
[11] 邓鸿勋、陆百甫：《走出二元社会结构——农民就业创业研究》，中国发展出版社2004年版。
[12] 杜越、汪利兵、周培植：《城市流动人口子女的基础教育——政策与革新》，浙江大学出版社2004年版。
[13] 费孝通：《乡土中国生育制度》，北京大学出版社1998年版。
[14] 宫留记：《布迪厄的社会实践理论》，河南大学出版社2009年版。
[15] 哈经雄、滕星：《民族教育通论》，教育科学出版社2001年版。
[16] 黄向阳：《德育原理》，华东师范大学出版社2002年版。
[17] 黄传会：《我的课桌在哪里？——农民工子女教育调查》，人民文学出版社2006年版。
[18] 江波：《文化支持：农民工子女融入城市文化的研究》，苏州大学出

版社 2012 年版。

[19] 柯兰君、李汉林:《都市里的村民——中国大城市的流动人口》，中央编译出版社 2001 年版。

[20] 刘杨等:《2013 年流动儿童社会处境、发展状况及影响机制》，北京大学出版社 2013 年版。

[21] 李强:《农民工与中国社会分层》，社会科学文献出版社 2004 年版。

[22] 联合国教科文组织:《全纳教育共享手册》，华夏出版社 2004 年版。

[23] 缪建东、殷飞、柳翠:《同一片蓝天下——流动人口子女教育的探索和建议》，南京师范大学出版社 2007 年版。

[24] 马良、孙宝瑞:《融合还是排斥——民工子女义务教育研究》，浙江教育出版社 2007 年版。

[25] 米尔·弗里德曼:《资本主义与自由》，商务印书馆 1986 年版。

[26] 梅尔文·德弗勒、桑德拉·鲍尔:《大众传播学诸论》，新华出版社 1990 年版。

[27] [苏] 瓦·亚·苏霍姆林斯基:《给教师的建议》，济南教育科学出版社 1984 年版。

[28] 施良方:《课程理论——课程的基础、原理与问题》，教育科学出版社 2001 年版。

[29] 汤林春:《冲突·建构·融合：农民工就读城市公办学校冲突与融合》，华东师范大学出版社 2010 年版。

[30] 吴遵民:《基础教育决策论》，华东师范大学出版社 2006 年版。

[31] 王涤:《中国流动人口子女教育调查与研究》，经济科学出版社 2006 年版。

[32] 汪明:《聚焦流动人口子女教育》，高等教育出版社 2007 年版。

[33] 王毅杰、高燕等:《流动儿童与城市社会融合》，社会科学文献出版社 2010 年版。

[34] 瞿葆奎、郑金洲:《中国教育研究新进展 2001》，华东师范大学出版社 2003 年版。

[35] 熊自权:《社会转型期的中国农民工研究》，陕西师范大学出版社 2002 年版。

[36] 杨小微:《教育研究的原理与方法》，华东师范大学出版社 2007 年版。

[37] 袁桂林:《当代西方道德教育理论》，福建教育出版社1994年版。
[38] 叶敬忠:《社区发展中的儿童参与》，中央编译出版社2002年版。
[39] 俞国良:《学校文化新论》，湖南教育出版社1999年版。
[40] 中国大百科全书总编辑委员会《社会学》编辑委员会:《中国大百科全书》(社会学卷)，中国大百科全书出版社1995年版。
[41] 周步成、方真:《中学生学习适应性测验使用手册》，华东师范大学教育科学学院1991年版。
[42] 钟启全:《课程论》，教育科学出版社2007年版。
[43] 周晓虹:《现代社会心理学》，上海人民出版社1997年版。
[44] 朱强:《家庭社会学》，华中科技大学出版社2012年版。
[45] 朱力、陈如:《城市新移民——南京流动人口研究报告》，南京大学出版社2003年版。
[46] 张铁道:《流动人口子女教育问题研究》，未来出版社2003年版。
[47] 中国教育与人力资源问题报告课题组:《从人口大国迈向人力资源强国》，高等教育出版社2003年版。

二 期刊论文

[1] 阿马蒂亚·森:《论社会排斥》，王燕燕摘译，《经济社会体制比较》2005年第3期。
[2] 宝玉柱:《人口迁移与移民教育》，《民族教育研究》1997年第3期。
[3] 蔡春驰:《融合教育课程:内涵、缘由及策略》，《教育发展研究》2012年第10期。
[4] 蔡防:《劳动力迁移的两个过程及其制度障碍》，《社会学研究》2001年第4期。
[5] 蔡霞:《关于进城务工就业农民子女教育问题研究的文献综述》，《上海教育科研》2004年第12期。
[6] 程仙平:《城乡文化差异与城市农民工子女学校融入问题探析》，《教育理论与实践》2011年第12期。
[7] 陈玉云:《流动人口子女教育问题综述》，《教育探索》2004年第2期。
[8] 狄雷、刘能:《异质性社区的社会交往与社区认同——北京沙村的个案研究》，《哈尔滨工业大学学报》(社会科学版)2014年第2期。
[9] 楚江亭:《价值重构:语言编码视野中的地方课程开发》，《当代教育

论丛》2007 年第 8 期。
[10] 傅禄建:《融合不仅是包容更是文化重建》,《上海教育》2010 年第 4 期。
[11] 方俊明:《融合教育与教师教育》,《华东师范大学学报》（教育科学版）2006 年第 3 期。
[12] 范先佐:《进城务工就业农民子女的教育公平与制度保障》,《河北师范大学学报》2007 年第 1 期。
[13] 傅明宝、孙迪:《对南京市沙洲中学外来务工人员子女“融合教育”的调查与研究》,《江苏社会科学》2012 年第 12 期。
[14] 巩在暖、刘永功:《农民工进城子女社会融合过程分析》,《科学社会主义》2010 年第 3 期。
[15] 关信平:《现阶段我国农村劳动力转移就业背景下社会政策的主要议题及模式选择》,《江苏社会科学》2005 年第 5 期。
[16] 关信平:《农民工参与城镇社会保障问题：需要、制度及社会基础》,《教学与研究》2008 年第 1 期。
[17] 关信平:《社会政策行动中的公平与效率》,《中国社会导刊》2008 年第 2 期。
[18] 郭彩琴:《城市中“农民工”子女受教育不公平现状透视》,《学海》2001 年第 5 期。
[19] 郭健美、赵建有、刘同萝:《农民工子女高中阶段教育救助探析》,《中国农业教育》2007 年第 4 期。
[20] 郭建鑫:《教育公平、公共财政与农民工子女义务教育的保障机制》,《农村经济》2007 年第 1 期。
[21] 郭育晗、赵喜霞:《农民工子女教育问题研究综述》,《广西大学学报》（哲学社会科学版）2006 年增刊。
[22] 贺雪峰:《论半熟人社会：理解村委会选举的一个视角》,《政治学研究》2000 年第 3 期。
[23] 黄先政:《统筹城乡教育背景下农民工子女教育影响因素分析及政府作用思考》,《教育与教学研究》2011 年第 4 期。
[24] 黄兆信、郭丽莹:《农民工子女融合教育：教师职业能力面临新挑战》,《教育科学》2010 年第 2 期。
[25] 黄兆信、万荣根:《社区：融合教育实施的重要场域》,《教育发展

研究》2008 年第 23 期。

[26] 黄兆信、潘旦、万荣根：《农民工子女融合教育：概念、内涵及实施路径》，《社会科学战线》2010 年第 8 期。

[27] 黄兆信、李远煦、万荣根：《“去内卷化”：融合教育的关键——进城务工人员子女融合教育的现状与对策》，《教育研究》2010 年第 11 期。

[28] 黄玲：《我国中小学心理教师身份认同感现状分析》，《云南教育(继续教育版)》2007 年第 8 期。

[29] 黄家亮：《论社会歧视的社会心理根源及其消除方式——社会心理学视野下的社会歧视》，《思想战线》2005 年第 5 期。

[30] 黄匡时、嘎日达：《社会融合理论研究综述》，《新视野》2010 年第 6 期。

[31] 何新生、张涛：《增强朋辈群体凝聚力提高朋辈教育实效性》，《学校党建与思想教育》2012 年第 11 期。

[32] 雷颐：《法国底层青年骚乱之鉴》，《人民论坛》2010 年第 7 期。

[33] 雷有光：《都市小村民眼中的大世界——城市流动人口子女社会认知的调查研究》，《教育科学研究》2004 年第 6 期。

[34] 李红婷：《城区学校农民工子女文化适应的人类学阐释》，《湖南师范大学教育科学学报》2009 年第 2 期。

[35] 李爱慧：《论 19—20 世纪之交美国公立学校对新移民子女的同化作用》，《历史教学》（高校版）2007 年第 6 期。

[36] 李明欢：《20 世纪西方国际移民理论》，《厦门大学学报》2000 年第 4 期。

[37] 罗安平：《媒体在农民工子女报道中的作为与反思》，《中国记者》，2011 年第 7 期。

[38] 罗仁朝、王德：《上海市流动人口不同聚居形态及其社会融合差异研究》，《城市规划学刊》2008 年第 6 期。

[39] 刘铁芳：《新时期我国教育方针的基本问题》，《教育科学研究》2010 年第 5 期。

[40] 刘吟：《社区教育：流动人口子女教育的社会关怀》，《黑河学刊》2010 年第 12 期。

[41] 刘复兴：《教育政策活动中的价值问题》，《北京师范大学学报》

（人文社会科学版）2002 年第 3 期。
[42] 刘复兴：《审视教育政策选择的新视野》，《科学咨询》（教育科研）2003 年第 10 期。
[43] 刘义程：《解决农民工子女受教育难题需要制度创新——实现农民生活质量持续提高的一点认识》，《上饶师范学院学报》2004 年第 5 期。
[44] 厉以宁：《关于教育产品的性质和对教育的经营》《教育发展研究》1999 年第 10 期。
[45] 赖永波：《福州市解决农民工子女教育问题的制度设计——政治学视角分析》，《福建行政学院福建经济管理干部学院学报》2005 年第 11 期。
[46] 林莉、侯玉波：《学习不良儿童的家庭环境分析》，《西南大学学报》（社会科学版）2007 年第 11 期。
[47] 龙一芝、杨彦平：《上海市闵行区农民工子女教育现状调查报告》，《上海教育科研》2008 年第 3 期。
[48] 吕绍青、张守礼：《城乡差别下的流动儿童教育——关于北京打工子弟学校的调查》，《战略与管理》2001 年第 4 期。
[49] 雒红芳：《论家庭教育对儿童成长的重要性》，《现代阅读》（教育版）2012 年第 9 期。
[50] 潘旦、王新：《基于融合教育视角的农民工子女家庭教育研究》，《社会科学战线》2010 年第 4 期。
[51] 青连斌：《教育公平是合理社会流动的保证》，《学习时报》2005 年第 3 期。
[52] 邵琰、李晓岚：《新媒体与社会融合：新闻传播学视野下的社会变迁——第十三届中国新闻传播学科研究生学术年会综述》《新闻大学》2003 年第 6 期。
[53] 沈茹：《城市农民工子女家庭教育问题及对策》，《中国农业大学学报》2006 年第 3 期。
[54] 孙晓莉：《流动儿童学校适应性现状研究》，《现代教育科学》2006 年第 6 期。
[55] 申振东、乔姗姗、方苏、朱汶龙：《进城农民工子女融入城市生活研究综述》，《贵州大学学报》2008 年第 4 期。

[56] 宋蓓：《农民工子女社区保护与城市融入的对策研究》，《江淮论坛》2006 年第 4 期。

[57] 谈晨皓、李子健、王雪、徐冰倩等：《学校教师对农民工子女内因偏见研究》，《南昌教育学院学报》2013 年第 1 期。

[58] 谭舒、陶亚舒、郭虹：《新城市贫困——关于现实和未来社会的忧虑——以成都地区部分农民工随迁子女及其家庭的调查为例》，《天府新论》2008 年第 2 期。

[59] 涂启锋：《融合教育：农民工子女教育的治本之策》，《生活教育》2007 年第 7 期。

[60] 汪雁：《三峡外迁移民的社区归属感研究》，《上海社会科学院学术季刊》2001 年第 2 期。

[61] 王璐、田殿山：《农民工子女教育：社区教育新功能》，《青年探索》2008 年第 2 期。

[62] 王毅杰、王开庆、韩允：《市民对流动儿童的社会距离研究》，《深圳大学学报》2009 年第 6 期。

[63] 王毅杰、史晓浩：《流动儿童与城市社会融合：理论与现实》，《南京农业大学》（社会科学版）2010 年第 2 期。

[64] 王毅杰：《参照群体下流动儿童的身份意识及成因》，《南京工业大学学报》（社会科学版）2008 年第 9 期。

[65] 王映：《给流动人口子女以真正的教育平等——由晓岚的悲剧引发的思考》，《教育导刊》2004 年第 1 期。

[66] 王富强：《美国同化教育与多元文化教育的比较分析》，《乐山师范学院学报》2008 年第 5 期。

[67] 王博：《关于长沙市区农民工子女接受义务教育情况的调查与思考》，《中国教育学刊》2006 年第 8 期。

[68] 王德文：《中国农村义务教育：现状、问题和出路》，《中国农村经济》2003 年第 11 期。

[69] 王光华、刘永红：《农民工子女教育问题的现状与对策分析》，《攀枝花学院学报》2008 年第 1 期。

[70] 王娇萍：《工会法贯彻实施中的现实挑战》，《工人日报》2004 年第 7 期。

[71] 王善迈、袁连生、刘泽云：《我国公共教育财政体制改革的进展、

问题及对策》，《北京师范大学学报》（社会科学版）2003 年第 6 期。

[72] 王西玉、崔传义、赵阳、马忠东：《中国三元结构下的农村劳动力流动及其政策选择》，《管理世界》2000 年第 5 期。

[73] 王艳峰、刘永红：《公平视角下的农民工子女教育问题探析》，《内蒙古农业大学学报》（社会科学版）2007 年第 2 期。

[74] 王远伟：《"复合二元教育"对流动人口子女教育的影响》，《教育发展研究》2007 年第 12 期。

[75] 王智超：《农民工子女就学的制度性障碍与建议》，《东北师范大学学报》（哲学社会科学版）2007 年第 6 期。

[76] 翁细金、万荣根：《融合教育的教师角色与使命》，《教育评论》2010 年第 4 期。

[77] 文桂江：《国外迁徙工人子女义务教育的保障机制》，《城市问题》2009 年第 2 期。

[78] 谢龙华：《农民工子女家庭教育存在的问题及对策研究》，《东北师范大学学报》（哲学社会科学版）2013 年第 6 期。

[79] 谢明敏：《小议多元主义文化》，《四川教育学院学报》2006 年第 22 期。

[80] 熊惠平：《"穷人经济学"与全纳教育田》，《教育发展研究》2006 年第 4 期。

[81] 许传新：《融入还是隔离？——公立学校流动人口子女与城市学生社会距离实证研究》，《教育学报》2009 年第 3 期。

[82] 徐丽敏：《农民工子女在城市教育过程中的社会融入研究》，《学术论坛》2010 年第 1 期。

[83] 杨素萍：《社会转型时期农民工子女教育问题探析》，《现代中小学教育》2004 年第 6 期。

[84] 杨洪贵：《多元文化主义的产生与发展探析》，《学术论坛》2007 年第 2 期。

[85] 杨雪梅：《儿童的学校适应研究综述》，《四川心理科学》2002 年第 2 期。

[86] 杨东平：《试论促进教育公平的教育公共政策》，《人民教育》2005 年第 7 期。

[87] 杨绣智：《教育机会均等的历史考察》，《齐鲁学刊》1997 年第 4 期。

[88] 杨云彦：《改革开放以来中国人口“非正式迁移”的状况——基于普查资料的分析》，《中国社会科学》1996 年第 6 期。

[89] 喻口维佳：《中国农民工问题调查——以四川、浙江为例》，《学习时报》2006 年第 1 期。

[90] 郑家裕：《促进城市流动儿童社会融合的政策诉求》，《青年探索》2006 年第 4 期。

[91] 湛卫清：《农民工随迁子女融合教育的困惑与对策》，《教育发展研究》2008 年第 10 期。

[92] 周佳：《农民工子女进入大城市公办学校的困境》，《中国教师》2006 年第 38 期。

[93] 张文宏、雷开春：《城市新移民社会融合的结构、现状与影响因素分析》，《社会学研究》2008 年第 5 期。

[94] 赵志裕、温静、谭俭邦：《社会认同的基本心理历程——香港回归中国的研究范例》，《社会学研究》2005 年第 9 期。

[95] 张淑华、李海莹、刘芳：《身份认同研究综述》，《心理研究》2012 年第 1 期。

[96] 张迎黎、张亚林、张迎新等：《修订版青少年依恋问卷中文版在初中生中应用的信效度》，《中国心理卫生杂志》2011 年第 1 期。

[97] 张莹瑞、佐斌：《社会认同理论及其发展》，《心理科学进展》2006 年第 14 期。

[98] 张世文、王洋：《社会排斥视角下的农民工子女教育问题》，《长春工业大学学报》（社会科学版）2008 年第 1 期。

[99] 张斌贤：《流动人口子女教育研究的现状与趋势》，《清华大学教育研究》2001 年第 4 期。

[100] 张旭亮、张海霞：《基于社区教育的中国农民工子女教育问题探析》，《经济与社会发展》2006 年第 5 期。

[101] 赵树凯：《边缘化的基础教育——北京外来人口子弟学校的初步调查》，《管理世界》2000 年第 5 期。

[102] 周佳：《农民工子女义务教育问题进入政策研究视野》，《上海教育科研》2004 年第 12 期。

[103] 周石其:《和谐社会理念下农民工子女教育问题的对策思考》,《商场现代化》2006 年第 9 期。

[104] 朱凤丽:《城市农民工子女教育的社会学分析》,《福州党校学报》2006 年第 5 期。

[105] 朱镜德、朱秀杰、郭彦君:《关于农民工子女在迁入地接受完全义务教育机制的构建》,《人口与经济》2007 年第 6 期。

[106] 朱蕴丽、卢忠萍:《农民工子女教育必须走多元化均衡发展的路子》,《江西师范大学学报》(哲学社会科学版) 2006 年第 5 期。

[107] 曾群、魏雁滨:《失业与社会排斥:一个分析框架》,《社会学研究》2004 年第 3 期。

三 学位论文

[1] 程仙平:《民工子女学校融入问题研究》,华东师范大学硕士论文,2009 年。

[2] 陈云奔:《教学公平研究》,西北师范大学博士论文,2005 年。

[3] 傅蝶:《积极的融合,无形的阻隔——上海市民工子女文化融合问题研究》,华东师范大学硕士论文,2012 年。

[4] 郭丽莹:《农民工随迁子女融合教育校本课程开发研究》,温州大学硕士论文,2012 年。

[5] 何瑞菲:《安徽省进城农民工子女教育问题研究——以合肥市一所公办小学为例》,安徽大学硕士论文,2006 年。

[6] 靳淑梅:《教育公平视野下美国多元文化教育研究》,东北师范大学博士论文,2009 年。

[7] 栾敬东:《发达地区农村外来劳动力和移民管理研究》,南京农业大学博士论文,2000 年。

[8] 贾晓静:《我国城市公办中小学农民工子女教育平等问题研究》,华南师范大学硕士论文,2007 年。

[9] 金宇碧:《常州市流动儿童受教育状况的个案研究》,南京师范大学硕士论文,2007 年。

[10] 刘洋:《德育生活化——新世纪学校德育的发展趋势》,东北师范大学硕士论文,2004 年。

[11] 李荣华:《流动人口子女教育问题研究——以兰州城区为个案》,西北师范大学硕士论文,2005 年。

[12] 石绍宾:《城乡基础教育均等化供给研究》，山东大学博士论文，2007 年。

[13] 宋艳:《进城农民工弱势地位改变研究》，吉林大学博士论文，2007 年。

[14] 涂启锋:《“四位一体”：融合教育的实施机制——以武汉市德才中学为中心的考察》，湖北大学硕士论文，2007 年。

[15] 陶红:《教育价值观的研究——关于教育的哲学思考》，吉林大学博士论文，2005 年。

[16] 杨思远:《中国农民工的政治经济学考察》，中央民族大学硕士论文，2005 年。

[17] 尹晨燕:《上海公办中小学外来务工人员子女教育现状的调查研究——以上海市徐家汇为例》，上海师范大学硕士论文，2008 年。

[18] 杨蕾:《流动人口子女教育的研究——种平等主义的视角》，华东师范大学硕士论文，2006 年。

[19] 谢桂新:《论爱与教育》，东北师范大学硕士论文，2012 年。

[20] 许小主:《论当代中国城市文化伦理建构》，湖南师范大学博士论文，2006 年。

四　英文参考文献

[1] Barbara Schmitter Heisler，The Future of Immigrant Incorporation：Which Models? Which Concepts? International MigrationReview：The New Europe and International Migration，1992.

[2] Department of Education，Biennial Report to Congress on the Emergency Immigrant Education Program （Washington，DC），http：//www. ncela. gwu. edu/pubs/reports/eiep96/report. htm，1996（09）.

[3] Laurie Olsen，Learning English and Learning America：Immigrants in the Center of a Storm，Theory Into Practice，2001（39）.

[4] Charles L Glenn，Two - way Bilingual Education，Condensed from Principle，82（November/December 2002），28 - 31. Published by National Association of Elementary School Principles，1615 Duke，st. Alexandria，VA22314.

[5] Michael Goh，Kay Herting Wahl，Julie Koch McDonald，Annette A. Brissett，and Eunju Yoon，Working With Immigrant Students in Schools：

The Role of School Counselors in Building Cross - Cultural Bridges, Multicultural Counseling and Development, April 2007 (35).

[6] Aydin Bal & Aaron B. T. Perzigian, Evidence - based Interventions for Immigrant Students Experiencing Behavioral and Academic Problems: A Systematic Review of the Literature, Education And Treatment Of Children Vol. 36, No. 4, 2013, pp. 5 - 7.

[7] F. Michael Perko, S. J. The Melting Port in Israel, The Commission of Inquiry Concerning the Education of Immigrant children during the Early Years of the State, 2003 (22): 173 - 175.

[8] Eleonora Mussino & Salvatore Strozza, The Delayed School Progress of the Children of Immigrants in Lower - Secondary Education in Italy, Journal of Ethnic and Migration Studies, Vol. 38, No. 1, January 2012, pp. 41 - 57.

[9] Karen Guo&Carmen Dalli, Negotiating and creating intercultural relations: Chinese immigrant children in New Zealand early childhood education centres, Australasian Journal of Early Childhood, Vol. 37, No. 3, September 2012, pp. 129 - 131.

[10] Sultan Turkan Ana Christina DaSilva Iddings, That Child Is a Yellow: New Immigrant Children' s Conceptions of English Language, Literacy, and Learners' Identities in the NCLB Era, Theory Into Practice, 2012 (51): 273 - 280.

[11] Kaili Chen Zhang and Cynthia Law Man Ting, The education of new Chinese immigrant children in Hong Kong: challenges and opportunities, British Journal of Learning Support. Published by Blackwell Publishing Ltd., 9600 Garsington Road, Oxford OX4 2DQ, UK and 350 Main Street, Malden, MA, MA 02148, USA.

[12] JoAnn Phillion, Multicultural and cross - cultural narrative inquiry into understanding immigrant students' educa - tional experience in Hong Kong, Compare, Vol. 38, No. 3, June 2008, 281 - 293.

[13] Scott Goldstein, The Children Of Today'S Immigrants Aretomorrow's, The Future, 2008, (6): 46 - 47.

[14] Mary Ann Zehr, Scholars Mull the "Paradox" of Immigrants, Education

Week, 2009 (28): 4 - 5.

[15] Raymond Buriel & Suet - ling Pong, Studies on Educational Experiences of Immigrant College Student Populations, Education Week, 2009 (29): 5 - 6.

[16] David Card, Is the New Immigration Really So Bad? http: //www. phil. frb. org/econ/conf/immigration/card. pdf.

[17] Teresa Abada, Ethnic Differences in Educational Attainment among the Children of Canadian Immigrants, Canadian Journal of Sociology, 2009.

[18] Wen - Jui Han& Chien - Chung Huang. The Forgotten Treasure: Bilingualism and Asian Children' s Emotional and Behavioral Health, American Journal of Public Health, 2010 (100): 831 - 832.

[19] Kénora Chau&Bernard Kabuth, School difficulties in immigrant adolescent students and roles of socioeconomic factors, unhealthy behaviours, and physical and mental health, http: //www. biomed central. com/1471 - 24 58/12/453.

[20] Cynthia Coll, Daisuke Akiba, Natalia Palacios, Benjamin Bailey, Lisa Dimartino. Parental Involvement in Children' s Education: Lessons from Three Immigrant Groups, Science and Practice, 2002 (2): 303 - 304.

[21] Ana Schaller, Lisa Oglesby Rocha, and David Barshinger, Maternal Attitudes and Parent Education: How Immigrant Mothers Support Their Child's Education Despite Their Own Low Levels of Education, Early Childhood Education Journal, Vol. 34, No. 5, April 2007 (2006). DOI: 10. 1007/s10643 - 006 - 0143 - 6.

[22] Claudia Lahaie, School Readiness of Children of Immigrants: Does Parental Involvement Play a Role? Social Science Quarterly, Vol. 89, No. 3, September 2008. @ 2008 by the Southwestern Social Science Association.

[23] Elizabeth Raleigh&Grace Kao, Do Immigrant Minority Parents Have More Consistent College Aspirations for Their Children? Social Science Quarterly, Vol. 91, No. 4, December 2010, by the South - western Social Science Association.

[24] Carolin Hagelskamp, Carola Su'arez - Orozco, Diane Hughes, Migra-

ting to Opportunities: How Family Migration Motivations Shape Academic Trajectories among Newcomer Immigrant Youth, Journal of Social Issues, Vol. 66, No. 4, 2010, pp. 717 - 739.

[25] Mickie Wong - Lo, Recommended Practices: Cultivating a Culturally Responsive Learning Environment for Chinese Immigrants and Chinese American Students, Preventing School Failure, 57 (1): 17 - 21, 2013. Copyright C _ Taylor & Francis Group, LLCISSN: 1045 - 988X print / 1940 - 4387 online. DOI: 10. 1080/ 1045988X. 2013. 731 - 272.

[26] R. Park, Ernest W. Burgess, Introduction to the Science of Sociology, University of Chicago Press, 1924: 110 - 129.

[27] Park R. E.. Human Migration and the Marginal Man, The American Journal of Sociology, 1928: 881 - 893.

[28] Banks, J. A., An introduction to multicultural education, Boston: Allyn and Bacon, 1994. 100 - 125.

[29] R. E. Park, "Human Migration and the Marginal Man," The American Journal of Sociology, Vol. 33, No. 6, 1928, pp. 881 - 893.

[30] M. M. Gordon, Assimilation in American Life: The Role of Race, Religion, and National Origins, New York: Oxford University Press, 1964: 9 - 15.

[31] M. M. Gordon, Assimilation in American Life: The Role of Race, Religion, and National Origins, New York: Oxford University Press, 1964, 10 - 21.

[32] A. Portes, M. Zhou, "The New 2nd - Generation - Segmented Assimilation and Its Variants," Annals of the American Academy of Political and Social Science, Vol. 530, 1993, pp. 74 - 96.

[33] Deaux K., Reconstructing social identity, Personality and Social Psychology Bulletin, 1993 (19): 4 - 12.

五 媒体文献

[1] 程墨、罗曼:《武汉市探索进城务工人员子女“融合教育”》,《中国教育报》2009 年 9 月 28 日。

[2] 于建嵘:《法国骚乱提示中国未雨绸缪》,《南方周末》2007 年 4 月 25 日。

[3] 程墨、罗曼:《留得住学得好城乡孩子间的界限逐渐模糊》,《中国教育报》2010 年 9 月 28 日。

[4] 程墨、罗曼:《武汉市探索进城务工人员子女“融合教育”》,《中国教育报》2009 年 9 月 28 日。

[5]《2013 年中国流动人口发展报告》, http: //www. nhfpc. gov. cn/ldrks/s7847/201309/12e8cf0459de42c981c59e827b87a27c. shtml。

[6] 网易新闻, http: //news. 163. com/13/0605/13/90K015GF00014AED. html。

[7] http: //www. cnr. cn/tbtj/200503/t20050321_ 329075. html.

[8] 未来网, http: //news. k618. cn/edus/201402/t20 140221_ 4718000. html。

[9] http: //news. sohu. com/20100830/n274572233. shtml.

[10] 百度百科, http: //baike. baidu. com/view/26060. htm? fr = Aladdin。

[11] 互动百科, http: //www. baike. com/wiki/% E8% BA% AB% E4% BB% BD。

[12] 山东网络电视台, http: //v. iqilu. com/jcdb/xw/2014/0103/3988170. html。

[13] 东莞阳光网, http: //news. sun0769. com/comment/dg/t20100705_ 872390. shtml。

[14] 山东网络电视台, http: //v. iqilu. com/jcdb/xw/2014/0103/3988170. html。

[15] 东莞阳光网, http: //news. sun0769. com/comment/dg/t20100705_ 872390. shtml。

[16] 搜狐教育:《多次转学流动大 许多农民工子女上学没学籍》2007 年 3 月 28 日。

[17] 张绍刚、杨东平等:《保障农民工子女享受教育是政府的法定责任》, http: //edu. qq. com/a/20091223/000144_ 4. htm。

调查问卷

亲爱的同学：

你好！

儿童是祖国的未来，儿童的成长和教育是全社会十分关注的问题。为了探索儿童成长和教育的规律，帮助你们更好地适应新的生活环境，我们进行本次调查。本次调查无需填写姓名，答案无对与错之分，按自己真实的想法来回答就行。相信你们能认真填写！

衷心祝你学习进步，生活开心！

国家社科基金项目课题组

填答说明：请根据实际情况直接将你所选的序号填在对应的____或(　)内，如无特殊说明的情况下，每题只选一项。

第一部分

1. 你是哪一年出生的？________年

2. 你的性别：……………………………………………………（　）

①男　　②女

3. 你现在读几年级？……………………………………………（　）

①小学 3 年级　②小学 4 年级　③小学 5 年级　④小学 6 年级

⑤ 7 年级　⑥ 8 年级　⑦ 9 年级

4. 你有兄弟姐妹吗？……………………………………………（　）

①没有，我是独生子女　　②有，我有________个兄弟姐妹

5. 你来城市生活多久？…………………………………………（　）

①不到 1 年　②1—2 年　③2—3 年

④3—4 年　⑤4—5 年　⑥5 年以上

6. 你有没有转过学？……………………………………………（　）

①1 次　②2 次　③3 次　④4 次及以上　⑤没有

7. 你喜欢你现在生活的城市吗？……………………………………（　）

① 非常喜欢　② 喜欢　③ 一般　④ 不喜欢　⑤ 非常不喜欢

第二部分

1. 你母亲的文化程度………（　）；你父亲的文化程度………（　）

①小学及以下　②初中　③高中或中专　④大专及以上

2. 你父亲从事的工作………（　）；你母亲从事的工作………（　）

①家政服务业　②制造业　③餐饮业　④交通运输业　⑤个体户

⑥采掘业及环卫　⑦娱乐业　⑧建筑业　⑨旅馆服务业

⑩其他________

3. 你觉得父亲的工作辛苦吗？…（　）；母亲的工作辛苦吗？…（　）

①非常辛苦　②辛苦　③一般　④轻松　⑤很轻松

4. 你长大了愿不愿意干父母现在干的工作？………………………（　）

①愿意　②不愿意　③不知道

5. 你与父母的关系怎么样？…………………………………………（　）

①很融洽　②融洽　③一般　④不融洽　⑤很不融洽

6. 你家的经济条件怎么样？…………………………………………（　）

①非常好　②好　③一般　④不好　⑤非常不好

7. 你是否因自己的家庭条件不好而感到丢人或脸上无光？……（　）

①是，很强烈　②有一点儿　③没有　④我家条件好

8. 当家中有关于你的重大事件时，你父母怎么做决定？………（　）

①父亲说了算　②母亲说了算　③父母两人商量决定

④全家讨论决定　⑤我说了算

9. 你会帮助家里干家务活吗？………………………………………（　）

①经常干　②有时干　③很少　④不干

10. 你每个月的零花钱是多少？……………………………………（　）

①20 元以下　②20—50 元　③51—100 元　④101 元以上

11. 你的零花钱主要花在哪里？……………………………………（　）

①买吃的　②玩游戏或买小玩具　③买给同学的礼物

④买学习用品　⑤与小伙伴一起出去玩　⑥攒起来　⑦其他

12. 你在闲时最主要的活动是干什么？ ……………………………（ ）
①看电视 ②逛街（公园） ③读书看报
④听音乐 ⑤玩电脑游戏 ⑥与同学玩 ⑦其他

13. 你觉得你的父母关心你吗？ ………………………………………（ ）
①非常关心 ②过分关心 ③关心 ④一般 ⑤不关心 ⑥非常不关心

14. 你的父亲最关心你的是哪些方面？（选择最关心的三项） …（ ）
你的母亲最关心你的是哪些方面？（选择最关心的三项） ……（ ）
①学习成绩 ②身体健康 ③心情 ④生活自理能力的培养
⑤交友情况 ⑥兴趣爱好的培养 ⑦人身安全 ⑧道德品质 ⑨不知道

15. 根据你的实际情况，在空格中打"√"：

	经常	较多	有一些	很少	从不
父母经常跟你沟通吗？					
父母经常打骂你吗？					
父母经常辅导你做功课吗？					
父母经常检查你的作业吗？					
父母经常带你出去玩吗？					

16. 父母不经常带你出去玩的原因是(选"经常"的同学该题不做)（ ）
①工作太忙，没有时间 ②怕花钱 ③工作太累 ④不清楚

第三部分

1. 你想上大学吗？ ………………………………………………………（ ）
①非常想 ②想 ③一般 ④不想 ⑤非常不想

2. 你的学习成绩好吗？ …………………………………………………（ ）
①非常好 ②好 ③一般 ④不好 ⑤非常不好

3. 你为了什么学习？ ……………………………………………………（ ）
①出人头地，提高社会地位 ②挣大钱过好日子
③为父母学习，让父母过得好一点 ④为国家和社会进步 ⑤不清楚

4. 你觉得你班主任对你好吗？ …………………………………………（ ）
①非常好 ②好 ③一般 ④不好 ⑤非常不好

5. 你觉得你们的老师对学生的态度是否一样？……………………（ ）

①完全一样　　②有一定的区别　　③不知道

6. 你认为学校的教学设备（教室、桌椅、教学仪器、实验仪器）如何？………………………………………………………………（ ）

①设备齐全　　②不太齐全　　③非常匮乏　　④不知道

7. 你觉得你们学校的活动场所怎么样？…………………………（ ）

①空间很大　　②空间比较大　　③空间比较小　　④空间非常小

8. 你的课程表中有下列哪些课程？（有几项选几项）…………（ ）

①音乐　　②体育　　③美术　　④常识课　　⑤英语

⑥语文　　⑦数学　　⑧思想品德　　⑨劳技课　　⑩其他

9. 你适应学校的课程内容吗？………………………………………（ ）

你适应老师的教学方式吗？…………………………………………（ ）

你适应老师的语言表达吗？…………………………………………（ ）

①非常适应　　②适应　　③一般　　④有点不适应　　⑤完全不适应

10. 你觉得你的朋友多吗？…………………………………………（ ）

①非常多　　②多　　③一般　　④有点少　　⑤很少

11. 你最要好的朋友是：……………………………………………（ ）

①本地的同学　　②与我一样从外地来的同学

③现在邻居家的孩子　④亲戚家的孩子　⑤其他方式认识的朋友

12. 当你烦恼时你会？………………………………………………（ ）

①说出来　　②闷在心里　　③写在日记里　　④其他

13. 当你有心事时，你最想向谁倾诉：…………………………（ ）

①父母　　②同学　　③朋友　　④老师

⑤爷爷奶奶等长辈　⑥陌生人（如网友等）　⑦其他

14. 你觉得和本地同学容易成为朋友吗？………………………（ ）

①非常容易　　②容易　　③一般　　④有点困难　　⑤很困难

15. 你觉得本地同学对外地同学有歧视吗？……………………（ ）

①有，非常严重 ②有，还有点严重 ③不太多，偶尔发生 ④从来没有

16. 在你们班上或学校有没有“农村帮”和“城市帮”相互对立的小团体呢？……………………………………………………………（ ）

①有　　②没有　　③没有听说过

17. 你在学习中感觉烦恼的事情是：（可多选）………………（ ）

①成绩跟不上　②课程不感兴趣　③老师讲课太快
④作业负担重　⑤不好意思提问　⑥教材衔接不上　⑦其他

18. 你最喜欢什么样的老师？（可多选）……………………（　）
①课讲得好的老师 ②喜欢我的老师 ③我成绩好的那些课的任课老师
④不偏心的老师　⑤严格的老师　⑥能和大家交朋友的老师
⑦教学经验丰富的老师　⑧年轻、漂亮的老师
⑨知识渊博的老师　⑩其他

19. 你喜欢现在你读书的班级吗？……………………（　）
你喜欢你老师吗？……………………（　）
你喜欢学习吗？……………………（　）
①非常喜欢　②喜欢　③一般　④讨厌　⑤非常讨厌

20. 你在学校课间主要的活动形式 ……………………（　）
①与同学闲聊　②做游戏　③向老师或同学请教问题
④做作业　⑤睡觉　⑥其他

21. 你知道电脑吗？……………………（　）
①不知道　②听说过或电视上见过，没有亲眼见过
③亲眼见过，没有用过　④自己有电脑
⑤使用过（包括打电脑游戏、打字、上网等），但自己没有

22. 根据你的实际情况，在相应的空格中打“√”：

	经常	较多	有一些	很少	从不
你在课堂上会举手发言吗？					
学习上有问题会主动问老师吗？					
你是否阅读课外读物？					
你是否感到学习上有压力？					
你在街上遇到老师会与他打招呼吗？					
你参加学校组织的各项文体活动吗？					
你和同学有打架的情况吗？					
你是否经常去同学家玩？					
你有烦恼时，会向同学求助吗？					
你一般会主动与同学交往吗？					

第四部分

1. 你能听懂你所生活城市的方言吗？…………………………………（ ）

①全部听懂 ②大部分听懂 ③听懂少部分

④一点都听不懂 ⑤没听过

2. 你能讲你所生活城市的方言吗？…………………………………（ ）

①能讲很多 ②能讲一些，但不多 ③不能讲

3. 你想学你所生活城市的方言吗？…………………………………（ ）

①非常想 ②想 ③一般 ④不想 ⑤非常不想

4. 你觉得自己的普通话标准吗？……………………………………（ ）

①标准 ②不标准 ③不知道

5. 你有没有担心自己的口音会被其他同学笑话？…………………（ ）

①从来都不担心 ②偶尔会担心 ③经常担心 ④我的普通话很标准

6. 你在家里讲普通话吗？……………………………………………（ ）

①不讲 ②偶尔讲 ③经常讲 ④只讲普通话

7. 你了解你所生活城市的特有的风俗习惯吗？……………………（ ）

①非常了解 ②了解一些 ③一般 ④不了解

8. 你觉得这些风俗习惯好吗？………………………………………（ ）

①非常好 ②好 ③一般 ④有些不好 ⑤非常不好

9. 在日常生活中，你会按本地风俗习惯办事吗？…………………（ ）

①不知道 ②从不遵守 ③仅与本地人交往时才遵守 ④完全遵守

10. 你喜欢本地人的衣着打扮吗？ …………………………………（ ）

①非常喜欢 ②喜欢 ③一般 ④讨厌 ⑤非常讨厌

11. 对你的衣着打扮，本地同学认为： ……………………………（ ）

①很土气 ②喜欢 ③无所谓 ④讨厌

12. 你想不想和当地小朋友那样穿着打扮？ ………………………（ ）

①非常想 ②想 ③一般 ④不想 ⑤非常不想

13. 你知道当地的特色小吃吗？ ……………………………………（ ）

①知道许多 ②知道一些

③不知道（如果你选择了“不知道”，请不要做第14题，直接做第15题）

14. 你喜欢这些特色小吃吗？ ……………………………………（ ）

①非常喜欢 ②喜欢 ③一般 ④讨厌 ⑤非常讨厌

15. 你的父母有没有被歧视的经历？ …………………………（ ）

你自己有没有被歧视的经历？ ……………………………………（ ）

①经常 ②较多 ③有，但不多 ④没有 ⑤不知道

16. 你觉得你和本地的同学有区别吗？ ………………………（ ）

①有很大的区别 ②有区别，但不大

③没有区别（如果你选择了“没有区别”，请不要做第 17 题，直接做第 18 题）

④不知道（如果你选择了“不知道”，请不要做第 17 题，直接做第 18 题）

17. 你觉得你和本地的同学区别在哪里？ ……………………（ ）

①出生地 ②家庭状况 ③学习成绩 ④穿着打扮 ⑤不知道

18. 你不与本地同学交往的原因是【如果你与本地的同学有交往不做这一题】： …………………………………………………………（ ）

①父母不希望我与他们交往 ②不知道如何与他们交往

③感觉我们之间有差别 ④其他

19. 你觉得自己是哪里人？ ……………………………………（ ）

①城市人 ②农村人

③既是城里人又是农村人 ④既不是城里人也不是农村人

⑤不知道是哪里人

20. 你觉得当地人对你友好吗？ ………………………………（ ）

①非常友好 ②友好 ③一般 ④比较不友好 ⑤非常不友好

21. 你喜欢当地人吗？ …………………………………………（ ）

①非常喜欢 ②喜欢 ③一般 ④比较不喜欢 ⑤非常不喜欢

22. 你认为本地人： ……………………………………………（ ）

①穿戴整洁、行为文明、素质高 ②很势利、看不起农村人

③和农村人没有什么区别 ④不了解

23. 你想念你的家乡吗？ ………………………………………（ ）

当你离开现在生活的城市时，你会不会想念这个城市？ ……（ ）

①非常想念 ②想念 ③一般 ④不想念 ⑤基本不想念

24. 你觉得你的家乡怎么样？（可多选） ……………………（ ）

①风景美丽　②很广阔　③空气好　④落后
⑤土气　⑥封闭　⑦物产丰富　⑧其他

25. 家乡和城市你更喜欢哪一个？……………………………（　）
①在城市好　②都一样　③待在家乡好

26. 你每天感到快乐吗？………………………………………（　）
①非常快乐　②比较快乐　③一般　④不快乐　⑤非常不快乐

27. 你现在居住的房屋周围 …………………………………（　）
①周围都是本地人　②住的都是从农村来的打工者
③本地人和外来打工者混合在一起　④不清楚

28. 现在你居住的条件怎么样？………………………………（　）
①非常好　②好　③一般　④不好　⑤非常不好

29. 你觉得你所居住的小区周边环境怎么样？………………（　）
①非常好　②比较好　③一般　④比较差　⑤非常差

30. 你家和邻居家关系怎么样？………………………………（　）
①非常好　②比较好　③一般　④比较差　⑤非常差

31. 你所居住的小区文体活动多吗？…………………………（　）
①非常丰富　②比较丰富　③一般　④比较少　⑤非常少

32. 对于你居住的小区发生的事情，你感兴趣吗？……………（　）
①毫无兴趣　②不大感兴趣　③不确定
④有些兴趣　⑤很感兴趣

33. 你对未来有没有什么打算？………………………………（　）
①继续上高中、大学　②留在城里，学一门手艺或技术
③回老家务农或经商　④不知道　⑤其他

34. 你是否同意以下的说法（请在空格中打“√”）

	非常同意	比较同意	一般	不同意	很不同意
我为在这个城市学习、生活而自豪					
城市只是我们暂时居住的地方					
我的父母是城市的建设者					
我不喜欢别人称呼父母为“农民工”					
我不喜欢别人称我为“农民工子女”					

35. 根据你的实际情况，在空格中打“√”：

	去过	听说过，没去过	不知道
游乐场			
肯德基或麦当劳			
电影院			
动物园			
儿童公园或少年宫			
城市公园			

调查到此结束，谢谢合作！

请填上你的学校名称____________

后　记

十几亿人口的大国在转型，转型时期的中国发生了翻天覆地的变化，但是繁荣背后也产生了一定的社会问题。农民工随迁子女教育问题就是社会转型时期付出的社会成本。这种社会成本不应该由农民工家庭独自承担，而需要依靠全社会共同的力量。农民工随迁子女融合教育的研究和推行，能够为解决随迁子女在流入地的教育问题提出合理的建议，建立学校、社区以及政府三方联动机制，帮助随迁子女缓解环境变化带来的心理压力，适应当地社会生活，推进农民工随迁子女社会融合。同时，也有利于形成多元的城市文化和学校文化，为充分利用社会资源，形成学校办学特色奠定基础。

农民工随迁子女融合教育是一个重大的社会工程，需要社会各界长期的探索、协调，并不断向前推进。本书在结合国内现状，调研多所招收农民工随迁子女的公办学校的基础上，借鉴国外关于移民子女教育的相关研究成果。梳理有关社会融合理论，建构农民工随迁子女的社会融合度量化指标体系，分析影响农民工随迁子女社会融合的因素，提出了推进农民工随迁子女社会融合的路径。我们希望通过研究出版本书，能够对农民工随迁子女融合教育方面存在的理论难题以及认识误区进行全方位的解释和匡正，并为今后农民工子女教育的进一步推进提供理论指导和实践借鉴。

此外，这本专著的完成得力于一批有志于农民工随迁子女融合教育研究与实践的同仁。在这里我要感谢团队成员万荣根、郭丽莹、刘婵娟、刘燕楠、曲小远、王晓蓬、李远煦、冯婵璟、俞林伟、陈赞安、赵国靖、潘旦、张中秋、谈丹、翁细金等同志。他们无论在工作中还是专著撰写过程中都给予我多方面的支持，并帮助我收集、整理、调查、统计专著的相关数据和资料，使我的专著撰写节省了许多时间。

随着我国社会经济转型的发展和城镇化的推进，将会有更多的农民工“举家迁徙”，进城务工。相比之下，我国农民工子女融合教育的研究和探索，在我国教育和社会各个领域还很少，因此，期待着能够得到更多同仁们对我观点的指正，也期待着更多学者的加盟。

黄兆信

2014 年 8 月 20 日